"十三五"普通高等教育规划教材

初级财务管理
CHUJICAIWUGUANLI

主　编　杨尚军
副主编　李光宇　张治强
　　　　魏森淼　薛胜昔　王洪涛

中国财经出版传媒集团
中国财政经济出版社

图书在版编目（CIP）数据

初级财务管理／杨尚军主编．—北京：中国财政经济出版社，2018.8
"十三五"普通高等教育规划教材
ISBN 978－7－5095－8398－2

Ⅰ．①初…　Ⅱ．①杨…　Ⅲ．①财务管理－高等学校－教材　Ⅳ．①F275

中国版本图书馆 CIP 数据核字（2018）第 162001 号

责任编辑：蔡　宾　田明晖　　　　　　责任校对：张　凡
封面设计：陈宇琰

中国财政经济出版社 出版
URL：http：//www.cfeph.cn
E－mail：cfeph @ cfeph.cn
（版权所有　翻印必究）
社址：北京市海淀区阜成路甲 28 号　邮政编码：100142
营销中心电话：010－88191537　北京财经书店电话：64033436　84041336
三河市宏图印务有限公司印刷　各地新华书店经销
787×1092 毫米　16 开　16.5 印张　350 000 字
2018 年 8 月第 1 版　2018 年 8 月河北第 1 次印刷
定价：42.00 元
ISBN 978－7－5095－8398－2
（图书出现印装问题，本社负责调换）
本社质量投诉电话：010－88190744
打击盗版举报热线：010－88191661　QQ：2242791300

前　言

在本书即将付梓之时，我们按捺不住喜悦的心情要和大家分享五个方面的内容：

第一是学习财务管理的意义。

"公司理财的教学和实践从未像今天这样富有挑战性和令人振奋。"著名财务学家罗斯在他的《公司理财》一书中开篇就这样饱含热情地写到。据有关资料显示，全球500强企业中，80%的企业建立了以财务管理为中心的管理系统，90%以上的企业建立了财务及企业管理系统，企业的管理效率增幅达87%以上。

在理论研究领域里，诺贝尔奖是一个崇高的荣誉。自1969年开始设置的诺贝尔经济学奖以来，世界上总共有79位经济学家获奖，有多位提出的理论正是《初级财务管理》教材中教学内容的基本理论，如：

(1) 资本结构理论是研究公司筹资方式及结构与公司市场价值关系的理论。

(2) 现代资产组合理论是关于最佳投资组合的理论。

(3) 资本资产定价模型（CAPM）是研究风险与收益关系的理论。

(4) 期权定价理论是有关期权（股票期权、外汇期权、股票指数期权、可转换债券、可转换优先股、认股权证等）的价值或理论价格确定的理论。

(5) 有效市场假说是研究资本市场上证券价格对信息反映程度的理论。若资本市场在证券价格中充分反映了全部相关信息，则称资本市场为有效率的。在这种市场上，证券交易不可能取得经济利益。

(6) 代理理论是研究不同筹资方式和不同资本结构下代理成本的高低，以及如何降低代理成本提高公司价值。

第二是教材的特色和教学的课时安排。

本教材注重学习的规律，教材内容由浅入深，语言简练，图文并茂，配有二维码资源，概念、方法有总结、有对比；课堂课下相结合，课堂有练习，课下有习题。

注重教材理论知识与实践相结合，有专业理论的介绍，也有实践案例的分析，既有理论思考，也有实践问题的思辨。

注重教学的深度和广度，基础内容研究透，后续知识有衔接。深度知识上，理论上对财务管理目标和原则讲清讲透，方法上对货币时间价值和风险与报酬熟练掌握；广度内容上，资本预算，证券价值评估，资本结构、股利分配政策等后续知识点到为止。

建议教学学时安排是40~48学时，具体内容安排如下：

第 1 章	财务管理导论	4 学时
第 2 章	财务管理目标	4 学时
第 3 章	财务管理原则	4～6 学时
第 4 章	财务管理环境	4 学时
第 5 章	货币时间价值	6～8 学时
第 6 章	货币时间价值的拓展	4 学时
第 7 章	风险与报酬	6～8 学时
第 8 章	企业筹资管理	2 学时
第 9 章	企业投资管理	2～4 学时
第 10 章	资金营运与分配管理	4 学时
合计		40～48 学时

书中带 * 号的内容，可根据各专业、各学校培养要求难易程度和初中级财务管理课程衔接情况进行取舍。

第三是学习的对象以及应该达到的专业素养。

本教材是为财务管理专业本科和财经类专业学生学习财务管理入门课程之用，也可以作为企业员工的培训用书。

应达到的专业素养包括：宏观辨识与微观探析、变化观念与平衡思想、证据推理与模型认知、实验探究与创新意识和科学精神与社会责任等五个方面。在《初级财务管理》课程中，这五个方面有其特殊意义：

（1）宏观辨识——宏观环境的把握，特别是金融环境；微观探析——企业财务活动和财务关系的熟知。

（2）变化观念——环境的变化，特别是资本市场的变化；平衡思想——保证企业资金链平衡运营。

（3）证据推理——财务管理原则的运用推理；模型认知——货币时间价值与资本资产定价模型两个基本模型的认识。

（4）实验探究——资本市场的实践验证；创新意识——创新创造财富意识的培养。

（5）科学精神——社会学科还在不断地发展，需要以科学的精神去探索；社会责任——这不仅仅是企业财务管理的目标，更是我们培养人的目标。

我们提倡"算为管用，算管结合"，学习财务管理知识就是要帮助读者在变幻莫测的商业世界中辨明方向，评价商业环境，了解数据计算的价值，科学进行决策，可以从个人的理财活动开始实践。

第四是编写分工。

本教材是多所高校长期从事教学的教师和从事实际工作的专家通过校企合作的方式编写的，由杨尚军教授（洛阳理工学院）担任主编，李光宇注册会计师（致同会计师事务所

<特殊普通合伙>河南分所所长，管理合伙人)、张治强（洛阳理工学院）、魏森淼博士（河南大学）、薛胜昔博士（江西财经大学）、王洪涛（中国社会科学院在读博士）担任副主编。具体分工如下：杨尚军、张治强负责提出全书的编写大纲。具体分工为：杨尚军编写第1章、第7章，进行全书总纂；张治强编写第2章、第3章；薛胜昔编写第4章、第5章；魏森淼编写第6章、第10章；李光宇编写第8章；王洪涛编写第9章。杨桦助教（洛阳理工学院）翻译了英文版本书籍的有关资料，对本书中的外国人名和名词作了翻译和复核；河南科技大学硕士生马小如、马萍、李景、李晓晓、李玮佳、齐莹莹、张勇和桂亚丽同学对本书的文字、例题、习题及答案进行了验算和校对，并制作了PPT。

第五是致谢。

中国财政经济出版社出版过很多精品图书，陪伴了我30多年的教学工作。此次对本书的顺利出版做了大量的工作，特别致谢。

我们研学百家之长，还参考了许多其他教材，在教材的参考文献里面都一一列出，用到的文字、例题、图表，有的直接注明了；有的无法找到原出处没有直接注明，在这里一并致谢！由于我们的水平有限，书中难免有不妥之处，还请广大读者批评指正！

最后，在大家开启学习探索之旅时，祝大家开卷有益，一帆风顺！

编者

2018年6月

目 录

第1章	**财务管理导论**	1
第1节	财务管理的产生与发展	2
第2节	财务管理概念	7
本章小结		15
练习题		16
第2章	**财务管理目标**	19
第1节	财务管理体制	21
第2节	财务管理组织和职能	22
第3节	财务管理目标	28
第4节	利益相关者的矛盾与协调	40
本章小结		44
练习题		45
第3章	**财务管理原则**	47
第1节	财务管理假设	49
第2节	财务管理的原则	54
本章小结		66
练习题		66
第4章	**财务管理环境**	70
第1节	财务管理环境概述	71
第2节	财务管理宏观环境	74
第3节	财务管理微观环境	80
本章小结		84
练习题		84

第 5 章　货币时间价值 ·········· 87
第 1 节　货币时间价值概述 ·········· 89
第 2 节　年金终值和现值 ·········· 95
第 3 节　货币时间价值计算中的特殊问题 ·········· 105
本章小结 ·········· 109
练习题 ·········· 109

第 6 章　货币时间价值的拓展 ·········· 115
第 1 节　资金成本 ·········· 117
第 2 节　证券价值评估 ·········· 127
本章小结 ·········· 135
练习题 ·········· 136

第 7 章　风险与报酬 ·········· 139
第 1 节　风险报酬的概念 ·········· 140
第 2 节　资产组合的收益和风险 ·········· 150
第 3 节　资本资产定价模型 ·········· 161
本章小结 ·········· 174
练习题 ·········· 175

第 8 章　企业筹资管理 ·········· 180
第 1 节　企业筹资概述 ·········· 182
第 2 节　股权性筹资 ·········· 185
第 3 节　债务性筹资 ·········· 189
第 4 节　资本结构 ·········· 197
本章小结 ·········· 199
练习题 ·········· 199

第 9 章　企业投资管理 ·········· 202
第 1 节　企业投资概述 ·········· 203
第 2 节　企业投资的决策依据 ·········· 207
第 3 节　项目投资的现金流量分析 ·········· 216
本章小结 ·········· 227
练习题 ·········· 227

第 10 章　资金营运与分配管理 ·········· 232
第 1 节　营运资金管理 ·········· 233
第 2 节　资金分配管理 ·········· 238
本章小结 ·········· 248
练习题 ·········· 248

附录 ·········· 250
参考文献 ·········· 255

第1章　财务管理导论

教学目标

通过本章的学习，了解财务管理的产生、财务管理实践和理论的发展阶段，理解和掌握财务管理的内涵，掌握财务活动的内容与财务关系。

教学要求

知识要点	能力要求	相关知识
财务管理的发展	（1）财务管理的产生 （2）财务管理的发展	（1）财务管理实践的发展 （2）财务管理理论的发展
财务管理活动	（1）企业资金运动的概括和理解能力 （2）资金运动内容的应用能力	（1）资金运动 （2）筹资活动 （3）投资活动 （4）资金营运活动 （5）资金分配活动
财务管理关系	（1）资金运动所体现的各个方面的关系 （2）财务关系的运用	（1）财务关系 （2）财务关系的各个方面 （3）财务关系的实质

> 科学的发生和发展，一开始就是由生产决定的。
>
> ——恩格斯

 基本概念

财务活动　资金运动　筹资活动　投资活动　资金营运　资金分配
财务关系　财务管理　资金　　资金循环　资金周转　垫支性
周转性　　补偿性　　增值性　投资者　　债权人　　债务人

**导入案例**

致用之学——财务管理

据有关资料显示，全球 500 强企业中，80% 的企业建立了以财务管理为中心的管理系统，90% 以上的企业建立了财务及企业管理系统，企业的管理效率增幅达 87% 以上。以宝钢为例，2004 年首次入选 500 强位列第 372 位，2006 年上升到第 256 位，2012 年为第 197 位，在较困难的 2016 年还位居第 275 名，这与宝钢确立的全面预算管理为纲、以标准成本管理为基础、以现金流量控制为核心的财务体系，强调财务管理在企业管理中的核心地位的管理理念直接相关。

正是：经营的中心在管理，管理的中心在财务。

在理论研究领域，诺贝尔奖是证明一个人能不能称得上大家的标志。在最晚设置的诺贝尔经济学奖从 1969 年开始评奖，到目前为止有 79 位科学家获得了诺贝尔经济学奖。这些大师里有多位提出的理论和财务管理有关。如研究"资产组合理论"的马科维茨（Harry M. Markowitz）、研究"资本结构理论"的米勒（Merton Miller）、研究"资产定价模型"的夏普（William F. Sharpe），三人 1990 年同时获奖；还有研究"期权定价问题"的默顿和斯科尔斯（1997，Robert C. Merton，Myron S. Scholes，二人同时获奖）；2013 年诺贝尔经济学奖获得者尤金·法马（Eugene Fama）、拉尔斯·皮特·汉森（Peter Hansen）和罗伯特·J. 席勒（Robert J. Shiller）三人，他们对"资产价格的经验主义分析"做出了贡献。

这门专业中云集了如此多的大家，学习《初级财务管理》这门课程，其实就是体现这些大家的思想，用他们的眼光看世界。

 **点评**：思想决定命运。

财务管理思想经过多年的发展已形成系统的知识体系，思想决定行动，一切管理活动都要接受管理思想的指导，所以，财务管理思想是财务管理学的基础，财务管理思想的产生和发展离不开其产生的土壤和环境。本章主要介绍财务管理基本内容、财务关系，以及财务管理发展的过程等。

第 1 节　财务管理的产生与发展

一、西方企业财务管理的产生

早在 15 世纪，在商业发达的地中海沿岸城市就出现了有社会公众入股的城市商业组织。商业股份经济的初步发展，要求企业做好资金筹集、股息分派和股本管理等财务管理工作。尽管当初尚未在企业中正式形成财务管理部门或机构，但上述财务管理活动的重要性确已在企业管理中得以凸显。

传统意义上的财务管理作为一种实践活动，无疑有着与人类生产活动同样悠久的历史，但现代意义上的财务管理，无论是实践，还是就理论发展而言，都只是近百余年的事情。

二、西方财务管理实践的发展过程

1. 以筹资为重心的管理阶段（19世纪末——20世纪20年代）

以筹资为重心的管理阶段大约起源于15、16世纪。当时，地中海沿岸的许多商业城市出现了由公众入股的商业组织。商业股份经济的发展客观上要求企业合理预测资金需要量，有效筹集资金。这时企业对资金的需要量并不是很大，筹资渠道和筹资方式也比较单一，企业的筹资活动仅仅附属于商业经营管理。

19世纪末20世纪初，工业革命的成功促进了企业规模的不断扩大、生产技术的重大改进和工商活动的进一步发展，股份公司迅速发展起来，并逐渐成为占主导地位的企业组织形式。股份公司的发展不仅引起了资金需求量的扩大，而且也使筹资的渠道和方式发生了重大变化，企业的筹资活动得到了进一步强化，如何筹集资金扩大生产经营，成为大多数企业关注的焦点。在这种情况下，公司内部出现了一种新的管理职能，就是怎样筹集资金？怎样发行股票？企业有哪些资金来源？筹集到的资金如何有效使用？企业盈利如何分配等等？于是，许多公司纷纷建立了一个新的管理部门——财务管理部门——来承担以上职能，财务管理开始从企业管理中分离出来，成为一种独立的管理职业。

这一阶段财务管理的主要特点是：
(1) 财务管理以筹集资金为重心，以资金成本最小化为目标；
(2) 注重筹资方式的比较选择，而对资本结构的安排缺乏应有的关注；
(3) 财务管理中也出现了公司合并、清算等特殊的财务问题。

但由于资本市场不成熟、不规范，加之会计报表充满了粉饰、捏造的数据，缺乏可靠的财务信息，在很大程度上影响了投资的积极性。财务管理的重点在于如何筹集资金，对内部控制和资金运用问题涉及较少。

2. 以内部控制为重心的管理阶段（20世纪30年代——20世纪40年代）

1929年，世界性经济危机的爆发导致了经济的普遍不景气，许多公司倒闭，投资者严重受损。为了保护投资者的利益，各国政府加强了证券市场的监管。美国在1933年、1934年分别通过了《联邦证券法》和《证券交易法》，要求公司编制反映企业财务状况和其他情况的说明书，并按规定的要求向证券交易委员会定期报告。政府监管的加强客观上要求企业把财务管理的重心转向内部控制。同时，对企业而言，如何尽快走出经济危机的困境，内部控制也显得十分必要。在这种背景下，财务管理逐渐转向了以内部控制为重心的管理阶段。

这一阶段,财务管理的理念和内容发生了较大的变化:

(1) 财务管理要进行有效的内部控制,管好用好资金;

(2) 认识到企业财务活动是与供应、生产和销售并列的一种必要的管理活动,它能够调节和促进企业供、产、销活动;

(3) 对资金的控制需要借助于各种定量方法,因此,各种计量模型逐渐应用于存货、应收账款、固定资产等的管理上。财务计划、财务控制和财务分析的基本理论和方法逐渐形成,并在实践得到了普遍应用;

(4) 如何根据政府的法律法规来制定公司的财务政策,成为公司财务管理的重要方面。

3. 以投资为重心的管理阶段(20世纪50年代——20世纪70年代)

第二次世界大战以后,企业规模越来越大,生产经营日趋复杂,市场竞争更加剧烈。企业管理者为了在竞争中维持生存和发展,投资决策在企业财务管理中逐渐取得主导地位,而与资金筹集有关的问题则渐退居到第二位。

这一阶段的财务管理,形式更加灵活,内容更加广泛,方法也多种多样。表现在:

(1) 资产负债表中的资产项目,如现金、应收账款、存货和固定资产等引起了财务人员的重视;

(2) 财务管理强调决策程序的科学化,实践中建立了"投资项目提出——投资项目评价——投资项目决策——投资项目实施——投资项目再评价"的投资决策程序;

(3) 投资分析评价的指标从传统的投资回收期、投资报酬率转向考虑货币时间价值的贴现现金流量指标体系,净现值法、动态回收期、现值指数法、内部报酬率法得到了广泛采用;

(4) 建立了系统的风险投资理论和方法,为正确进行风险投资决策提供了科学依据。

4. 筹资投资并重的管理阶段(20世纪80年代至今)

20世纪80年代,全球化风起云涌,跨国公司的兴起,企业合并的加剧,资本市场的巨大变化,促使企业在筹资、投资方面更加平衡,不可偏废。再有随着经济全球化、利率、汇率、通货膨胀的变化,以及计算机、互联网的广泛运用,企业资金在各地流动加剧,企业筹资速度更快、筹资额度更大,企业在投资上速度也快、金额也更大,在筹资和投资上的收益,或者损失也是如此,筹资和投资更加具有风险性。

这一段时间,乃至将来的一段时间内,财务管理的特点表现在:

(1) 筹资投资并重为主要内容、财务决策为主要方式的管理阶段;

(2) 以资本运作为重心的综合管理阶段;

(3) 相关理论的大量出现。

综上所述,财务管理实践的发展过程见表1-1。

表 1-1　　　　　　　　　　　财务管理实践发展简表

时间	阶段名称	背景	内容	特点
19世纪末——20世纪20年代	筹资为重心的管理	工业革命、股份公司	筹资管理	筹资管理为主要内容、财务核算为主要方式
20世纪30年代——20世纪40年代	内部控制为重心的管理	1929年经济危机出现，政府监管的严格	成本管理	管好用好资金，以成本管理为主要内容、财务监督为主要方式
20世纪50年代——20世纪70年代	投资为中心的管理	第二次世界大战后的经济复苏	投资管理	投资管理为主要内容、财务决策为主要方式
20世纪80年代至今	筹资投资并重的管理	新技术的出现，跨国公司的国际化竞争加剧等	筹资投资并重	筹资投资并重为主要内容、财务决策为主要方式

三、西方财务管理理论的演变过程

早期，财务管理理论还是作为微观经济学的一个分支而诞生的，它是属于微观经济理论的一个应用学科。直到20世纪初，1900年巴舍利耶的《投机理论》的论文被认定是标志着财务管理学从经济学中独立出来成为一门新学科的里程碑。

 知识链接

西方财务学主要由三大领域构成，即公司财务（corporation finance）、投资学（investments）和宏观财务（macro finance）即金融学。其中，公司财务在我国常被译为"公司理财学"或"企业财务管理"。三个领域相互联系，有相通的理论基础，但侧重领域不同。财务管理学侧重组织的投资和筹资；投资学侧重投资机构的证券投资评价；金融学侧重货币、利率和金融市场。

财务管理学是在实践中产生和形成的。随着财务管理实践的发展，财务管理理论也不断发展。虽然在现代财务管理理论上形成了信息不对称理论、委托代理理论、产权理论等理论，还有西方经济学的套利定价理论、代理成本学说、动机激励模型、财务契约论、股利政策的信号模型等等，也都在影响着财务管理学的发展，但总体来看，还是财务管理实践一直走在财务管理理论的前面。

理论是实践的总结，是实践的升华，理论反过来又指导实践。所以，财务管理理论阶段的划分和财务管理实践发展阶段并不完全一致。在现代财务管理理论的前期发展过程中，较为明确的有下面三个阶段，见表1-2。

表 1-2　　　　　　　　　　　　　财务管理理论发展简表

阶段	背景和内容	代表作	作者	出版时间	意义
传统财务管理	工业革命	公司理财	[美] 托马斯·L. 格林 (Thomas L. Green)	1897	最早的专著
现代财务管理初现	开创了以投资为研究对象	投机理论（论文）	[法] 巴舍利耶 (Louis Bachelier)	1900	里程碑：财务学独立成一门学问
现代财务管理初现	研究对象：投资	证券分析	[美] 格雷厄姆 (Benjamin Graham)、托德 (David Todd)	1934	投资研究
现代财务管理初现	研究对象：投资	投资价值理论	[美] 威廉姆斯 (John Burr Williams)	1937	投资研究
现代财务管理初现	研究对象：投资	企业理财政策	[美] 阿瑟·达文 (A. S. Dewing)	1938	投资研究
现代财务管理形成	预算	资本预算	[美] 乔·迪安 (Joel Dean)	1951	两大理论之现代财务政策理论中投资决策理论的框架
现代财务管理形成	投资	企业投资理论	[美] 鲁茨兄弟 (F. Lutz、V. Lutz)	1953①	两大理论之现代财务政策理论中投资决策理论的框架
现代财务管理形成	投资决策方法	最优投资决策理论	[美] 赫茨勒菲 (J. Hirshleifer)	1958	两大理论之现代财务政策理论中投资决策理论的框架
现代财务管理形成	资产组合理论	资产组合的选择（论文）	[美] 哈里·马科维茨 (Harry M. Markowitz)	1952	里程碑：两大理论之资产组合理论的提出
现代财务管理形成	证券市场上价格的"随即走势"	经济的时间系列分析，第一部分：价格（论文）	[英] 莫里斯·肯达尔 (Maurice Kendall)	1953	两大理论之现代财务政策理论中市场有效理论的基础
现代财务管理形成	市场有效理论	《股票市场"图形"和财务分析：方法论上的建设》《股票市场的布朗运动》	[英] 罗伯特·布朗 (Robert Brown)、[美] 奥斯本 (M. F. M. Osborne)	1959	两大理论之现代财务政策理论中市场有效理论的基础
现代财务管理形成	资产组合理论	趋向风险行为中的流动偏好（论文）	[美] 哈里·马科维茨 (Harry M. Markowitz)、托宾 (James Tobin)	1958	两大理论之资产组合理论的完善
现代财务管理形成	资本结构理论（MM理论）	投资成本、公司财务和投资理论（论文）	[美] 莫迪利安尼 (Franco Modigliani)、米勒 (Merton M. Miller)	1958②	两大理论之现代财务政策理论的主要内容

---

① 有学者认为是1951年，见傅元略. 财务管理基础 [M]. 中国人民大学出版社，2015：14.
② 有学者认为是1956年，见傅元略. 财务管理基础 [M]. 中国人民大学出版社，2015：15.

以上是西方财务管理学科的发展过程，通过历史的回顾，可以看到理论是随着时代的发展而不断进步的，也是不断指导实践的一个过程。

四、我国财务管理的发展过程

我国古代也诞生了一些理财家，如春秋战国时期的管仲、范蠡，唐朝的刘晏、陆贽、杨炎，宋代的王安石、韩琦等等，既有实践，也多有理财思想。但是这时的理财还多依附于财政的内容，多是国家宏观管理的内容，不是企业财务管理研究的内容。

我国近现代财务管理的实践与理论发展在总体上落后于发达国家，财务管理的发展必然受到特殊的历史背景和经济环境的影响，带有明显的时代特征。西方财务管理发展的各个时期都有明显的发展重心和主题。同样，新中国成立之后，财务管理发展也随着经济体制的变革而形成不同的发展阶段，大致经过了计划经济体制下的财务管理、有计划的商品经济体制下的财务管理和社会主义市场经济体制下的财务管理三个阶段，也各有不同的财务管理特点，是必须进行深入研究的内容，这里不再赘述。

第2节　财务管理概念

一、财务的一般含义

究竟什么是财务？"财"《辞海》解释为："金钱物资的总称。""务"解释为："工作；事业。"合义就是"金钱物资的工作"。《牛津现代高级英汉双解辞典》中"finance：n，money. v，provide money for（a scheme, etc）"翻译过来就是，"财务，名词，财源、资金；动词，供……以经费。"

在商品经济社会里，财务是一种极为普遍的社会现象，更是一种经济现象。"财务"一词，一般人是如何理解的呢？顾名思义，财务就是与财有关的事务，小至个人、家庭，大到公司、政府，都拥有财产，都有钱有物，都需要对它们进行"打理"，因此就必然产生人人、处处、时时都要遇到的有关理财的事务——财务。财务就是关于钱的那些事，挣钱、借钱、用钱、分钱、存钱等等，就是财务活动。那么，如何理解定义财务管理呢？这就要从财务活动开始分析了。

二、企业财务活动的客观基础

财务活动（finance activity），是指企业的资金运动，其存在的客观基础是商品经济。最典型的企业是生产商品的工业企业，它是社会物质资料生产的基层单位，是直接从事工业生产或提供劳务并独立进行经济核算的经济实体，其主要目的是提供满足社会需要的产品和劳务，满足人们的生产、生活需要，并得到相应的收益，使企业不断发展壮大。工业企业的资金运动如图

1—1所示（其中 G 代表货币，W 代表商品，P 代表利润，W' 代表循环之后扩大的商品，G' 代表循环之后扩大的货币）：

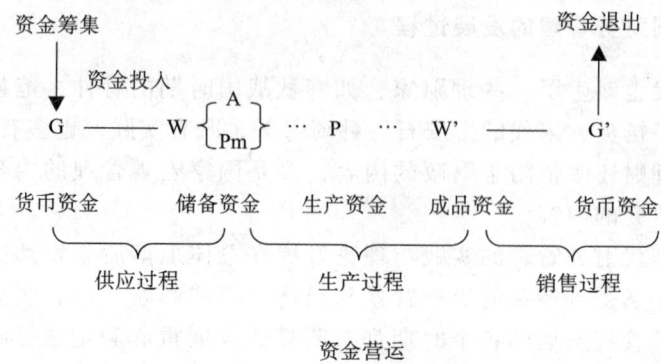

图 1—1　工业企业的资金运动

工业企业在开始生产，或者扩大再生产规模之前，必须取得资金 G。所谓资金是指企业财产物资的货币表现。工业企业取得资金只有两个渠道：投资人投入和向债权人借入。

工业企业在拥有一定数量资金以后，对于新建和扩建企业，首先要兴建厂房、购置设备等劳动手段；其次要以现金购买各种劳动对象，为进行生产而储备必要的物资；再次购买劳动力，完成对生产三要素劳动手段、劳动对象和劳动力的对内生产投资活动。工业企业资金充足，也可以对外进行投资。

工业企业的资金营运过程又包括三个过程：

（1）供应过程，即 G—W。工业企业在正常的经营期内，要以现金购买各种劳动对象，为进行生产而储备必要的物资，资金由货币资金转化为储备资金，完成供应任务即供应过程结束。

（2）生产过程，W…P…W'。生产过程是工业企业最主要的过程，该过程既要生产出产品，同时又要消耗物化劳动和活劳动。因此，通过生产过程中物化劳动和活劳动的耗费，使材料物资转化为在产品或半成品，资金运动也由储备资金转化为生产资金，即 W…P；到产品制造完工，在产品或半成品成为产成品而进入仓库，生产资金即转化为成品资金，即 P…W'。

（3）销售过程，即 W'—G'。销售过程是产品价值与使用价值的实现过程，具体表现为出售产品，收回货币，补偿耗费的过程，企业将产品售出去收回货币资金，使成品资金转化回到货币资金形态。

通过供、产、销过程不断改变资金的形态，称为资金循环。周而复始地不断循环，称为资金周转，由此形成企业的资金周转过程。

在销售收回的货币资金中，企业以成本为标准弥补生产耗费，使企业进行再生产，剩余部分在企业有关各方面进行利润分配，分配股息或上缴利润等，一部分资金退出企业。

由此可见，企业的资金运动就是企业的财务活动。

知识链接

资金运动有两种表现形式，即静态表现形式和动态表现形式。资金在运动过程中具有并存性与继起性。资金运动并存性是指资金在循环周转中，几种占用形态并存；继起性是指资金在周转循环中顺序地从一种形态转化为另一种形态。资金并存是继起的条件，继起运动的结果又形成并存。

资金在空间上的并存性和时间上的继起性，是相互联系和互为条件的。没有并存性，各种资金形态就不能相继转换，所以并存性是继起性的前提。同样，如果各种资金形态不能相继进行转化，三种资金形态的并存性也将被破坏，所以并存性又是继起性的结果。

资金的特点有：

资金的垫支性，资金运动必须先要垫付资金，购买生产资料（劳动手段和劳动对象）；

资金的周转性，垫付的资金必须周转，才能补偿；

资金补偿性是指资金在循环周转中消耗的数额必须在经营收入中获得补偿；

增值性是指所获得的经营收入，除补偿耗费的资金数额外，还应有剩余。

三、企业财务活动的内容

企业财务活动是以现金收支为主的企业资金收支活动的总称，包括筹资、投资、营运和分配引起的财务活动四个方面。如图1-2所示：

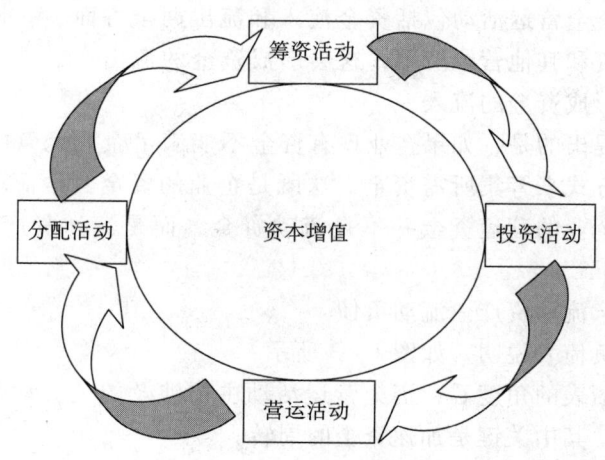

图1-2 财务活动的内容

财务活动
知识要点

1. 筹资活动

企业为了满足正常的经营活动，或者扩大经营的需要，必须具备一定数量的资金。这些资金可以通过多种来源和多种方式进行筹集，如吸收直接投资、发行股票、发行债券、银行借款等方式筹集资金，表现为资金的流入，即现金流入。同时，企业偿还借款、支付利息、股利以及付出各种筹资费用等,则表现为资金的流出,即现金流出。企业为筹集资金而付出的代价,称为资金成本。这些资金流入流出就是由筹资引起的财务活动。它对财务管理的要求是确定合理的筹资数量及合理的资本结构。

按照筹资的性质,筹资分为两类:

(1) 权益类资金,指发行股票,或者吸收的权益类资金,包括股本、实收资本等。

(2) 债务类资金,指公司以负债方式借入并到期偿还的资金,包括短期借款、长期借款、应付债券等。

2. 投资活动

企业要把筹集到的资金用于经营活动,必须考虑如何进行投资才能获取最大的资金收益。企业把筹集到的资金投资于企业内部用于购置固定资产、无形资产等,形成对内投资;把筹集到的资金用于购买股票,债券或投资于其他企业,形成对外投资。企业变卖内部的各种资产及收回对外投资时,则会产生资金的流入。这种资金的收支活动就是由投资引起的财务活动。它对财务管理的要求是提高投资报酬,降低投资风险。

企业投资按照包括的范围可以分为两类:广义的投资和狭义的投资。前者包括企业内部使用资金的过程和对外投放资金的过程,后者仅指对外投资。

3. 资金营运活动

企业在日常的经营过程中,会发生一系列的资金流动,如购买原材料或商品,支付工资和其他营业费用,企业产品售出后获得收入等,这些都属于由经营引起的财务活动。它对财务管理的要求是加速资金周转,提高资金利用效果。所以资金营运活动包括资金流入和流出两个方面。一是采购材料和商品,支付工资和其他营业费用,这会形成资金的流出;二是产品出售,取得收入,这会形成资金的流入。

特别需要提出的是,如果企业现有资金不能满足企业经营的需要,还要采取短期借款方式来筹集所需资金,这既是企业的资金营运活动,又是筹资活动。所以,企业的营运资金并不是流动资金,而是流动资产减流动负债,用公式表示如下:

营运资金 = 流动资产 - 流动负债

可用资产负债表说明,如图1-3所示:

从资产负债表的角度看,资金营运活动主要涉及的是流动资产和流动负债的管理问题,其中关键是加速资金的周转。

营运资金概念的不同认识

4. 资金分配活动

企业在经营过程中会产生利润,或由于对外投资而分得利润。这些利润要按规定的程序进行分配。首先,要依法纳税;其次,要弥补亏损,提取法定和任意公积金;向投资者分配利润。这种由于利润分配而产生的资金流动便属于利润分配引起的财务活动。它要求企业财务管理努力提高利润水平,合理分配利润。

资金分配按照分配的内容看,分为广义分配和狭义分配。

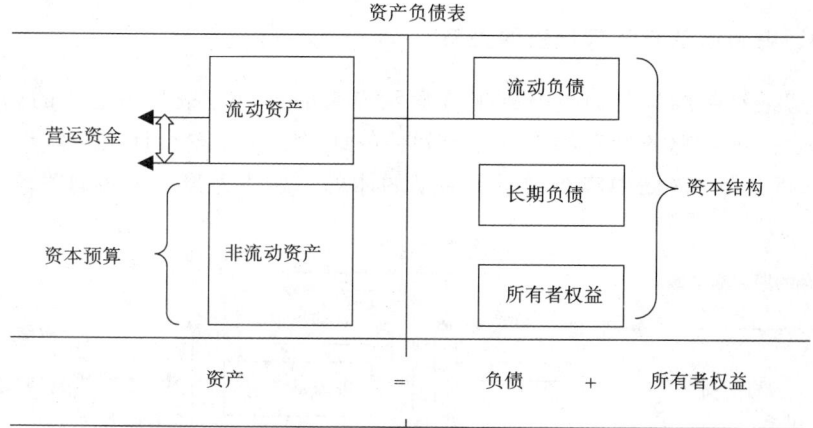

图1-3 资产负债表中关系图

广义分配,是指企业对各种收入进行分割和分派的过程;狭义分配,仅指对净利润的分配。根据利润公式:

利润 = 收入 - 费用

公式中,费用包括产品成本、管理费用、销售费用、财务费用等,即职工薪酬、利息、损失、所得税费用等都是对收入的分配,而在所得税费用分配前的称为税前分配。

而本年未分配利润的公式为:

未分配利润 = 净利润 - 盈余公积 - 股利或利润

所以,股利,或者分配的利润是利润形成后的分配,是对净利润的分配,是在所得税计算以后的分配,称为税后分配。

 知识图说

财务管理和会计的对象都是资金,财务管理和会计有何区别呢?在工作中,两者的区别如图1-4所示。

利润分配的广义和狭义内容

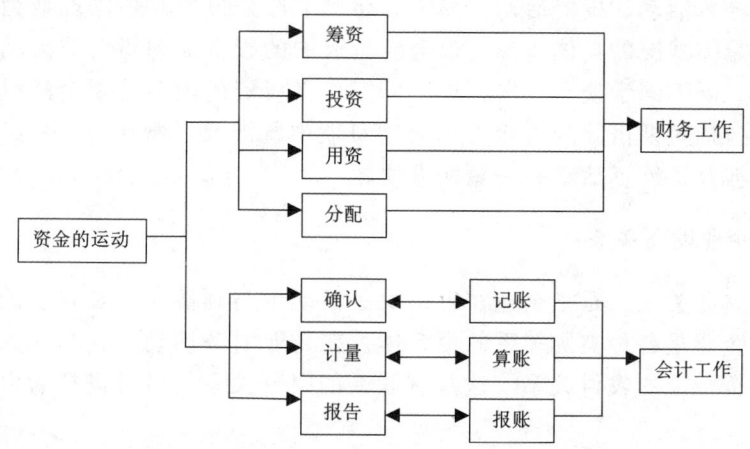

图1-4 财务管理工作与会计工作的区别

四、财务活动与财务报表的关系

财务活动的结果是通过财务报告显示出来的,财务报告中主要的内容是会计报表。各项财务活动都要直接或间接的通过三张主要会计报表体现出来。如图1-5所示:(图中实线为财务活动的体现,虚线为报表之间的关系。)

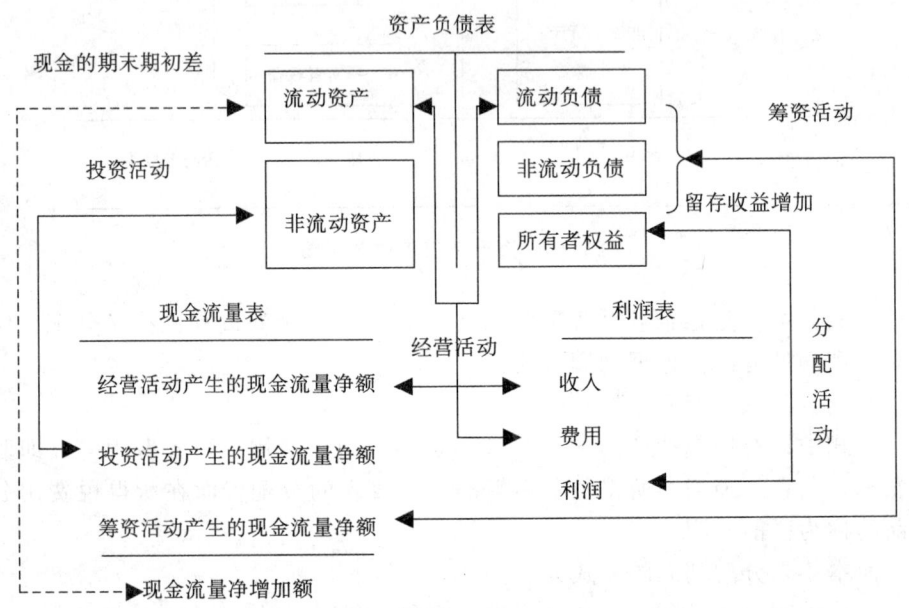

图1-5 财务活动与财务报表的关系

资产负债表是反映某一特定日期的财务状况,即资产、负债和所有者权益情况的会计报表,具体体现了筹资活动和投资活动的结果。

利润表是反映一定会计期间的经营成果的会计报表,具体体现经营活动和分配活动的情况。

现金流量表是反映一定会计期间的现金和现金等价物流入和流出的会计报表,分经营活动、投资活动、筹资活动三个部分报告,是以现金为基础财务活动的总体状况的具体体现。现金流量表中的投资活动指对非流动资产的投资活动,既不同于狭义投资,也不同于广义投资的内容;现金流量表中的筹资活动包括短期借款的内容,即流动负债中既涉及经营活动——经营应付项目,也涉及了筹资活动——短期借款。

五、企业财务关系

企业财务关系,是指企业在组织财务活动中与利益相关者发生的经济利益关系。企业是各种契约关系的集合体,在企业财务活动中,与法人、自然人都存在资金上的收付关系。这些有联系的财务关系,可以概括为以下几个方面:

 **知识图说**

罗纳德·哈里·科斯说:"现代企业理论的一个基本命题是,企业是一系列契约(合同)的组合"。如图 1-6 所示:

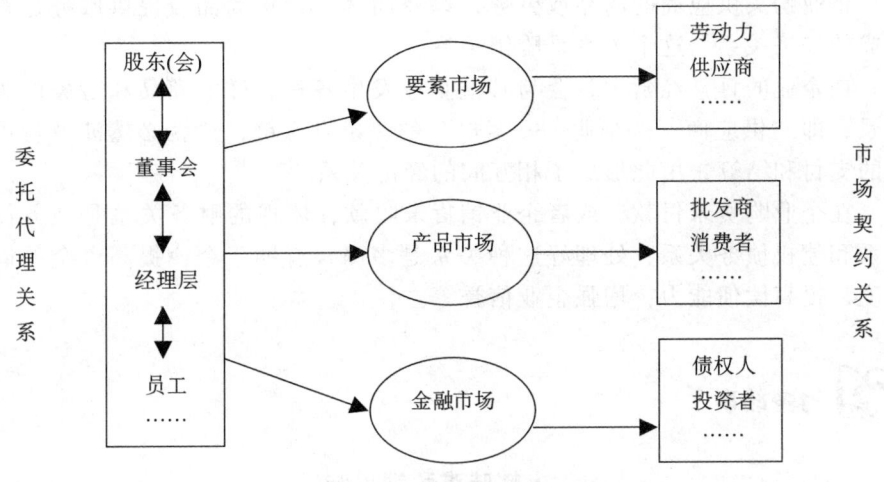

图 1-6 公司科层与市场契约

有关系就有交易,有交易就有交易费用。要减少交易费用,就要建立组织。

1. 企业与税务机关之间的财务关系——依法纳税,法律义务

国家依法收税,企业依法纳税。这是一种征纳税的关系,是强制的、无偿的。

马克思指出:"赋税是政府机器的经济基础,而不是其他任何东西","国家存在的经济体现就是捐税"。国家以行政管理者的身份无偿参与企业的利润分配,企业所取得的收入和利润都必须按照国家税法的规定缴纳各种税款,从而形成了企业与国家之间特殊的经济关系。政府作为社会管理者,通过收缴各种税款的方式与企业发生经济关系。

2. 企业与投资者之间的财务关系——受托责任,利益双赢

企业的投资者向企业投入资金,企业向投资者支付投资报酬所形成的财务关系。所以,这个关系是受资与投资的关系,是投资与报酬的关系。

这里的投资者仅指权益资金的出资者,即股东或所有者。投资者向企业投入资金以期获得投资收益,同时要按照投资合同、协议,履行出资义务,承担相应风险。企业从投资者那里获得资金用于生产经营,实现利润后,应按出资比例向投资者分配利润。企业应正确处理这种财务关系,维护投资者的合法权益。

3. 企业与债权人之间的财务关系——诚信为本,借债还钱

企业向债权人借入资金,并按规定支付利息和归还本金所形成的财务关系。这个关系是债务与债权的关系。

企业在经营活动中，除了利用自有资金外，还要借入一定的负债资金，以合理地利用财务杠杆或弥补资金的短缺，企业作为债务人，应及时归还贷款，偿还利息，保护债权人利益，维护企业信誉。

4. 企业与上下游企业的财务关系——买卖公平，及时清账

企业购买供应商的商品或劳务，以及向客户销售商品或提供服务过程中形成的经济关系。这个关系是购销关系。

在企业的日常经营中，会与其他企业发生各种各样的商品和劳务的买卖关系，即"供应商——企业——客户"的一条供应链，这就必然涉及货币资金的支付和结算，由此形成了相互间的经济关系。

在企业购货未付款，或者企业销货未收款，体现的财务关系是债务债权关系和债权债务关系，处理好这种关系是多赢，有助于企业提高资金的周转速度，提高偿债能力，增强企业信誉等。

 财务故事

人情味难敌铜臭味

美国一个科学研究小组进行过一项实验。这个实验依据的原理是：人在与他人的交往中，如果对方在无意中模仿了他的动作、说话方式等行为，那么他就会很自然地对对方产生亲近感，这种神奇的效果在绝大多数人身上都会出现。如果这种效果没有正常出现，那肯定是被某种特殊原因破坏了。

据此，研究人员让一组大学生在电脑上观看一个产品的资料和图片，然后分别和研究人员一起探讨对这个产品的看法。当然在这个过程中，研究人员会悄悄模仿与其对话的大学生的种种动作，而让大学生毫无察觉。结果显示，大学生普遍对与其对话的研究人员感觉良好。但另一组大学生在电脑上看产品资料的同时，研究人员在资料里增添了一些钱币图案，结果情况就变了：大学生们普遍对与其对话的研究人员没有什么亲近的感觉，反而警惕性很高。

科学家据此认为，金钱能激起人们的排他心理，这很可能是人的本能反应，就像爱情具有排他性一样。当相互合作存在金钱利益关系的时候，人们就会本能地保护自己的利益，于是会以反感的态度回应对方，并产生一定程度的厌恶心理，显示出人情味真的难敌铜臭味。

不过，科学家提醒人们，不要据此就认为金钱是洪水猛兽。因为实验还证实，人们在金钱面前产生排他心理的同时，独立性和创造性也都明显增强了。而且金钱作为人类文明的一个重要产物还要一直存在下去，回避它显然是不现实的。所以未来人们要做的不是拒绝金钱，而是学会处理好金钱与人情的关系，中国的民谚"亲兄弟，明算账"，就是一条很实用的经验。

5. 企业与受资者之间的财务关系——风险共担，收益共享

企业以购买股票或直接投资的形式向其他企业投资所形成的经济关系。

这是投资与受资关系。

6. 企业与债务人之间的财务关系——合理筹划，用活资金

企业将其资金以购买债券、提供借款或商业信用等形式出借给其他单位所形成的经济关系。这是债权与债务关系。

7. 企业内部的财务关系——团结协作，权责分明

企业内部形成的各种财务关系，它包括两方面：

首先是企业内各部门之间所形成的经济关系。各部门在经营活动中为了便于核算和考核，实行经济核算制，由此形成了在经营的各环节中相互提供产品和劳务的经济关系。指企业内部各单位之间在生产经营各环节中互相提供产品或劳务所形成的经济关系。这是资金结算关系。

其次是企业与员工间的财务关系。企业要根据员工对企业的贡献大小和按劳分配原则，向员工支付工资、津贴、奖金等。主要是指企业向职工支付劳动报酬过程中所形成的经济利益关系。这是劳动与报酬关系。

从企业财务管理的关系上看，其特点是涉及面广，业务综合，关系灵敏。企业财务关系的处理需要企业成立一个专门的职能部门和专门的人员来完成，企业财务管理就是要处理好企业的各种财务关系。

六、财务管理的定义

企业财务管理是企业经营管理中的重要职能，它主要解决企业经营中发生的理财问题，如企业如何筹集资金，如何投资资金，如何合理科学地运用资金，如何进行资金的分配等一系列有关资金流动的问题。这些问题就是企业的财务活动。

所以，企业财务管理准确地说就是企业利用价值形式，根据国家政策法规和资金运动规律，组织财务活动，处理财务关系的一项经济管理工作。具体讲，财务管理（financial management），是在企业的战略目标下，关于资产的购置（投资），资本的融通（筹资）和经营中现金流量（营运资金）以及利润分配的管理。

本 章 小 结

本章主要介绍了：

1. 企业财务管理的产生、财务管理实践和理论的演变过程；

2. 财务活动的内容：筹资活动、投资活动、资金营运活动、资金分配活动；

3. 财务关系：企业财务活动中各个方面的关系；

4. 财务管理的内涵：财务管理就是组织财务活动，处理财务关系的一项经济管理工作。

名人名言

一门科学提出的每一种新见解,都包含着这门科学的术语的革命。

——恩格斯

人类的合作行为是为了扩展个人理性。

——阿罗

向后看得越远,那么向前看得也越远。

——丘吉尔

练 习 题

1. 选择题

(1) 在下列各项中,从甲公司的角度看,能够形成"本企业与债务人之间财务关系"的业务是(   )。

  A. 甲公司购买乙公司发行的债券 B. 甲公司归还所欠丙公司的货款

  C. 甲公司从丁公司赊购产品 D. 甲公司向戊公司支付利息

(2) 在下列经济活动中,能够体现企业与投资者之间财务关系的是(   )。

  A. 企业向职工支付工资

  B. 企业向其他企业支付货款

  C. 企业向国家税务机关缴纳税款

  D. 国有企业向国有资产投资公司支付股利

(3) 在下列经济活动中,能够体现企业与国家之间财务关系的是(   )。

  A. 企业向职工支付工资 B. 企业向国有银行借款

  C. 企业向国家税务机关缴纳税款 D. 企业向公办学校捐款

(4) 企业营运资金是指(   )。

  A. 流动资金 B. 流动负债

  C. 流动资金 - 流动负债 D. 流动资金 + 非流动资金

2. 判断题

(1) 如果企业现有资金不能满足企业经营的需要,还要采取短期借款的方式来筹集所需资金,这样产生的企业资金的收付,属于筹资活动。(   )

(2) 偿还借款、购买国库券都属于企业筹资引起的财务活动。(   )

(3) 偿还借款、支付利息都属于企业筹资引起的财务活动。(   )

(4) 理论上财务管理和会计有区别,实践中两者都在财务处,所以两者无法区分。(   )

3. 问答题

(1) 财务管理活动的内容有哪些?

（2）企业财务管理工作需要处理好哪些财务关系？
（3）财务管理发展的过程主要有几个阶段？其核心是什么？

4. 讨论题

（1）阐述财务管理活动的主要内容是什么？
（2）财务活动中财务关系有哪些？并举例说明。
（3）阐述财务管理发展划分阶段几个认识的共同点和不同点。

5. 综合计算题*

CG公司2018年销售收入为20 000万元，销售净利润率为12%，净利润的60%分配给投资者。2018年12月31日的资产负债表（简表）见表1-3：

表1-3　　　　　　　　　　资产负债表（简表）
2018年12月31日　　　　　　　　　　　　　　　　　　　单位：万元

资产	期末余额	负债及所有者权益	期末余额
货币资金	1 000	应付账款	1 000
应收账款净额	3 000	应付票据	2 000
存货	6 000	长期借款	9 000
固定资产净值	7 000	实收资本	4 000
无形资产	1 000	留存收益	2 000
资产总计	18 000	负债与所有者权益总计	18 000

该公司2019年计划销售收入比上年增长20%，据历年财务数据分析，公司流动资产与流动负债随销售额同比率增减。假定该公司2019年的销售净利率和利润分配政策与上年保持一致。

要求：

（1）计算2018年，公司营运资金为多少？
（2）计算2019年内生的资金来源留存收益为多少？
（3）如果资金不足部分都需要短期借款，借款额为多少？
（4）计算2019年，公司营运资金为多少？和2018年对比，有无变化？为什么？
（5）编制2019年预计资产负债表，检验计算正确性。

6. 辩论题*

查阅相关资料辩论，正方观点："计划经济体制下企业财务管理，即有实践，也有理论"；反方观点："计划经济体制下企业财务管理，只有实践，没有形成理论"。

7. 案例应用分析

 阅读材料

关系——交情得似山溪渡，不管风波去又来

在著名的美国学府哈佛大学，经济学的第一堂课，只教两个概念。第一个概念:花钱要区分"投资"行为或"消费"行为;第二个概念:每月先储蓄30%工资,剩下来才消费。有关专家做了这样一个统计,根据100位25岁年轻人的生活状态,跟踪他们20年后的生活,统计结果出乎很多人意料之外:80人生活紧张,只有20人经济独立,其中只有5人富裕。反差如此之大,那么这5人做对了什么呢?原因很简单,他们只是老老实实地执行了如下的理财概念而已:区分"投资"行为与"消费"行为。

那么,在财务管理上,教什么呢?"投资"与"消费"也是财务管理中的重要内容,但更重要的是只教一个概念"关系"。财务管理就是处理企业同有关方面——同税务、同银行、同企业、同股东、同职工、内部单位等等——的财务关系。所以,马克思说:"把人与社会连接起来的唯一纽带是天然必然性,是需要和私人利益。"

说到关系,社会科学家博恩思希有一套著名的理论——1∶25裂变定律,即你如果认识一个人,那么通过他,你就有可能再认识25个人。被引入到成功学领域,"拓展人脉"被当成事业成功的黄金律。

英国牛津大学进化人类学教授罗宾·邓巴提出的"邓巴理论"认为:人的大脑新皮层大小有限,提供的认知能力只能使一个人维持与大约150人的稳定人际关系。而那种如杨万里《三江小渡》诗中写的:交情得似山溪渡,不管风波去又来。"招之即来,挥之即去"又有几人?无论你的产业有多大,人脉有多广,你一生所面对的,说到底就是身边的那几个人。当然了,能真正给你爱和你真正能爱的,也是那几个人。你周围的亲人,从小认识的那几个朋友,以及身处的小环境,也许就是你最具价值的人脉。"不见鲁孔丘,穷困陈蔡间"(三国·曹植《豫章行》),"君不见七十二子从夫子"(宋·刘过《多景楼醉歌》)就是有三千弟子、七十二贤士的孔子不也一样吗?如孟子曰:"君子之厄于陈蔡之间,无上下之交也。"而李白《临路歌》问的更好:"仲尼亡兮谁为出涕?"

(资料来源:杨尚军. 会计混搭[M]. 西南交通大学出版社. 2014.)

问题:

(1)你认为经济学学习"投资"与"消费"、"消费"与"储蓄"有何意义?为什么?大学学习期间,能否举例说明,你认为的投资内容有什么?哪些项目算消费?

(2)财务关系的本质是什么?财务管理概述为"财务关系"是否合适?为什么?

第 2 章　财务管理目标

教学目标

通过本章的学习，了解企业财务管理体制的内涵，理解并掌握企业财务管理的主要方式，理解并掌握财务管理机构的设置。了解企业目标的内涵，理解并掌握财务管理目标的主要观点，理解并掌握利益相关者的矛盾与协调方式。

教学要求

知识要点	能力要求	相关知识
财务管理体制	(1) 财务管理体制的概括和理解 (2) 财务管理体制的运用能力	(1) 集权型 (2) 分权型 (3) 综合型
财务管理机构	(1) 理解和掌握企业组织形式 (2) 了解财务管理机构设置	(1) 企业组织形式 (2) 财务管理机构
财务管理职能	(1) 了解财务管理的职能 (2) 掌握、运用财务管理职能	(1) 财务分析 (2) 财务预测 (3) 财务决策 (4) 财务计划
财务管理目标	(1) 财务管理目标的概括和理解能力 (2) 财务管理目标的运用能力	(1) 企业战略目标 (2) 利润最大化 (3) 每股收益最大化 (4) 股东财富最大化 (5) 企业价值最大化 (6) 利益相关者财富最大化
财务关系的协调	(1) 利益相关者的矛盾 (2) 利益相关者的协调	(1) 财务关系协调原则 (2) 所有者与经营者的矛盾与协调 (3) 所有者与债权人的矛盾与协调 (4) 企业责任和社会责任的协调

> 对制度的道德评价和选择优先于对个人的道德评价和选择。
>
> ——约翰·罗尔斯

 基本概念

财务管理体制　集权型　分权型　综合型　企业组织形式　个人独资企业　合伙企业　公司制　财务分析　财务预测　财务决策　财务计划　财务预算　企业战略目标　生存　发展　获利　利润最大化　每股盈余　企业价值最大化　相关利益者　财务关系协调　道德风险　逆向选择　解聘　接收　激励　社会责任

 **导入案例**

拨亮心中的目标

美国财务顾问协会的前总裁刘易斯·沃克，有一次接受记者有关稳健投资方面的采访。聊了一会儿，记者问："到底是什么因素，使人无法成功？"

沃克回答："模糊不清的目标。"

记者请沃克进一步解释。

沃克说："在几分钟前，我就问你，你的目标是什么？你说，希望有一天可以拥有一栋山上的小屋，这就是一个模糊不清的目标。问题出在'有一天'的表述不够明确，因为不够明确，成功的机会也就不大。"

接着，沃克说："如果真的希望在山上买一栋小屋，你必须先找出那座山，算出小屋的价值，然后，考虑通货膨胀，算出五年后这栋房子值多少钱。接着，你必须算出，为了达到这个目标，每个月要存多少钱。如果真的这么做，你可能在不久的将来，就会拥有一栋山上的小屋。如果你只是说说而已，梦想就可能不会实现。梦想是愉快的，但没有配合实际行动计划的模糊梦想，只是妄想而已。"

[资料来源：水中鱼．拨亮心中的目标．小品·美文，2012（9）．]

 点评：目标决定高度。

财务管理目标经过多年的认识和研究已形成共识，目标决定行动的高度，一切管理活动都要有目标，所以，财务管理目标即是财务管理的起点，也是财务管理的终点。本章主要介绍财务管理目标。

第1节　财务管理体制

一、财务管理体制的概念

财务管理体制，是指划分企业财务管理方面的权责利关系的一种制度，是财务关系的具体表现形式。一般来说包括企业投资者与经营者之间的财务管理体制和企业内部的财务管理体制两个层次。企业财务管理体制的作用：

（1）企业财务管理体制是明确企业各财务层级财务权限、责任和利益的制度；

（2）核心问题是如何配置财务管理权限；

（3）企业财务管理体制决定着企业财务管理的实现机制和运行模式。

二、财务管理体制的一般模式

1. 集权型

集权型财务管理体制，是指所有管理决策都集中统一进行，各所属单位没有财务决策权；企业总部财务部门不仅参与决策和执行决策，在特定情况下还直接参与各所属单位的执行过程。

（1）集权型财务管理体制的优点：①有利于在整个企业内部优化资源配置；②有利于实行内部调拨价格；③有利于内部采取避税措施及防范汇率风险等等。

（2）集权型财务管理体制的缺点：①集权过度会使各所属单位缺乏主动性、积极性，丧失活力；②可能因决策程序相对复杂而失去适应市场的弹性，丧失市场机会。

2. 分权型

分权型财务管理体制，是指企业将财务决策权与管理权完全下放到各所属单位，各所属单位只需将一些决策结果报请企业总部备案即可。

（1）分权型财务管理体制优点：①有利于各所属单位针对本单位存在的问题及时做出有效决策，因地制宜地搞好各项业务；②有利于分散经营风险，促进所属单位管理人员及财务人员的成长。

（2）分权型财务管理体制缺点：各所属单位缺乏全局观念和整体意识，从而可能导致资金管理分散、资金成本增大、费用失控、利润分配无序。

3. 综合型

综合型财务管理体制是集权型和分权型的组合，是指企业对各所属单位在所有重大问题的决策与处理上实行高度集权，各所属单位则对日常经营活动具有较大的自主权。

（1）制度上，企业内应制定统一的内部管理制度，明确财务权限及收益分配方法，各所属单位应遵照执行，并根据自身的特点加以补充。

（2）管理上，利用企业各项优势，对部分权限集中管理。

（3）经营上，充分调动各所属单位的生产经营积极性。

综合型吸收了集权型和分权型财务管理体制各自的优点，避免了两者各自的缺点，从而具有较大的优越性。

当前，在"互联网+"的趋势下，由于财务共享中心的出现，财务管理的权限也随之越来越"集权"，同时也给是"集权"还是"分权"带来了新的研究课题。

第2节　财务管理组织和职能

诺贝尔经济学奖获得者诺斯指出："有效率的经济组织是经济增长的关键。"科斯认为，组织是为了降低交易费用。而有人认为，1+1>2，组织是为了规模效应，为了获得更多的利润；或言，"船大抗风浪"，组织是为了抵抗更大的风险；或言，组织是为了便于管理。那么，组织是什么呢？

一、企业组织形式

按照出资者和出资者对债务的责任划分，国际惯例将企业组织形式划分为三种：

1. 个人独资企业

个人独资企业，即个人出资经营，归个人所有和控制，由个人承担经营风险和享有全部经营收益的企业。自然人企业，一人出资，无限责任，是最古老、最简单的一种企业组织形式。

（1）个人独资企业的优点。独资企业是企业制度序列中最初始和最古典的形态，也是民营企业主要的企业组织形式。其主要优点为：

①企业资产所有权、控制权、经营权、收益权高度统一。这有利于保守与企业经营和发展有关的秘密，有利于业主个人创业精神的发扬。

②企业业主自负盈亏和对企业的债务负无限责任成为了强硬的预算约束。企业经营好坏同业主个人的经济利益乃至身家性命紧密相连，因而，业主会尽心竭力地把企业经营好。

③企业的外部法律法规等对企业的经营管理、决策、进入与退出、设立与破产的制约较小。

除此之外，个人独资企业还有开办手续简便；税负较轻；经营管理上制约因素较少，决策效率高；企业的技术和财务信息容易保密等优点。

（2）个人独资企业的缺点。

①难以筹集大量资金。因为一个人的资金终归有限，以个人名义借贷款难度也较大。因此，独资企业限制了企业的扩展和大规模经营。

②投资者风险巨大。企业业主对企业负无限责任，在硬化了企业预算约束的同时，也带来了业主承担风险过大的问题，从而限制了业主向风险较大的部门或领域进行投资的活动。这对新兴产业的形成和发展极为不利。

③企业连续性差。企业所有权和经营权高度统一的产权结构，虽然使企业拥有充分的自主权，但这也意味着企业是自然人的企业，业主的病、死，自身及家属知识和能力的缺乏，都可能导致企业破产。

④企业内部的基本关系是雇佣劳动关系，劳资双方利益目标的差异，构成企业内部组织效率的潜在危险。

2. 合伙企业

合伙企业，是指由各合伙人订立合伙协议，共同出资，共同经营，共享收益，共担风险，并对企业债务承担无限连带责任的营利性组织。合伙企业分为普通合伙企业和有限合伙企业。两人以上出资，无限责任。

（1）合伙企业的类型。合伙企业分为普通合伙企业和有限合伙企业。其中，普通合伙企业又包含特殊的普通合伙企业。

①普通合伙企业由2人及2人以上普通合伙人（没有上限规定）组成。普通合伙企业中，合伙人对合伙企业债务承担无限连带责任。特殊的普通合伙企业中，一个合伙人或数个合伙人在执业活动中因故意或者重大过失造成合伙企业债务的，应当承担无限责任或者无限连带责任，其他合伙人则仅以其在合伙企业中的财产份额为限承担责任。

②有限合伙企业由2人以上50人以下的普通合伙人和有限合伙人组成，其中普通合伙人和有限合伙人都至少有1人。当有限合伙企业只剩下普通合伙人时，应当转为普通合伙企业，如果只剩下有限合伙人时，应当解散。普通合伙人对合伙企业债务承担无限连带责任，有限合伙人以其认缴的出资额为限对合伙企业债务承担责任。

（2）合伙企业的特征。合伙企业设立程序简单、设立费用低，其特点有：

①生命有限。合伙企业比较容易设立和解散。合伙人签订了合伙协议，就宣告合伙企业的成立。新合伙人的加入、旧合伙人的退伙、死亡、自愿清算、破产清算等均可造成原合伙企业的解散以及新合伙企业的成立。

②责任无限。合伙组织作为一个整体对债权人承担无限责任。

普通合伙的合伙人均为普通合伙人，对合伙企业的债务承担无限连带责任。例如，甲、乙、丙三人成立的合伙企业破产时，当甲、乙已无个人资产抵偿企业所欠债务时，虽然丙已依约还清应分摊的债务，但仍有义务用其个人财产为甲、乙两人付清所欠的应分摊的合伙债务，当然此时丙对甲、乙拥有财产追索权。

有限责任合伙企业由一个或几个普通合伙人和一个或几个责任有限的合伙人组成，即合伙人中至少有一个人要对企业的经营活动负无限责任，而其他合伙人以其出资额为限对债务承担偿债责任，因而这类合伙人一般不直接参与企业经营管理活动。

③相互代理，权力分散。合伙企业的经营活动，由合伙人共同决定，合伙人有执行和监督的权利。合伙人可以推举负责人，合伙负责人和其他人员的经营活动，由全体合伙人承担民事责任。换言之，每个合伙人代表合伙企业所发生的经济行为对所有合伙人均有约束力。因此，合伙人之间较易发生纠纷。

④财产共有。合伙人投入的财产，由合伙人统一管理和使用，不经其他合伙人同意，任何一位合伙人不得将合伙财产挪为他用。产权转让困难。只提供劳务，不提供资本的合伙人仅有权分享一部分利润，而无权分享合伙财产。

⑤利益共享。合伙企业在生产经营活动中所取得、积累的财产，归合伙人共有。如有亏损则亦由合伙人共同承担。损益分配的比例，应在合伙协议中明确规定；未经规定的可按合伙人出资比例分摊，或平均分摊。以劳务抵作资本的合伙人，除另有规定者外，一般不分摊损失。

3. 公司制企业

公司制企业，又叫股份制企业，是指由1个以上投资人（自然人或法人）依法出资组建，有独立法人财产，自主经营，自负盈亏的法人企业。按照《公司法》设立，企业法人对债务负有限责任，分为有限责任公司和股份有限公司。

（1）公司制企业的优点。

①无限存续。具有无限的存续期，一个公司在最初的所有者和经营者退出后仍然可以继续存在。

②有限债务责任。股东承担有限责任。公司债务是法人的债务，不是所有者的债务。所有者的债务责任以其出资额为限。

③所有权的流动性强，所有权和经营权分离。

④资本市场的地位优越，筹资渠道多元化。

（2）公司制企业的缺点。

①双重课税。公司作为独立的法人，其利润需交纳企业所得税，企业利润分配给股东后，股东还需交纳个人所得税。

②组建公司的成本高。公司法对于建立公司的要求比建立独资或合伙企业高，并且需要提交各种报告。

③存在代理问题。经营者和所有者分开以后，经营者称为代理人，所有者称为委托人，代理人可能为了自身利益而伤害委托人利益。

二、财务管理机构

财务管理机构是专门实施财务管理、处理各种财务关系的组织机构。股份制公司的组织机构一般可如图2-1所示：

第 2 章
财务管理目标

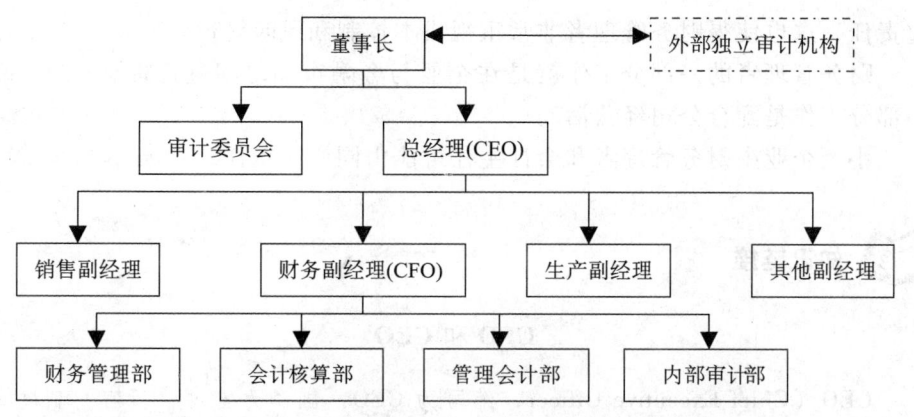

图 2-1 财务管理工作的领导和监督体系

从理论上讲，财务管理是企业管理工作中的一个重要组成部分，担负着十分重要的任务，有很强的专业性，已成为企业经营管理中相对独立的职能部门。因此，企业必须有其专门的组织机构和专门的办事人员。

在我国，财务管理机构是根据企业规模、管理结构、业务特点和管理需要等设置的。在大中型企业中，由总会计师（财务总监，或者称 CFO）领导财务管理部门，有财务处处长（或者称财务经理），统管财务管理和会计工作。如果下设有子公司的，总公司外派财务总监，子公司设有财务经理，统管财务管理和会计工作。

在不设总会计师的小型企业，由一名副厂长（副经理）领导财务会计部门。

在市场经济体制下，企业作为独立的商品生产者，其财务活动越来越活跃，越来越广泛，企业要处理的财务关系由于经济行为的多样性而复杂化，财务管理的职能发生了根本变化，财务管理在企业生产经营中有着不可替代的作用。因此，产生了财务管理机构与会计核算机构分别设置的需要。在一些经济发达国家里，财务管理机构设置的典型做法是：在总经理下设置财务副总经理管理企业财务和会计部门，分别由财务长或财务主任（treasurer）和主计长或会计主任（controller）分别主管；财务部门和会计部门再根据需要分设若干具体业务部门。但这两个部门的职责是分明的。其中财务部门的职责主要为：

（1）负责资金筹集；
（2）负责固定资产投资；
（3）负责营运资金管理；
（4）负责证券投资与管理；
（5）负责利润分配；
（6）负责财务分析、财务预测、财务计划。

在财务部门中，现代企业的财务管理者是掌握着企业神经系统（财务信息）和血液系统（资金资源）的灵魂人物，其被赋予着"评价和监督"的双重责任，这也使得财务管理者非常重视成本控制和风险管理。

财务管理者的一部分工作就是在企业与金融市场之间进行资金运作，另一部分工作是配合公司经营活动。

小型企业中财务管理者和会计主任可能由同一人担任。

 知识链接

CFO 和 CEO

CEO（Chief Executive Officer，缩写为 CEO，翻译为首席执行官）制度20世纪80年代起源于美国，曾在美国威风八面。美国传统型家族企业向现代型企业转变过程中，专家出身的 CEO 起过重要作用；美国企业称雄世界，具有冲劲和梦想的 CEO 同样是功勋卓著。像20世纪80年代克莱斯勒的艾柯卡（Lee A. Lacocca）、20世纪90年代初 IBM 的郭世纳（Louis V. Gerstner）和在2001年退休的通用电器的韦尔奇（Jack Welch），皆是备受推崇的楷模。

1995年，美国《财富》（FORTUNE）杂志曾在一篇题为"顶级的首席财务官"的封面文章指出：一种新的岗位——CFO（Chief Financial Officer，缩写为 CFO，翻译为首席财务官）正在使公司财务管理的传统地位发生革命性的变化；这些 CFO 正在参与公司经营的全过程，包括制定公司的发展战略，领导公司进行自身变革，并以一种真正的伙伴关系同 CEO 一起进行决策。

《财富》上说：CFO 这个新生群体的诞生是公司财务职位的革命。在20世纪90年代，首席财务官 CFO 的职责范围逐步扩大，根据 KPMG（毕马威）的一项调查，CFO 大约要花40%的时间帮助总经理或其他高级管理人员处理管理问题；有2/3的财务总监认为他们对公司决策的影响力越来越大。

鉴于跨国公司战略目标之转移，CFO 们正在以新的姿态，全力以赴做好以下三项工作：

（1）设计合理的方案使股东财富最大化；

（2）树立全球化的工作信念；

（3）提出全新的财务理念，更积极、更主动、更深入地参与决策过程和战略管理。

三、财务管理的基本职能

财务管理职能，是指财务管理所具有的职责和功能。企业财务管理的基本职能有财务分析、财务预测、财务决策和财务计划。

1. 财务分析

财务分析（financial analysis），是在财务报表的基础上，结合调查研究，

第 2 章 财务管理目标

运用一定的分析方法,对企业的经营活动过程及其经营成果进行考核、评价,并做出定量或定性的分析方法。

财务分析的定量方法主要有比较分析法、比率分析法和因素分析法等。它是会计预测、考核和决策的主要依据。

 知识链接

财务分析的方法对比见表 2–1。

表 2–1   分析方法对比表

分析方法	方式	分类		内容
比较分析法	相减	——		同一个经济指标不同时期、不同企业之间的对比
比率分析法	相除	相关比率分析法		两个性质不同而又相互联系的财务指标相除计算比率
		构成比率分析法		指标各个组成部分数值占总体比重
		趋势分析法	环比	分析期指标与上期指标之比
			定比	分析期指标与固定基期指标之比
因素分析法	相乘	连环替代法		有关因素相乘,以测定每一因素对财务指标影响程度
		差额分析法		直接以实际数与预算数或固定基期数之间的差额来计算各因素对指标变动的影响程度

2. 财务预测

财务预测(financial prodiction),是利用财务分析所提供的资料,结合瞬息万变的市场信息运用一定的预测方法,对企业未来的资金运动进行科学预测,以到达企业财务管理的目的。

财务预测方法具体包括定性预测方法和定量预测方法。

3. 财务决策

财务决策(financial decision),是企业经营决策方法的重要组成部分。它是指企业为达到特定的目标对最优方案的选择。

财务决策方法具体方法有:量本利分析法、差量分析法、贡献毛利法、投资回收期法、净现值等。

4. 财务计划

财务计划(financial planning),是以企业财务目标为基础,以货币形式安排计划期内投资、筹资等的文件,称为预算。制定财务计划的目的是为财务管理确定量化的目标。

财务计划分长期计划和短期计划。长期计划是一年以上的计划,常称为战略计划。短期计划是一年以内的计划,常称为财务预算(financial budget)。

财务预算被称为企业的"宪法",财务预算的方法有零基预算、弹性预算等编制方法。

上述各职能之间存在着内在的联系。财务分析是最基本的,财务预测是在财务分析的基础上进行的预测,财务决策是依据财务预测有的放矢进行的决策,财务计划是根据财务决策编制的,是对决策的资金落实。所以,财务决策和财务计划是财务分析和财务预测的延续。

第3节 财务管理目标

一、企业的战略目标

企业的实际工作应该首先明确目标,然后研究实现目标的路径,并考察环境是否满足路径的实施。企业的目标是价值创造,成长性、回报性、风险性是企业价值创造的三要素。企业的价值创造主要有两条路径——业务创造价值(财务助业务腾飞)和资本创造价值(财务携资本增值)。财务助业务腾飞可以通过财务分析、业绩评价和预算管理等实现,财务携资本增值可以通过筹资管理、投资管理和资本运营等实现。

企业是营利性组织,其出发点和归宿是获利。企业一词中的"企",意为图谋、打算;"业"就是事业。企业一词,顾名思义就是图谋事业,表示企图冒险从事某项获取利润的事业。企业一旦成立,就会面临竞争,并始终处于生存和倒闭、发展和萎缩的矛盾之中。所以,企业的基本目标是生存,核心是发展,最终目标是获利。获利既是出发点,也是归宿。企业管理的目标是生存、发展、获利。

1. 生存

企业只有先生存下来,才能获利,才能发展。企业是契约的节点,这些节点的集合就是市场,有商品市场、金融市场、人力资源市场、技术市场等等。

企业平均寿命

开办企业,企业得到资金,再到市场上购买生产的三要素:劳动手段、劳动对象、劳动力,生产产品,销售商品,即完成 G——W…P…W——G 的资金循环。这个活动最基本的是通过销售产品得到的收入,可以抵补支出,在无外来资金投入的情况下,才能再进行下一个同样规模的循环——称为简单再生产——图形是同位置的圆循环,如图2-2所示。

企业生存下去的最基本条件就是以收抵支,以收抵支是指其收入抵补支出。这样才能进行再循环,称为持续经营。

企业在经营过程中会发生应付的债务,也可能在金融市场上借贷,因此就有"借债还钱,到期偿债"的义务,这是企业生存的另一个基本条件。我

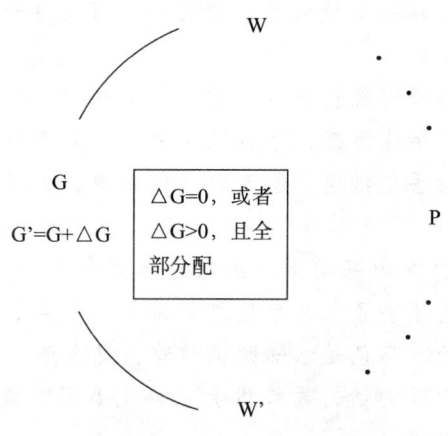

图 2-2　资金循环往复

国《破产法》第七条规定："债务人不能清偿到期债务,债权人可以向人民法院提出对债务人进行重整或者破产清算的申请。"

因此,危及企业生存的因素有两个:一是企业发生长期亏损,资不抵债,这是企业终止、消亡的内在原因;二是企业不能及时清偿到期债务,这是导致企业终止、消亡的直接原因。资不抵债是指企业严重亏损到所有者权益被全部侵蚀掉的一种程度。如下式所示:

资不抵债,即:资产 < 负债

因为有会计等式:资产 = 负债 + 所有者权益

将会计等式代入假设式中,负债 + 所有者权益 < 负债

得出:所有者权益 < 0

而不能清偿到期债务与资不抵债之间虽有一定的联系,但仍有着本质的区别,主要表现在:

(1) 一个亏损严重的企业,即使已出现资不抵债,也有可能通过借新债还旧债,而清偿了到期债务;

(2) 一个盈利的企业,即使资产远大于负债,也有可能因资金周转等问题而不能清偿到期债务。

所以,力保企业能够以收抵支,到期偿债,这是对财务管理的第一个要求。

 阅读材料

"龟兔赛跑"的启示

《龟兔赛跑》是一则耐人寻味的寓言故事:

有一天,兔子和乌龟比赛跑步。兔子飞快地跑着,乌龟拼命地爬,不一会儿,兔子已经远远地把乌龟甩在了后面。兔子认为比赛太轻松了,它要先休息一会儿,并且自以为是地认为即使自己睡着了,乌龟也不能追上它。然

而,乌龟一刻不停、一步一步地爬行,爬行……可当兔子醒来的时候,乌龟已经撞线,到达终点了。

这则故事教育人们不可轻视他人。虚心使人进步,骄傲使人落后,要踏踏实实地做事情,不要半途而废,才会取得成功。对于乌龟来讲,要懂得坚持,学会等待,等待对手犯错误。冬天的一堆杂草,到了春天也会开出美丽的花朵。

后来在这个经典版本的基础上,演绎了很多版本。例如,快到终点时,中间有一条河,兔子过不去了,乌龟很悠哉地游了过去,又赢了比赛。启示人们要经营自己的长处,乌龟是水陆两栖动物,复合型人才。

再如,假设终点无限的远,最终谁会赢得比赛呢?肯定是乌龟,因为乌龟的寿命长,当然能跑得更远。

人必须首先要活着,才能去奢谈其他美好的东西。鲁迅先生在《伤逝》中说,"人必须活着,爱才有所附丽"。马斯洛的需要层次理论也认为人的生理和安全的需要是最基本的需要。那么,生存对于企业来讲也是第一要义。

2. 发展

企业发展(enterprise development)是指企业面对未来未知环境的适应,使企业得以进一步运行,实现企业目标。企业要根据市场的要求,不断提高生产技术水平,提供消费者需要的产品或者服务,提高市场占有率,才能扩大收入,满足企业发展的目标。扩大产量,提高收入,制造产品需要资源,原材料、机器设备等,就必须筹资。在资金循环中,一是外部资金筹集,二是内部资金筹集,即$\triangle G>0$,且只进行部分的分配。

在动态环境的竞争中,发展也是一种求生的手段。"商场如战场,商战似兵战",在激烈复杂的市场竞争中,企业为了获取竞争优势,必须制定和实施一系列克敌制胜的战略。正如《孙子兵法·谋攻》所言:"上兵伐谋,其次伐交,其次伐兵,其下攻城。"一个企业的总体战略按照战略方向分,可分为三大类:稳定战略、收缩战略和发展战略。稳定和收缩战略只适应于一些特定的环境,有时甚至是一种情非得已的无奈之举,只是一种度过困境的临时战略。发展战略才是企业最常用的战略。在现有的战略基础上向更高一级的方向发展,不断扩大企业规模,增强其竞争实力。企业可以通过实施一体化战略,如吉利收购沃尔沃、双汇收购史密斯菲尔德等;也可以通过实施多元化战略,如娃哈哈进军白酒业、格力投资新能源汽车等,以实现企业的发展。除此之外,扩大收入,提高市场占有率,也可以通过兼并联合。美国著名学者、诺贝尔经济学奖获得者乔治·施蒂格勒曾指出:"发达国家的大型企业无一不是通过兼并联合发展起来的。"企业一体化战略和多元化战略的实施,一般可以采用内部发展的新建和外部发展的并购两种途径。那么不管是进行新建,还是资本运作,都需要筹集大量的资金。

所以,筹集企业发展的资金,是对财务管理的第二个要求。

企业的第一目标——生存

3. 获利

企业是一个为获利创建的组织。获利是企业的起始点，有了获利才能实现改善职工生活、改善劳动条件、提高产品质量、扩大市场份额、为国家纳税、减少环境污染等目标，但这些目标都是建立在获利基础上的。

而要盈利，在财务管理上就要保证每项资产的使用发挥效益。没有免费的午餐，使用资金就要发生成本费用，在收入大于成本费用的情况下，才有利润，即收入－费用＝利润。所以，只有各个资产的有效使用，企业才能获利，资产效益越大，获利越大。

所以，有效地使用资金，是对财务管理的第三个要求。

二、财务管理目标的含义与特征

1. 财务管理目标的含义

企业财务管理目标是企业财务管理活动所希望实现的结果。财务管理目标，又称理财目标，是指企业进行财务活动所要达到的根本目的，它决定着企业财务管理的基本方向。财务管理目标是一切财务活动的出发点和归宿，是企业经营目标在财务上的集中和概括，是评价企业财务活动是否合理的基本标准。制定财务管理目标是现代企业财务管理成功的前提，只有有了明确合理的财务管理目标，财务管理工作才有明确的方向。因此，企业应根据自身的实际情况和市场经济体制对企业财务管理的要求，科学合理地选择、确定财务管理目标。

财务管理目标的作用可以概括为以下四个方面：

（1）导向作用，确定目标，引导方向，使工作有的放矢；

（2）激励作用，完成目标，实现工作价值；

（3）凝聚作用，以实现目标为共同努力方向，建立企业文化价值；

（4）考核作用，按照目标实现情况，进行奖惩。

财务管理目标的作用是相互影响、相互融合的有机系统。

2. 财务管理目标的特征

（1）财务管理目标的影响因素。要想确立科学的财务管理目标，必须分析究竟哪些利益关系人会对理财产生重要的影响。究竟哪些集团对企业财务活动，进而会对财务管理目标产生影响呢？一般应考虑以下三个标准：

①必须对企业有投入，即对企业有资金，劳动或服务方面的投入；

②必须分享企业收益，即从企业取得诸如工资，奖金，利息，股利和税收等各种报酬；

③必须承担企业风险，即当企业失败时，都会承担一定损失。

下面表2－2至表2－5是欧美和德日等国家有关资料的对比[①]：

[①] 王化成. 财务管理目标的国际比较［N］. 中国财经报，2000－10－26.

表 2-2　　　　　　　　　美、日股份公司股权结构的比较

国别	个人股	法人股	政府、团体股	合计
美国	53.5%	34%	12.5%	100%
日本	28.6%	70.8%	0.6%	100%

表 2-3　　　　　　　　欧美式与德日式市场经济的特征比较

欧美式	德日式
股东第一主义	职工第一主义
职工有转换职业的机会	终身雇用制
股份公开为主	股份非公开为主
公司成为投机对象	安定股东工作
注重短期效益	注重长期效益

表 2-4　　　　　　　　　企业决策优先考虑关系人的比较

当事人	美国	德国	日本
顾客	2	1	2
雇员	3	2	1
所有者	1	3	3

表 2-5　　　　　　　　　　关于股东重要要求的调查

项目	日本	美国
股利的增加	6%	3%
股价的上升	12%	79%
事业的成长	56%	15%
事业的安定	24%	3%
社会责任的承担	2%	0%

　　从以上比较我们看到，美日两国各利益关系人在企业财务管理中所起的作用不完全一样。在美国，股东在财务决策中起主导作用，而职工，债权人，政府起的作用很小，这就使得美国财务经理非常重视股东利益，以股东财富最大化作为财务管理的目标。

　　在日本，股东、债权人、职工、政府在企业财务决策中起重要作用，财务决策必须兼顾各方面的利益关系。这就使得追求企业价值最大化成为财务管理的合理目标。

　　(2) 财务管理目标的特征。

　　①稳定性。随着宏观经济体制和企业经营方式的变化，以及人们认识的发展和深化，财务管理目标也可能发生变化。但是，宏观经济体制和企业经营方式的变化是渐进的，只有发展到一定阶段以后才会产生质变；人们的认识在达到一个新的高度以后，也需要有一个达成共识、为人所普遍接受的过程。因此，财务管理目标作为人们对财务活动基本规律性的一种概括，总的

说来是相对稳定的。这样,企业职工的行动才会有一个明确的方向,对目标的实现才会树立起坚定的信念。当然,强调财务管理目标的稳定性并不排斥根据客观需要和情况的发展而对目标作必要的修正。

②多元性。多元性是指财务管理目标不是单一的,而是适应多因素变化的综合目标群。现代财务管理是一个系统,其目标也是一个多元的有机构成体系。在这个体系中,有一个处于支配地位,起主导作用的目标,称之为主导目标;其他一些处于被支配地位,对主导目标的实现有支持作用的目标,称之为辅助目标。例如,企业在追求利润最大化这一主导目标的同时,还必须同时兼顾员工安全与福利、产品质量与服务、社会责任等一系列辅助目标。

Y. 赛迪(Y. Shetty)在对北美一些大公司的经理调查时发现,公司的目标通常是多元化的,既有经济目标,又有社会目标。与经济目标相关的主要是:获利能力、增长率、市场份额。除经济目标之外,大约65%的公司将社会责任作为其目标,其他目标如员工福利、产品质量和服务等,见表2-6。

表2-6 北美82家公司目标调查结果[①]

目标类型	公司数量	百分比(%)
获利能力	73	89
增长率	67	82
市场份额	54	66
社会责任	53	65
员工福利	51	62
产品质量和服务	49	60
研究与开发	44	54
多元化经营	42	51
效率	41	50
财务稳定性	40	49
资源保存	32	39
管理发展	29	35
跨国经营	24	29
合并	14	17
其他	15	18

③层次性。财务管理目标是企业财务管理这个系统顺利运行的前提条件,同时它本身也是一个系统。各种各样的财务管理目标构成了一个网络,这个网络反映着各个目标之间的内在联系。财务管理目标之所以有层次性,是由企业财务管理内容、方法的多样性和层次性决定的。例如,财务管理的基本内容包括筹资管理、投资管理、营运资金管理、利润分配管理等几个方面,

---

① 谷祺,刘淑莲主编. 财务管理 [M]. 东北财经大学出版社,2007:7.

而每一个方面又可以再进行细分,如筹资管理就可以细分为资金需要量的确定、筹资方式的选择、筹资渠道的运用、资本结构的决策等。

④可操作性。财务管理目标是实行财务目标管理的前提,它要能够起到组织动员的作用,要能够据此制定经济指标并进行分解,实现职工的控制,进行科学的绩效考评,这样,财务管理目标就必须具有可操作性。

知识链接

在确定财务管理目标时,可以使用一套被称作 SMART 的基本原则,它是下列 5 个英文单词首字母的缩写:S(Specific,目标要具体)、M(Measurable,目标可以量化)、A(Attainable,目标要可以达到)、R(Relevant,目标与使命一致)、T(Time – Based,目标要有完成期限),以确保财务管理目标的针对性和可操作性。如图 2 – 3 所示。

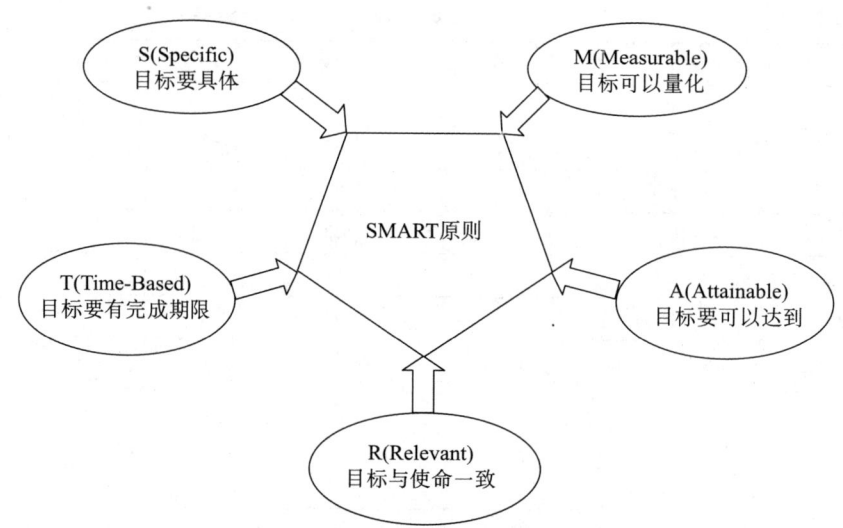

图 2 – 3 SMART 原则图

财务管理目标是企业财务管理工作中所追求的长期结果,反映了企业在一定时期内财务活动的方向和所要达到的水平。财务管理目标要有具体的数量特征和时间界限,一般为 3 ~ 5 年或更长。可操作性具体包括可计量、可追溯和可控制三个次级特性。

三、财务管理目标的演变

明确企业财务管理的目标,是搞好财务工作的前提。财务管理的目标,是指企业进行财务管理所要达到的目的,是评价财务管理活动是否合理的标准,它决定着财务管理的基本方向。财务管理的目标是人们在不断的认识过程中形成的,一般有如下几个过程。

第 2 章 财务管理目标

1. 利润（净利润）最大化

利润最大化（profit maximum）目标，就是假定在投资预期收益确定的情况下，财务管理行为将朝着有利于企业利润最大化的方向发展。

资本是一切生产和发展的起点，也更是现代经济发展的血液。而资本扩张则是最有效推动发展的动力源泉，这就是"资本的逻辑"。所谓"资本的逻辑"，简单地说，就是发财致富的逻辑，赚钱的逻辑。秘鲁著名经济学家赫尔南多·德·索托曾告诫，资本有秘密，这个秘密就是赚钱。

产值最大化

这种观点认为，利润代表企业新创造的财富，利润越多，企业财富就越多。利润最大化观点起源于亚当·斯密的"经济人"假设，是西方微观经济学的理论基础，许多经济学家都是以这一目标来评价企业的业绩的。

当前，利润最大化目标在理论界与实务界仍有其重大影响，这主要是因为：

（1）剩余产品的多少可以用利润指标来衡量。

（2）自由竞争的资本市场中，资本的使用权最终属于获利最多的企业。

（3）只有每个企业都最大限度获利，整个社会的财富才能实现最大化。

（4）有利于资源的合理配置，有利于经济效益的提高。

但是，这一目标也存在以下问题：

（1）没有明确利润最大化中利润的概念，这就给企业管理当局提供了进行利润操纵的空间。会计上就有营业利润、利润总额、净利润等等不同的概念。

（2）不符合货币时间价值的理财原则，它没有考虑利润的取得时间，不符合现代企业"时间就是金钱"的理财观念。

【例 2-1】 CG 公司现有 A、B 两个投资项目，A 项目是今年获利 100 万元，B 项目是 5 年后获利 110 万元。试分析哪一个项目更符合公司的财务管理目标？

分析：若不考虑货币时间价值，不能准确地判断哪个项目更符合企业财务管理目标。

如果不考虑时间价值，B 项目实现的利润大，看起来应该是较好的。但是，如果考虑货币时间价值，应该是 A 项目更符合公司的财务管理目标。因为 A 项目的利润 100 万元，虽然小于 B 项目的 110 万元，但对公司来讲 A 项目的 100 万元，已经给公司带来 5 年的收益了。

所以，考虑货币时间价值，A 项目更符合企业财务目标。

（3）不符合风险报酬均衡原则。它没有考虑利润和所承担风险的关系，增大了企业的经营风险和财务风险。这可能使财务人员不顾风险的大小去追求最大利润，一旦决策失误，给企业造成严重后果。

【例 2-2】 甲、乙两个企业同样投入 100 万元，一年获利都是 10 万元，但其中甲企业获利已全部转化为现金，乙企业则全部表现为应收账款。分析哪个更符合企业财务管理目标呢？

分析：若不考虑风险大小，同样不能准确地判断哪一个更符合企业目标。

如果考虑风险，乙企业的应收账款可能会出现坏账，有收不回来的风险。应收账款虽然是资产，但这个资产不能发挥效益，是"镜中花，水中月"。应收账款越多，占用资金越多，正所谓"一胖毁所有"。

所以，考虑风险，甲企业更符合企业财务目标。

（4）没有考虑利润取得与投入资本额的关系。该利润是绝对数指标，不能真正衡量企业经营业绩的优劣，也不利于本企业在同行业中竞争优势的确立。

【例 2-3】 A、B 两个企业同样获得 100 万元的年利润，A 企业投入资本 500 万元，B 企业投入 700 万元。分析哪个更符合企业财务管理目标呢？

分析：若不考虑投入的资本额，单从利润的绝对数额来看，很难做出正确的判断与比较。因为都是获利 100 万元。

如果考虑投入的资本额，很明显 B 企业多投入 200 万元，但两家企业的利润相同。A 企业年资本利润率 100 万元除 500 万元为 20%，而 B 企业年资本利润率仅为 14.3%。

所以，从相对数看 A 更符合企业财务管理目标。

（5）利润最大化往往会使企业财务决策具有短期行为的倾向，只顾片面追求利润的增加，而不考虑企业长远的发展。

2. 每股收益最大化

每股收益（earnings per share），是企业实现的利润同投入资本或股本数的比值，可以反映投资者投入的资本获取回报的能力。公式表示为：

$$每股收益 = \frac{净利润}{普通股股数}$$

非股份制公司中，公式为：

$$权益资本净利润率 = \frac{净利润}{所有者权益总额}$$

每股收益最大化（earnings per share maximum）把企业实现的利润额同投入的资本或股本数进行对比，能够说明企业的盈利水平，可以在不同资本规模的企业或同一企业不同时期之间进行比较，揭示其盈利水平的差异。每股收益是个相对数指标，这个财务管理目标仅改了利润最大化目标只有绝对值的缺点，而忽视了货币时间价值、没有考虑风险因素、无法克服经营者追求最大利润可能导致的短期行为等缺点依然存在。

3. 股东财富最大化

股东财富最大化，是指上市公司在股票数量一定时，股票价格达到最高，也即股东财富是由其所拥有的股票数量和股票市场价格两个方面决定的。股东财富也称为市场资本总额，公式为：

股东财富 = 公司市值

股东财富表现是一个时点值，且随着股票市场价格这个"晴雨表"在不断地变化，可以达到相对的"最高"。因此，股东财富最大化目标，考虑了时间因素，考虑了收益与风险的关系，并且克服了企业在追求利润上的短期行为。所以，股东财富最大化目标被认为是财务管理的最优目标。通过财务上的合理经营，为股东创造最多的财富，实现企业财务管理目标。然而，该目标仍存在如下不足：

（1）适用范围存在限制。该目标只适用于上市公司，不适用于非上市公司，因此不具有普遍的代表性。

（2）不符合可控性原则。股票价格的高低受各种因素的影响，如国家政策的调整、国内外经济形势的变化、股民的心理等，这些因素对企业管理当局而言是不可能完全加以控制的。

（3）不符合理财主体假设。理财主体假设认为，企业的财务管理工作应限制在每一个经营上和财务上具有独立性的单位组织内，而股东财富最大化将股东这一理财主体与企业这一理财主体相混同，不符合理财主体假设。

（4）不符合证券市场的发展。证券市场既是股东筹资和投资的场所，也是债权人进行投资的重要场所，同时还是经理人市场形成的重要条件，股东财富最大化片面强调站在股东立场的资本市场的重要性，不利于证券市场的全面发展。

（5）它强调的更多的是股东利益，而对其他相关者的利益重视不够。

4．企业价值最大化

企业价值最大化，是指通过企业财务上的合理经营，采取最优的财务政策，充分考虑货币时间价值同风险与报酬的关系，在保证企业在长期稳定发展的基础上，使企业总价值达到最大。其基本思想是将企业长期稳定发展摆在首位、强调在企业价值增长中满足各方利益关系。

企业价值（value of the enterprise）通俗地讲就是"企业本身值多少钱"。企业价值通常可以通过两种途径表现出来：一种途径是用买卖的方式，通过市场评价来确定企业的市场价值；二是通过其未来预期实现的现金流量的现在价值来表达，如图2-4所示。

企业价值 { 定性：企业值不值钱？
定量：企业值多少钱？ { 1. 企业交易价格，或者参照其他企业交易价格确定。
2. 企业未来预计现金流量的现值。公式：
$$企业价值 = \sum_{t=1}^{n} \frac{现金流量_t}{(1+贴现率)^t}$$

图2-4 企业价值估值方法

企业价值最大化作为企业财务管理目标有如下优点：

（1）时间价值。企业价值最大化目标考虑了取得现金性收益的时间因素，并用货币时间价值的原理进行科学的计量，反映了企业潜在或预期的获利能力，从而考虑了货币时间价值和风险问题，有利于统筹安排长短规划、合理选择投资方案、有效筹措资金、合理制订股利政策等等。

（2）战略行为。企业价值最大化目标能克服企业在追求利润上的短期行为。因为不仅过去和目前的利润会影响企业的价值，而且预期未来现金性利润的多少对企业价值的影响更大。

（3）风险报酬。企业价值最大化目标科学地考虑了风险与报酬之间的联系，能有效地克服企业财务管理人员不顾风险的大小，只片面追求利润的错误倾向。

（4）用价值替代价格。用价值指标，可以避免外界市场因素的干扰，规避企业的短期行为。

企业价值最大化目标的缺点：

（1）企业价值计量方面存在问题。首先，把不同财务管理主体的自由现金流混合折现不具有可比性。其次，把不同时点的现金流按照相同的折现率折现也不具有说服力。

（2）不易为管理当局理解和掌握。企业价值最大化实际上是几个具体财务管理目标的综合体，包括股东财富最大化、债权人财富最大化和其他各种利益财富最大化，这些具体目标的衡量有不同的评价指标，使财务管理人员无所适从。

（3）没有考虑股权资金成本。在现代社会，股权资金和债权资金一样，不是免费取得的，如果不能获得最低的投资报酬，股东们就会转移资金投向。

除此之外，非上市公司，只有给企业进行专门评估后才能确定其价值，评估时贴现率的选择问题是一个非常难确定的问题，是选预计收益率，还是选市场利率，等等。

5. 利益相关者财富最大化

利益相关者财富最大化，是指在多边契约关系的总和的前提下，科学确定财务管理目标，保证各个相关利益群体的利益最大化。企业是一个契约组织，现代企业是一个和多个利益相关者相联系的契约体。利益相关者是因企业活动受益或受损，其权利也因企业活动而受到尊重或侵犯的人。企业财务管理是正确组织财务活动、妥善处理财务关系的一项经济管理工作，财务管理目标应从更广泛、更长远的角度来找到一个更为合适的理财目标，这就是利益相关者财富最大化。其优点是：

（1）有利于企业长期稳定发展。注重企业各方利益相关者的利益关系，站在各方的角度发展企业，避免一方的利益最大而损害其他利益相关者的利益。

（2）体现了合作共赢的价值理念，有利于实现企业经济效益和社会效益的统一。各方利益最大化，不能是"零和"博弈，只能是共赢，企业在追求自身发展和利益最大化过程中，由于需要维护其他相关者的利益，就会正确处理各种财务关系，顾及各个财务管理主体的目标。

（3）体现了目标的多元化、多层化的目标体系，兼顾了各个利益主体的利益。各方相互作用、相互协调，才能保证企业财富"蛋糕"做到最大，各方利益相关者分的"蛋糕"最大化。

（4）体现了前瞻性和现实性的统一。各个利益相关者可以选用不同的评价指标评价，如企业的评价指标，可以用未来企业报酬贴现值；股东的评价指标可以用股票市值；债权人寻求风险最小、利息最大的；职工用职工薪酬的增长率；政府考虑社会效益等等。

但此观点也有明显的缺点：

（1）过于理想化。企业在特定的经营时期，几乎不可能使各个利益相关者财富最大化，只能做到使其协调化。

（2）难以操作。在反映利益相关者的指标体系中，所设计的计量指标中必然会有销售收入、产品市场占有率等反映企业经营的指标，已超出了财务管理自身的范畴。

利润最大化、股东财富最大化、企业价值最大化和利益相关者财富最大化等各种财务管理目标，都是以出资人为核心和基础出发的，没有股东，就没有公司，人都有自利行为，所以股东财富最大化是核心，是基础。在以股东财富最大化为核心和基础上，应该考虑利益相关者的利益，这是各种财务管理目标之间的关系。

综上所述，财务管理目标的变化是对不足的不断修正过程，如图2-5所示。

利益相关者理论

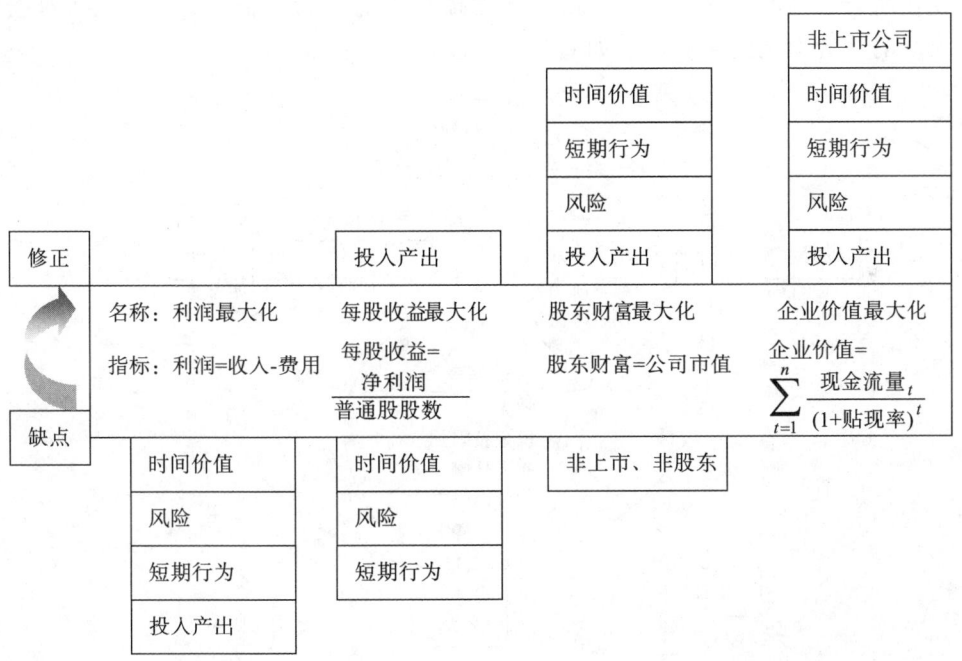

图2-5 财务管理目标的演变——缺点的修正过程

从"利润最大化"到"股东财富最大化"到"企业价值最大化"再到"利益相关者财富最大化"，无疑是认识上的一大飞跃，但它们都存在着一个共同的缺点：只考虑了财务资本对企业经营活动的影响，而忽略了知识资本对企业经营活动的作用。

特别提示

我国《企业财务通则》第十一条规定:"企业应当建立财务预算管理制度,以现金流为核心,按照实现企业价值最大化等财务目标的要求,对资金筹资、资产营运、成本控制、收益分配、重组清算等财务活动,实施全面预算管理。"

第4节 利益相关者的矛盾与协调

一、协调相关利益群体利益冲突的原则

在企业利益相关者中,企业资金来源的股东、债权人和企业运作资金的经营者等等之间,他们的财务管理目标并不一致,各方都想"腰缠十万贯,骑鹤上扬州",这是利益相关者的矛盾。财务管理利益相关者的主要矛盾表现在所有者与经营者的矛盾、所有者与债权人的矛盾、企业财务与代表社会大众的社会责任的矛盾等。如图2-6所示:

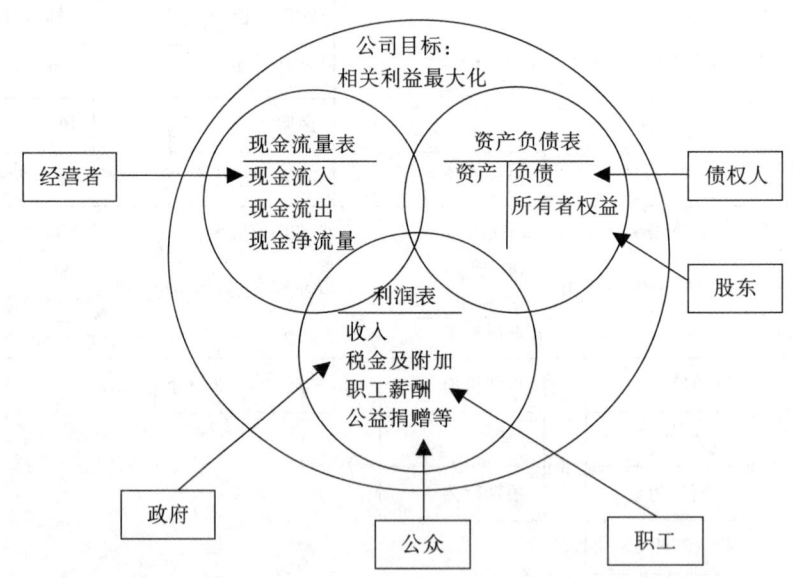

图2-6 相关利益者的矛盾

所以,财务管理目标——利益相关者财富最大化,并不是各个利益者都最大化,而是一个最大公约数,这是利益相关者利益协调的结果。

在协调时,要做到力求企业相关利益者的利益分配均衡,即减少各相关利益群体之间的利益冲突所导致的企业总体收益和价值的下降,使利益分配在数量上和时间上达到动态的协调平衡,这是协调的基本原则。

二、所有者与经营者的矛盾与协调

经营者和所有者的主要矛盾在于，经营者希望在提高企业价值和股东财富的同时，能更多地增加享受成本；而所有者或股东则希望经营者以较小的享受成本带来更高的企业价值或股东财富。

1. 经营者的目标

在所有权和经营权两权分离情况下，作为企业经营者的经理层，他们的目标不会和所有者完全一致，其目标主要有：

（1）增加报酬，包括物质报酬和精神荣誉，如工资、奖金，荣誉称号等。

（2）增加闲暇时间，工作时间少，工作强度小。

（3）避免风险。可以较容易的得到合同报酬，风险小；工作中发生重大问题的责任，可以以合同规避，或者推诿。

总之，一句话就是经营者希望"钱多事少离家近，位高权重责任轻"。

2. 经营者对所有者的背离

（1）道德风险。道德风险（moral risk/hazard），一般是指不是尽最大努力去实现目标，在财务管理上特指进行交易的一方在交易发生后采取的行为使交易的另一方收益降低或者费用增加。属于不道德行为。由于经营者不具有企业的所有权，他们在工作中存在着不卖力，不认真做事。没有尽最大努力去提高企业股价。

 案例材料

2001年度诺贝尔经济学奖获得者斯蒂格里茨（Joseph E. Stiglitz）在研究保险市场时，发现了一个经典的例子：

美国一所大学学生自行车被盗比率约为10%，有几个有经营头脑的学生发起了一个对自行车的保险，保费为保险标的的15%。按常理，这几个有经营头脑的学生应获得5%左右的利润。但该保险运作一段时间后，这几个学生发现自行车被盗比率迅速提高到15%以上。

何以如此？这是因为自行车投保后学生们对自行车安全防范措施明显减少。在这个例子中，投保的学生由于不完全承担自行车被盗的风险后果，因而采取了对自行车安全防范的不作为行为。而这种不作为的行为，就是道德风险。可以说，只要市场经济存在，道德风险就不可避免。

道德风险，也称道德危机，并不等同于道德败坏。道德风险是80年代西方经济学家提出的一个经济哲学范畴的概念，即"从事经济活动的人在最大限度地增进自身效用的同时做出不利于他人的行动。"或者说是：当签约一方不完全承担风险后果时所采取的自身效用最大化的自私行为。

（2）逆向选择。逆向选择（adverse selection），顾名思义，就是与目标相背而行,叫往东偏往西。在财务管理上,是指经营者为了自己的目标而背离股东的目标。这已经违背了股东的利益了,超出了道德的范畴。如装修豪华的办公室、借口工作需要乱花股东的钱、蓄意压低股票价格,以自己的名义借款买回等。林钟高等认为:"资本所有权与控制权的分离产生了委托代理关系问题,同时由于经济人的有限性,使得委托代理双方都有追求自身利益最大化的偏好。"①

 案例材料

有这样一个关于董事长、总经理坐飞机的故事:说一天董事长从北京搭乘飞机回洛阳,买的飞机票是经济舱。上飞机时看见公司总经理坐在头等舱中,董事长很尴尬地朝总经理笑了笑,到经济舱坐去了,但心里很不好受。为什么?因为董事长想为公司节约一点钱,毕竟公司是自己的,公司他说了算呀!真是:是可忍孰不可忍。回到公司后,马上开了一个忆苦思甜的会,痛说公司创业的艰难史,说以后公司人出差,为了节约,不能坐飞机头等舱。但总经理却不理他那一套,以后依然如故,何也?因为职业经理聘任时有合同,完成合同规定的任务即可,节约也不归己,何要节约?

他们的目标:董事长(所有者)——节约成本——经济舱
　　　　　　总经理(经营者)——享受成本——头等舱

关于头等舱也有这样的看法:麦肯锡坐飞机只坐头等舱:"我在头等舱认识一个客户,就能给我带来一年的收益!"所以,头等舱也叫商务舱。而比尔·盖茨则几乎不坐头等舱:"头等舱比经济舱飞得快吗?"

3. 协调对策

为了协调所有者和经营者的矛盾,所有者通常可以采用解聘、接收、激励等措施。

(1) 解聘,是一种通过所有者约束经营者的办法。所有者对经营者予以监督,如果经营者未能使企业价值达到最大,就解聘经营者。

(2) 接收,是一种通过市场约束经营者的办法。如果经营者经营决策失误、经营不力,未能采取一切有效措施使企业价值提高,该公司就可能被其他公司强行接收或吞并,相应的经营者也会被解聘。为此,经营者为了避免这种接收,必须采取一切措施提高股票市价。

(3) 激励,是指将经营者的报酬与其绩效挂钩,以使经营者自觉采取能满足企业价值最大化的措施。

激励有两种基本方式:一是"股票选择权"方式。它是允许经营者以固定的价格购买一定数量的公司股票,当股票的价格越高于固定价格时,经营者所得的报酬就越多。经营者为了获取更大的股票涨价益处,就必然主动采

---

① 林钟高,徐虹. 会计准则研究——性质、制定与执行. [M]. 北京:经济管理出版社,2007:54

取能够提高股价的行动；二是"绩效股"形式。它是公司运用每股利润、资产收益率等指标来评价经营者的业绩，视其业绩大小给予经营者数量不等的股票作为报酬。如果公司的经营业绩未能达到规定目标时，经营者将部分丧失原先持有的"绩效股"。这种方式使经营者不仅为了多得"绩效股"而不断采取措施提高公司的经营业绩，而且为了使每股市价最大化，也采取各种措施使股票市价稳定上升。

所以，所有者与经营者协调关系就是所有者的监督成本和激励成本与经营者背离损失的博弈。

三、所有者与债权人的矛盾与协调

债权人目标是到期收回本息，而企业借钱的目的主要是扩大投资，获取更多的杠杆效益。因此，所有者与债权人的矛盾主要表现在：

（1）所有者可能未经债权人同意，要求经营者投资于比债权人约定的风险高的项目，这会增大偿债的风险。

（2）所有者未征得现有债权人同意，而要求经营者发行新债券或举借新债，致使原负债价值降低。

为协调所有者与债权人的利益冲突，债权人通常可采用以下方式：

（1）限制性借债，即在借款合同中加入某些限制性条款，如规定借款的用途、借款的担保条款和借款人的信用条件等。

（2）收回借款或停止借款，即当债权人发现公司有侵蚀其债权价值的意图时，采取收回债权或不再给予新的借款的措施，从而来保护自身的权益。

四、企业目标与社会责任的协调

企业社会责任，是指企业在谋求股东利益最大化之外，所负有的维护和增进社会利益的义务，即企业应对雇员，消费者，债权人，经济和社会规划，自然资源，环境，社会保障和福利事业的受益人等相关群体所负有的责任和义务，做负责任的企业公民。

各利益相关者的利益是不同的，公司的目标是股东财富最大化；而员工主要追求个人收入和职业稳定的极大化，政府重视企业税收等矛盾。

企业虽是以获利为目的的商业组织，但仍然是社会的一分子。企业首要的社会责任就是为政府纳税，为社会提供优质的产品，优质的服务；其次就是必须重视经济增长的质量，如环保及节能意识，绿水青山就是金山银山；然后就是解决就业、提高职工福利等，为社会和谐做出企业的贡献。马克斯·韦伯在《新教伦理和资本主义精神》中这样写道："当追求财富与道德自律同步发展时，才能达到现代企业家的最高境界。"

为了更好地协调企业利益与社会效益，实现企业的长期生存和发展，一方面要加强立法，通过法律规范约束企业应该承担的社会责任，这些法规包括劳动合同、产品安全、环境保护、反不正当竞争、消费者权益保护等方面。另一方面，还要提倡商业道德，增强企业的社会责任感，引导企业保护自然环境、赞助和支持社会公益事业，从而树立良好的企业形象，实现企业的长远发展。

综上所述，各个相关利益者主要矛盾协调，总结见表2-7：

表2-7　　　　　　　　　　　各方矛盾及协调方法

利益主体	目标	矛盾表现	解决措施
经营者	增加享受成本	经营者： (1) 逆向选择； (2) 道德风险。	所有者： (1) 解聘，通过所有者约束经营者（内部监督）； (2) 接收，通过市场约束经营者（外部监督）； (3) 激励，将经营者的报酬与绩效挂钩。
债权人	到期收回本息	所有者： (1) 投资于比债权人预期风险高的项目； (2) 未经同意增加债务比例使原负债价值降低； (3) 转移资产，恶意逃债。	债权人： (1) 增加限制性条款的借款； (2) 收回借款或停止借款。
员工	个人收入和职业稳定	经营者： (1) 工作环境差； (2) 任意克扣工资。	
政府	企业税收	经营者： (1) 偷逃税款； (2) 其他违法行为。	国家、公众： (1) 法律约束； (2) 道德约束。
社会公众	承担社会责任	经营者： (1) 生产假冒伪劣产品； (2) 污染环境。	

本 章 小 结

本章主要介绍了：

1. 企业财务管理体制的内涵；
2. 企业财务管理的主要方式：集权制、分权制和混合制；
3. 企业组织的形式以及财务管理机构的设置等；
4. 财务管理的基本职能：财务分析、财务预测、财务决策和财务计划；
5. 财务管理目标的特征：稳定性、多元性、层次性和可操作性；
6. 重点是财务管理目标的主要观点：利润最大化、每股收益最大化、股东财富最大化、企业价值最大化、利益相关者财富最大化；
7. 重点是利益相关者的矛盾与协调：所有者与经营者、所有者与债权人、企业责任与社会责任。

名人名言

我的全部工作便是选择适当的人。

——美国通用电器公司原总裁杰克·韦尔奇

我将制度定义为管束人们行为的一系列规则，这些规则涉及社会、政治及经济行为。

——西奥多·舒尔茨

制度是一个社会的游戏规则，或者，更规范地说，是人为设计的约束，用于界定人与人之间的交往。

——道格拉斯·诺思

企业文化是一个企业上下一致共同遵循的价值体系，一种员工都清楚的行为准则。

——泰伦斯·狄尔

练 习 题

1. 选择题

（1）不是企业组织形式的是（　　）。

A. 个人　　　　　　　　　　B. 合伙

C. 公司　　　　　　　　　　D. 集团

（2）不是财务管理体制的是（　　）。

A. 集权　　　　　　　　　　B. 分散

C. 复杂　　　　　　　　　　D. 混合

（3）下列表述正确的是（　　）。

A. 企业一旦资不抵债就不能清偿到期债务

B. 资不抵债是指所有者权益小于零

C. 企业一旦亏损就会出现资不抵债

D. 一个盈利的企业不可能出现无力偿还到期债务

（4）每股收益最大化目标的优点是（　　）。

A. 考虑了风险因素

B. 反映企业创造利润和投入资本的关系

C. 考虑了资金的时间价值

D. 避免了企业的短期行为

（5）下列各项中，能够用于协调企业所有者与企业债权人矛盾的方法是（　　）。

A. 解聘　　　　　　　　　　B. 接收

C. 激励　　　　　　　　　　D. 停止借款

2. 问答题

（1）企业的财务管理体制中，你认为哪种较好？为什么？

（2）企业组织形式有几种？各有何特点？

（3）如何界定企业目标与财务目标之间的关系？

（4）资不抵债和不能清偿到期债务的区别？

（5）股东与经营者之间的矛盾冲突主要是什么？怎样才能协调这些矛盾冲突？

第3章 财务管理原则

教学目标

通过本章的学习，理解、掌握企业财务管理假设，理解、掌握财务管理原则依据的基本理论，理解、掌握、运用财务管理原则以及应用的方面。

教学要求

知识要点	能力要求	相关知识
财务管理假设	(1) 理解财务管理的假设 (2) 掌握、运用财务管理假设	(1) 财务管理主体假设 (2) 持续经营假设 (3) 有效市场假设 (4) 资金增值假设 (5) 理性理财假设
财务管理原则	(1) 竞争环境的原则理解和应用 (2) 创造价值的原则理解和应用 (3) 财务交易的原则理解和应用	(1) 自利行为原则 (2) 双方交易原则 (3) 信号传递原则 (4) 引导原则 (5) 有价值创意原则 (6) 比较优势原则 (7) 期权原则 (8) 净增效益原则 (9) 风险报酬权衡原则 (10) 投资分散化原则 (11) 资本市场有效原则 (12) 货币时间价值原则

理财正辞，禁民为非。曰义。

——周易·系辞下

基本概念

财务管理主体　持续经营　　有效市场　　强式有效市场　资金增值
理性理财　　　委托代理理论　投资组合　　竞争环境　　　自利行为
机会成本　　　信号传递原则　引导原则　　搭便车　　　　创造价值
比较优势　　　沉没成本　　　财务交易　　期权原则　　　净增效益
差额分析　　　投资分散化　　货币时间价值　现值　　　　早收晚付
风险价值

 **导入案例**

刘邦与汉三杰

《史记·高祖本纪》记载：

帝置酒洛阳南宫，上曰："列侯、诸将毋敢隐朕，皆言其情：我所以有天下者何？项氏之所以失天下者何？"高起、王陵对曰："陛下使人攻城略地，因以与之，与天下同其利；项羽不然，有功者害之，贤者疑之，此所以失天下也。"上曰："公知其一，未知其二。夫运筹帷幄之中，决胜千里之外，吾不如子房；镇国家，抚百姓，给饷馈，不绝粮道，吾不如萧何；连百万之众，战必胜，攻必取，吾不如韩信。三者皆人杰，吾能用之，此吾所以取天下者也。项羽有一范增而不用，此所以为我所禽也。"群臣说服。

刘邦"一无所长"，文不如张良，武不如韩信，管钱粮不如萧何，却当了皇帝。毛泽东对刘邦的评价是"封建皇帝里边最厉害的一个"，"他得天下一因决策对头，二因用人得当"。

这在财务管理上就是比较优势原则的应用，一是"人尽其才，物尽其用"，发挥每个人和物的最大效用，保证"一个人走得快"；二是优势互补，形成团体，保证"一群人走得远"①。

比较优势原则的理论是分工理论，让每个人做最适合他做的工作，让每个企业生产最合适它生产的产品，社会创造的经济效率才会最大。

 **点评：原则指导实践。**

财务管理原则是人们对财务活动实践中的共同认识，是财务交易和财务决策的基础。财务管理原则是对财务活动的理性认识，是理论和实务的纽带。本章主要介绍财务管理原则及其运用等。

---

① 非洲谚语："如果你想走得快，一个人走；如果你想走得远，一群人走。"在集体中，既要保证每个人的快，又要保证集体的远。

第 3 章
财务管理原则

第 1 节　财务管理假设

财务管理假设是人们利用自己的知识，根据财务活动的内在规律和财务管理环境的要求所提出的，具有一定事实依据的假定或设想，是进一步研究财务管理理论和实践问题的基本前提。财务管理假设是财务管理的逻辑规定，是无需证明，且存在的内容。一般有下面五个假设：

一、财务管理主体假设

财务管理主体假设，也称理财主体假设（financial entity hypothesis），是指财务管理为之服务的特定单位，通常是指具有独立或相对独立的物质利益的经济实体。

财务管理主体假设明确了财务管理工作的空间范围，将一个主体的财务管理活动同另外一个主体的财务管理活动相区分开来。企业的财务管理工作应限制在每一个经济上和经营上具有独立性的组织之内。在现代的公司制企业中，客观上要求将公司的财务活动与股东的财务活动划分清楚。如果将成千上万的股东和企业混在一起，就无法判断企业的经营业绩和财务状况。

一般而言，财务管理主体应具备以下特征：

（1）财务管理主体具有独立性。财务管理主体能够在不受外界直接干扰的情况下，自主地从事财务活动。这主要体现在两个方面：第一，财务管理主体有自己所能控制的资金，这种控制虽然不一定是法律上的所有权，但它可以保证主体活动对象的存在，并且主体对其财务活动的结果承担责任。第二，财务管理主体能够自主地进行筹资、投资、营运、分配等一系列财务活动，财务管理主体的决策始终立足于自身的实际情况，满足于自身的需要。

独立性是财务管理主体最主要的特征，财务管理主体若缺乏独立性，不仅会使财务决策过程混乱，而且会使财务活动结果的责任无法明确，从而导致财务管理主体管理秩序混乱、责权不明，最终使财务管理主体解体。

（2）财务管理主体具有目的性。财务管理主体从事财务活动都有自己的目标，根据目标来规划自己的行动。因为财务活动是一种经济管理活动，它时刻面临着来自外界的无情竞争，如果财务管理主体目的不明确，必将分散财务管理主体的管理活动力量，最终导致财务管理主体在竞争中失败。

财务管理主体作为一个完整的经济组织，不仅有其行动的总目标，而且在不同的阶段有不同的具体目标。在筹资阶段，财务管理主体的具体目标是筹集足够的资金，确定最佳的资本结构，降低资金成本；在投资阶段，其目标是做好投资决策，实现净收益最大化；在营运阶段，其目标是发挥资金的使用效率，减少资金占用，获得最大利润；在分配阶段，其目标是通过分配决策，一方面使投资者满意，另一方面保证公司具有发展后劲。

（3）财务管理主体主要运用价值手段进行活动。现代经济生活中，一个经济组织的活动有物流、人员流和货币流三条流程。财务活动主要是对货币流进行管理和规划，达到货币有效、合理、平衡流转。对货币及其货币的转换形式这种特殊的对象进行管理，决定了财务管理主体只能运用价值手段。

在财务管理活动中，价值的观念无处不在，其中货币时间价值以及风险价值是贯穿于整个财务活动的两个最主要的价值观念。运用价值手段进行财务管理活动，可以全面、完整、系统地对财务管理主体的经济活动进行有效管理，有利于财务管理目标的顺利实现。

财务管理主体假设为正确建立财务管理目标、科学划分权责关系奠定了理论基础。

二、持续经营假设

持续经营假设（going concern hypothesis），是假定财务管理的主体持续存在，并且能执行其预计的经济活动，明确了财务管理工作的时间范围。

在正常情况下，当企业进行筹资、投资、营运和分配等财务活动时，假定企业持续经营是完全合理的。因为只有在持续经营的情况下，企业的投资在未来产生效益才有意义，企业才会根据其财务状况和对未来现金流量的预测、业务发展的要求安排其借款的期限，如果没有持续经营假设，这一切都无从谈起。

在财务管理上，除非有证据表明企业将破产、关闭，否则，都假定企业在可以预见的将来持续经营下去。

持续经营假设并不是永远不变的。在持续经营这一前提下，一旦有迹象表明企业经营欠佳，财务状况恶化，不能偿还到期债务，持续经营假设就失去了支持其存在的事实基础。进而，以这项假设为基础的财务管理原则和方法也就失去了其应有的效用，财务管理中必须放弃此项假设，而改为在清算假设下进行工作。例如，在企业破产清算中，1年期的债务和3年期的债务、未到期的债务和已到期的债务是没有区别的，而在持续经营的条件下，它们不仅有形式上的差异，也有实质性的差异。

持续经营假设可以派生出财务管理分期假设。按财务管理分期假设，可以把企业持续不断的经营活动过程人为地划分为数个期间，以便分阶段考核企业的财务状况和经营成果。根据持续经营假设，企业自创立之日起到解散停业时止，其生产经营活动和财务活动一直持续不断。企业在其存续期内的财务状况是不断变化的，一直到停业之日才停止变动。为了分阶段地考核企业经营成果和财务状况，必须将持续经营的企业活动过程人为地划分为若干期间，这就是财务管理分期假设的现实基础。

持续经营假设是财务管理的基础前提。在日常的财务管理活动中,在确定筹资方式时,要注意合理安排短期资金和长期资金的关系;在进行投资时,要合理确定短期投资和长期投资的关系;在进行收益分配时,要正确处理各个利益集团短期利益和长期利益的关系。这些财务活动都是建立在此项假设基础之上的。

三、有效市场假设

有效市场假设(efficient markets hypothesis),是指财务管理所依据的资金市场是健全而有效的,表明了财务管理外部环境以及信息状况。

只有在有效市场上,财务管理才能正常进行,财务管理理论体系才能建立。根据资本市场上信息情况,有效市场可划分为三类,如图3-1所示:

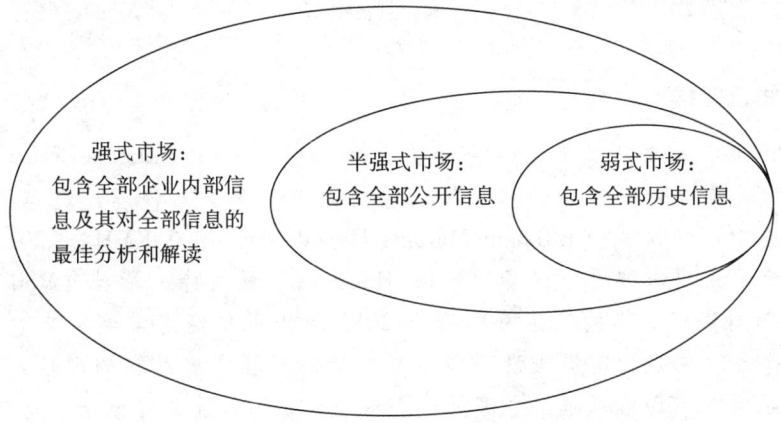

图3-1 有效市场的类型

弱式有效市场,即当前的证券价格完全地反映了已蕴含在证券历史价格中的全部信息。其含义是,任何投资者仅仅根据历史的信息进行交易,均不会获得额外盈利。

半强式有效市场,即证券价格完全反映所有公开的可用信息。这样,根据一切公开的信息如公司的年度报告、投资咨询报告、董事会公告等都不能获得额外的盈利。

强式有效市场,即证券价格完全地反映一切公开的和非公开的信息。投资者即使掌握内幕信息也无法获得额外盈利。

实证研究表明,美国等发达国家的证券市场均已达到次强式有效市场。我国有些学者认为,中国股票市场已达到弱式有效,但尚未实现次强式有效。事实上,即使是发达国家的股票市场,也不是在所有的时间和所有的情况下都是有效的,个别情况会出现例外,所以称为假设。

而在财务管理的具体运用上,要求有效市场应具备以下特点:当企业需要资金时,能以合理的价格在资金市场上筹集到所需资金;当企业有闲置的资金时,能在市场上找到有效的投资方式;企业理财上的任何成功和失误,都能在资金市场上得到反映。

有效市场假设的派生假设是市场公平假设，是指财务管理主体在资金市场筹资和投资时完全处于市场经济条件下的公平交易状态。市场不会抹杀某一财务管理主体的优点，也不会无视某一财务管理主体的缺点。财务管理主体的成功和失败，都会公平地在资金市场上得到反映。因此，每一个财务管理主体都会自觉地规范其理财行为，以便在资金市场上受到好评，以利于今后的财务管理工作。市场公平假设还暗含着另外一个假设，即市场是由众多的财务管理主体在公平竞争中形成的，单一财务管理主体，无论其实力多强，都无法控制市场。

有效市场假设是确立财务管理原则，决定筹资方式、投资方式，安排资金结构，确定筹资组合的理论基础。如果市场无效，很多财务管理方法和财务管理理论都无法建立。

 知识链接

1965年，美国芝加哥大学金融学教授尤金·法玛（Eugene Fama）发表了题为《股票市场价格行为》的博士论文，1970年又对该理论进行了深化，并提出有效市场假说（Efficient Markets Hypothesis，缩写EMH）。2013年10月，尤金·法玛与彼得·汉森（Peter Hansen）、罗伯特·希勒（Robert Shiller）因为对资产价格的实证分析获得2013年诺贝尔经济学奖。有效市场假说有一个颇受质疑的前提假设，即参与市场的投资者有足够的理性，并且能够迅速对所有市场信息做出合理反应。该理论认为，在法律健全、功能良好、透明度高、竞争充分的股票市场，一切有价值的信息已经及时、准确、充分地反映在股价走势当中，其中包括企业当前和未来的价值，除非存在市场操纵，否则投资者不可能通过分析以往价格获得高于市场平均水平的超额利润。

四、资金增值假设

资金增值假设（capital gain hypothesis），是指通过财务管理人员的合理营运，企业资金的价值可以不断增加。表明了财务管理存在的现实意义。因为财务管理是对企业的资金进行规划和控制的一项管理活动，如果在资金运筹过程中不能实现资金的增值，财务管理也就没有存在的必要了。

企业财务管理人员在运筹资金的过程中，可能会出现以下三种情况：一是取得了资金的增值（有了盈余）；二是出现了资金的减值（有了亏损）；三是资金价值不变（不盈不亏）。财务管理存在的意义绝不是后两种情况，而应是第一种情况。当然，资金的增值是在不断运动中产生的，即只有通过资金的合理运筹才能产生价值的增值。在商品经济条件下，从整个社会来看，资金的增值是一种规律，而且这种增值只能来源于生产过程。但从个别企业来考察，资金的增值并不是一种规律，资金的增值也不一定来源于生产过程。例如，一家企业将其资金投资于股票，一年以后卖出，可能实现资金的增值，也可能会出现亏损。因此，对某一家企业来说，资金增值只能是一种假设，而不是一项规律。因为在财务管理中，在做出某种投资决策时，一定是假定这笔投资是增值的；如果假定出现亏损，这笔投资就不会发生了。

资金增值假设的派生假设是风险报酬假设。此项假设是指风险越高，获得的报酬也越高。资金的运筹方式不同，获得的报酬就不一样。例如，国库券基本是无风险投资，而股票是风险很大的投资，"股市有风险，投资需谨慎"，为什么还有人将巨额资金投向股市呢？这是因为他们假设股票投资取得的报酬要远远高于购买国库券得到的报酬。

风险报酬假设实际上暗含着另外一项假设，即风险可计量。因为如果风险无法计量，财务管理人员不知道哪项投资风险大，哪项投资风险小，风险报酬假设也就无从谈起。

五、理性财务管理假设

理性财务管理假设，也称理性理财假设（rational financial management hypothesis），是指从事财务管理工作的人员都是理性的财务管理人员，财务管理者的财务管理行为是理性的，会在众多的方案中选择最有利的方案。

在实际工作中，财务管理人员分为两类：理性的和盲目的。但不管是理性的还是盲目的财务管理人员，财务管理者都认为自己是理性的，都认为自己做出的决策是正确的，否则财务管理者就不会做出这样的决策。尽管存在一部分盲目的财务管理者，但从财务管理研究来看，只能假设所有的财务管理行为都是理性的，因为盲目的财务管理行为是没有规律的，而没有规律的东西无法上升到理论的高度。

理性财务管理假设的主要表现有：

（1）财务管理是一种有目的的行为。企业的财务管理活动都有一定的目标。当然，在不同的时期、不同的财务管理环境中，人们对理性财务管理行为的看法是不同的。例如，在利润最大化目标下，企业领导人升迁、职工个人利益等等均视利润指标的完成情况而定。在这个目标下，财务管理决策无疑是为了实现利润的最大化；在这个目标下，这种财务管理行为是正确的，是理性的。长远来看，这种财务管理行为不是理性的，因为它可能造成企业无视风险，片面追求利润的杀鸡取蛋的短期行为倾向。

可见理性财务管理假设的理性是相对的，是相对于具体财务管理环境而言。无论事后证明这种财务管理行为正确与否，但在当时其行为的基本前提和出发点都认为是理性的。

（2）财务管理人员会在众多方案中选择一个最佳方案，表现为财务管理人员要通过比较、判断、分析等手段，从若干个备选方案中选择一个有利于财务管理目标实现的最佳方案。

（3）财务管理人员有自我纠错行为。当理财人员发现正在执行的方案是错误的方案时,会及时采取措施进行纠正止损,以便使损失降至最低。

对于财务管理假设的研究是"仁者见仁,智者见智",还有很多不同的认识。

第2节 财务管理的原则

一、财务管理原则概述

财务管理原则,也称理财原则(financial principles),是指人们对财务活动的共同认识,是财务交易和财务决策的基础。财务管理原则是对财务活动的理性认识,是理论和实务的纽带。如图3-2所示:

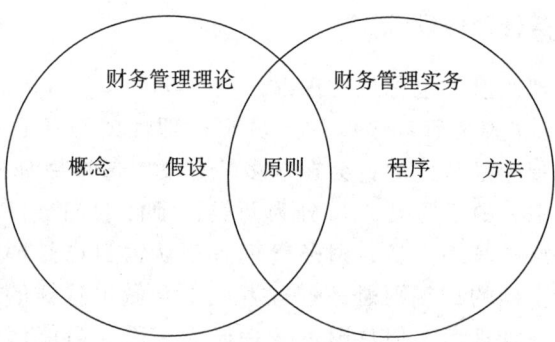

图3-2 财务管理原则的作用图

财务管理原则具有如下的特性:

(1)普遍性。财务管理原则必须是大量观察结果的总结,符合事实,被多数人所接受,具有普遍共同认识的特性。

(2)应用性。财务管理原则是指导财务管理实务的,财务管理的程序和方法是依据财务管理原则建立起来的,所以,财务管理原则是财务交易和财务决策的基础。

(3)指引性。当问题不符合既有的程序和方法时,财务管理原则为解决新出现的问题提供指引,指导寻找解决新问题的方法。

(4)假设性。原则并不是"放之四海而皆准",在任何情况下都绝对正确。原则是在一定的假设条件下成立的,与应用环境有关,在一般情况下正确,在特殊条件下不一定就正确。

当前,最具有代表性的观点是道格拉斯·R.爱默瑞(Douglas Emery)和约翰·D.芬尼特(John Finnerty)归纳的三大类共12条财务管理原则。本书采用此观点,进行介绍。

财务管理原则的其他观点

二、竞争环境的原则

竞争环境原则，是对资本市场中人的行为规律的基本认识。分为四个具体原则。

1. 自利行为原则

自利行为原则，是指在其他条件相同时人们会选择对自己经济利益最大的行动。人们按照他们自己的财务利益行事。

自利行为原则的依据是理性的经济人假设。理性的经济人假设认为，人的行为动机根源于经济诱因，人们对每一项交易都会衡量其代价和利益，并且会选择对自己最有利的方案来行动。

 知识链接

理性经济人假设

经济人假设是经济学建立的基石。首次使用并明确提出"经济人"（Economic Man）概念的是约翰·穆勒（John Stuart Mill）。而"理性经济人"的来源可以追溯到经济学鼻祖亚当·斯密（Adam Smith）在《国富论》中所阐述的观点，之后不断完善和充实，并逐渐将"理性经济人"作为西方经济学的一个基本假设，即假定人的行为动机根源于经济诱因，人都要争取最大的经济利益都是利己的，而且在面临两种以上选择时，总会选择对自己更有利的方案。

理性经济人假设是西方经济学家在做经济分析时关于人类经济行为的一个基本假定，意思是作为经济决策的主体都充满理性的，即所追求的目标都是使自己的利益最大化。具体说就是消费者追求效用最大化；厂商追求利润最大化；要素所有者追求收入最大化；政府追求目标决策最优化等等。

理性经济人假设的意义：

首先，没有理性经济人假设就不能认识经济规律，也不可能得出任何有意义的经济政策。理性经济人假设是现代经济学具有分析力的重要标志，没有这个假设，就不可能具有分析力。如果假定人是道德人，社会几乎不需要任何制度安排，不需要任何经济政策，连国家都不需要。如果分析时，把人"复杂"化，做出"复杂人"的假定，"千人千面孔，万人万思想"，经济学发现的只能是偶然性，不可能有理论上的简化，无法处理纷繁芜杂的经济现象。因此，从道德人、复杂人向理性经济人假设的转化，是现代经济学成熟的重要标志。

其次，理性经济人只是认识经济规律的一个锐利武器，是工具，并不是主张人人自利。分析工具本身并不带有意识形态的东西，不存在价值趋向的问题，谁都可以用。用理性经济人这个假设来分析经济问题，并不意味着理性经济人假设认为是主张人人都应该自私的。

自利原则

自利行为原则应用有两个方面：

（1）委托代理理论。自利行为原则的一个重要应用是委托代理理论。委托代理理论是现代公司治理的逻辑起点，认为企业是各种自利人的集合体。企业和各种利益关系人之间的关系，大部分属于委托代理关系。这种既相互依赖，又相互冲突的利益关系，需要通过制度、"契约"来协调，比如企业的内部控制制度、财务制度、行政管理制度等。

 知识链接

委托代理理论

20世纪30年代，美国经济学家伯利（Adolf Berle）和米恩斯（Gardiner Means）因为洞悉企业所有者兼具经营者的做法存在着极大的弊端，于是提出"委托代理理论"（principal-agent theory），倡导所有权和经营权分离，企业所有者保留剩余索取权，而将经营权利让渡。现代意义的委托代理概念最早是由罗斯（S. Ross）提出的："如果当事人双方，其中代理人一方代表委托人一方的利益行使某些决策权，则代理关系就随之产生。"

委托代理理论是现代公司治理的逻辑起点，是制度经济学契约理论的主要内容之一，主要研究的委托代理关系是指一个或多个行为主体根据一种明示或隐含的契约，指定、雇佣另一些行为主体为其服务，同时授予后者一定的决策权利，并根据后者提供的服务数量和质量对其支付相应的报酬。授权者就是委托人，被授权者就是代理人。

委托代理关系起源于"专业化"的存在。当存在"专业化"时就可能出现一种关系，在这种关系中，代理人由于相对优势而代表委托人行动。

委托代理理论的主要观点认为：委托代理关系是随着生产力大发展和规模化大生产的出现而产生的。其原因一方面是生产力发展使得分工进一步细化，权利的所有者由于知识、能力和精力的原因不能行使所有的权利了；另一方面专业化分工产生了一大批具有专业知识的代理人，他们有精力、有能力代理行使好被委托的权利。但在委托代理的关系当中，由于委托人与代理人的效用函数不一样，委托人追求的是自己的财富更大，而代理人追求自己的工资津贴收入、奢侈消费和闲暇时间最大化，这必然导致两者的利益冲突。在没有有效的制度安排下代理人的行为很可能最终损害委托人的利益。而世界上——不管是经济领域还是社会领域——都普遍存在委托代理关系。

委托代理理论的中心任务是研究在利益相冲突和信息不对称的环境下，委托人如何设计最优契约激励代理人。

（2）机会成本。自利行为原则的另一个重要应用是机会成本的概念。采用一个方案而放弃另一个方案时，被放弃方案的收益就是被采用方案的机会成本（opportunity cost），也称择机代价。尽管人们对机会成本或择机代价的

概念有分歧,它们的计算也经常会遇到困难,但是人们都不否认机会成本是决策时不能不考虑的重要问题之一。

【例 3-1】 某人有 1 000 000 元,有两个理财方案供选择,一是存成 1 年定期存款,年利率 3.25%,1 年稳得利息 32 500 元;二是投资股市,预计收益率 10%。

分析:如果选择投资股市,那么放弃银行存款的稳得利息就是其有机会可得的收益 32 500 元,就称为其机会成本。

"股市有风险,入市需谨慎"。如果一年后,投资股市的实际收益为 30 000 元,那就是说看似赚了,而考虑机会成本,实则为亏了。

2. 双方交易原则

双方交易原则,是指每一项交易都至少存在两方,在一方根据自己的经济利益决策时,另一方也会按照自己的经济利益决策行动,并且对方和你一样聪明、勤奋和富有创造力,因此你在决策时要正确预见对方的反应。

双方交易原则的建立的依据包括商业交易至少有两方,交易是"零和博弈",以及各方都是自利的。每一项交易都有一个买方和一个卖方,这是不争的事实。无论是买方市场还是卖方市场,在已经成为事实的交易中,买进的资产和卖出总量一样多。例如,在证券市场上卖出一股就一定有一股买入。既然买入的总量与卖出的总量总是永远一样多,那么一个人的获利只能以另一个人的付出为基础。一个高的价格使购买人受损而卖方受益;一个低的价格使购买人受益而卖方受损,一方得到的与另一方失去的一样多,从总体上看双方收益之和等于零,故称为"零和博弈"。

在"零和博弈"中,双方都按自利行为原则行事,谁都想获利而不是吃亏。那么,为什么还会成交呢?

这与事实上人们的信息不对称有关。买卖双方由于信息不对称,因而对金融证券产生不同的预期。不同的预期导致了证券买卖,高估股票价值的人买进,低估股票价值的人卖出,直到市场价格达到他们一致的预期时交易停止。如果对方不认为对自己有利,他就不会和你成交。因此。在决策时不仅要考虑自利行为原则,还要使对方有利,否则交易就无法实现。除非对方不自利或者很愚蠢,不知道自己的利益是什么,然而,这样估计商业对手本身就不明智。

双方交易原则应用之一是要求在理解财务交易时不能以自我为中心,不要自以为是。在谋求自身利益的同时要注意对方的存在,以及对方也在遵循自利行为原则行事。比如,平时我们买东西砍价,在希望老板降价的同时,我们会许诺下次还会来,并且介绍同学一起来,这就是很好地考虑了对方的利益,只有这样,我们也才会如愿以偿。

双方交易原则应用之二是要求在理解财务交易时要注意税收的影响。由于税收的存在,使得一些交易表现为"非零和博弈"。政府是不请自来的交易第三方,凡是交易,政府都要从中收取税金。而在交易中合理避税可以使交易双方都受益。因此,有人主张应把"税收影响决策"单独作为一条理财原则，因为税收会影响所有的交易。

交易是一种行为，交易的内容是商品。在"我的是我的，你的是你的"自利人下，"我想要你的"必须进行交易。我有利，客无利，则客不存；我利大，客利小，则客不久；客我利相当，则客可久存，我可久利。这也完美实现了从"零和博弈"到"非零和博弈"，并且往往是"正和"的变化。

3. 信号传递原则

信号传递原则，是指行动可以传递信息，并且比企业的声明更有说服力。信号传递原则是自利行为原则的延伸。

信号传递原则的应用有两个方面：

（1）行为的信息判断。俗话说："不仅要听其言，更要观其行。"信号传递原则要求决策者根据公司的行为判断它未来的收益状况。例如，经常大量配股的公司可能自身的现金产生能力较差；大量购买国库券的公司可能缺少净现值为正数的投资机会；内部持股人出售股份，常常是公司盈利能力恶化的重要信号等等。

（2）交易的信息效应。信号传递原则要求公司在决策时不仅要考虑行动方案本身，还要考虑该项行动可能给人们传达的信息。例如，当一些商家喊出"大甩卖""跳楼价"时，我们会认为它的商品质量不好，本来就不值钱。

4. 引导原则

引导原则，是指当所有办法都失败时，寻找一个可以信赖的榜样作为自己的引导。它是指在我们的理解能力存在局限性，不知道如何去做对自己更有利；或者寻找最准确的答案成本过高，以至于不值得将问题搞清楚。引导原则不会帮你找到最好的方案，却常常可以使你避免采取最差的行动。它是一个次优化的标准，其最好的结果是得出近似最好的结论，最差的结果是模仿了别人的错误。其依据是信号传递原则。

引导原则的应用有两个方面：

（1）行业标准。引导原则的一个重要应用是行业标准概念。譬如对一项产品的价格评估，如果系统的估价方法成本过高，不如观察一下近期该产品的成交价格，利用资本市场信息评估产品价格。

（2）自由跟庄。引导原则的另一个重要应用就是"自由跟庄"概念，也称"搭便车"理论，利用现有领头人的经验，通过模仿成功经验、规避失败教训等方法节约信息处理成本。

 知识链接

搭便车理论首先由美国经济学家曼柯·奥尔逊于1965年发表的《集体行动的逻辑：公共利益和团体理论》（The Logic of Collective Action Public Goods and the Theory of Groups）一书中提出。其基本含义是不付成本而坐享他人之利。

零和博弈的奥秘

引导原则要求不能盲目模仿,其实在利用领头人经验的同时要考虑领头人的信息传递正确性,领头人可以利用信息不对称的条件进行错误引导,造成模仿者损失。

三、创造价值的原则

创造价值原则,是人们对增加企业财富的基本规律的认识。分为四个具体原则。

1. 有价值的创意原则

有价值的创意原则,是指新创意能获得额外的报酬,即创造和保持产品差异化的企业,如果其产品溢价超过了为产品的独特性而附加的成本,它就能获得高于平均水平的利润。该项原则主要应用于直接投资项目,经营和销售活动。

有价值的创意原则的依据是竞争理论。竞争理论认为,企业的竞争优势主要来源于产品(或服务)差异化和成本领先两方面。

知识链接

竞争理论

早期的竞争理论指的是自由竞争理论,也称为古典竞争理论。

自由竞争理论的代表人物斯密认为:"如果竞争是自由的,各人相互排挤,那么相互竞争,便会迫使每个人都努力把自己的工作弄得相当正确。"[①] 自由竞争理论认为,单个生产者的产品是否符合市场需要,也就是个别商品生产者价值的实现,需要依靠竞争来调节,竞争使社会生产与社会需求相适应。在竞争条件下,由于许多竞争者的存在,他们就不仅需要时刻留心注意需求情况的偶然变动,而且需要时刻留意竞争情况,或供给情况大得多、频繁得多的变动;运用巧妙的手腕和正确的判断力,使各色货物的数量都能适应需求、供给和竞争等各方面的变动情况。

竞争理论的作用主要表现在:

(1) 自由竞争激发了劳动要素的能量,鼓励劳动者熟练技巧和提高能力。

(2) 由于竞争作用调节工资与劳动力供求之间的关系,使劳动力能在不同部门和不同企业间合理流动。

(3) "经济人"的特点在于对利润的追逐。在自由竞争条件下,一方面竞争会引导资本流向利润最大的部门,另一方面,这一部门竞争的结果,又会降低这一部门的利润。要使商业利润降至相当水平,唯一的办法是让投机

---

① [英] 亚当·斯密著. 郭大力,王亚南译. 国民财富的性质和原因的研究(下)[M]. 北京:商务印书馆, 1972:319.

冒险者不时起而竞争之。

（4）部门间的竞争会导致工资、利润符合自然率而趋向于利益均等，达到社会资源的合理配置。部门间的竞争愈激烈，价格就会愈低，产品质量会相应地提高，这样将有益于社会公众。

自由竞争理论是靠"看不见的手"发挥作用，每个人在追求各自经济利益时，受一只看不见的手的指导，结果有效地促进了社会的利益。人性与社会性，私利与公利，经济动机与经济利益，经济行为与经济目标，经济要素与经济过程都可由"看不见的手"均衡而合理地调整、引导，达到各经济因素持续平衡状态，不需人为的指导中心或政府的干预。

迈克尔·波特（Michael E. Porter）进一步研究和提出了竞争优势理论，企业保持竞争优势有三个战略：总成本领先战略、差异化战略和集中化战略。

有价值的创意原则的应用有两个方面：

（1）直接投资项目。有价值的创意原则主要应用于直接投资项目。重复过去的投资项目或者别人的已有做法，最多只能取得平均的报酬率，维持而不是增加股东财富，这也是引导原则导致的局限性。这一现象也说明，新的创意迟早被别人效仿，所以只有不断创新，不断维持产品的差异化，才能营造更多的短期优势，从而不断增加股东财富，正所谓："周虽旧邦、其命维新。"

（2）经营和销售活动。有价值的创意原则还应用于经营和销售活动。标新立异的商业模式或销售方式都可以创造价值。例如：B2C（business – to – customer）电子商务销售模式产生的巨大交易量。

  特别提示

约瑟夫·熊皮特认为创新是社会经济系统演进的直接动力，从而揭示了现代经济增长的源泉。

UGG 的差异化

2. 比较优势原则

比较优势原则，是指专长能创造价值。在市场上要想赚钱，应当发挥你的专长，你必须在某一方面比别人强，没有比较优势的人，很难取得超出平均水平的收入。没有比较优势的企业，很难增加企业价值。

比较优势原则的依据是分工理论。让每一个人去做最适合他做的工作，让每一个企业生产最适合它生产的产品，社会的经济效率才会提高。

 **知识链接**

分工理论

分工理论，是指"分工使人专业，专业提高效率"。效率问题是经济学解决的永恒主题。亚当·斯密在《国富论》中第一次提出了劳动分工的观点，并系统全面地阐述了劳动分工对提高劳动生产率和增进国民财富的巨大作用。

分工理论曾被称为国民财富增进的源泉。国民财富的增长取决于劳动生产率的提高，而提高劳动生产率的主要途径是分工，究其原因有三：

一是，分工能够提高劳动者的工作技巧和劳动熟练程度，劳动者的技巧因专业而日渐熟练；

二是，由一种工作转到另一种工作，通常需损失不少时间，有了分工，就可以免除这种损失；

三是，许多简化劳动和缩减劳动的机械发明，只有在分工的基础上方才可能。

分工理论在实践中也起了很重要的作用，最典型的案例就是在20世纪初，亨利·福特把生产一辆车分成了8 772个工时。所以，分工理论也成为统治企业管理的主要模式。

劳动分工理论对于管理理论的发展起到了十分重要的作用，后来的专业分工、管理职能分工、社会分工等理论，都与亚当·斯密的这一学说一脉相承。

亚当·斯密的
劳动分工案例

比较优势原则的应用可以用两个成语概括：

（1）人尽其才，物尽其用。比较优势原则的一个应用是"人尽其才、物尽其用"。如果每个人都去做能做得最好的事情，每项工作都找到最称职的人，就会产生经济效率。国际贸易的基础，就是每个国家生产它最能有效生产的产品和劳务，这样可以使每个国家都受益。

（2）优势互补。比较优势原则的另一个应用是优势互补。一方有某种优势，如独特的生产技术，另一方有其他优势，如杰出的销售网络，两者结合，就会形成新的优势。还有企业合资、企业合并等都可以形成1+1>2的协同效应。

比较优势原则要求企业把主要精力放在自己的比较优势上，抓自己的特色，而不是日常运行上。

3. 期权原则

期权，是指不附带义务的权利，它是有经济价值的。

广义的期权不限于财务合约，任何不附带义务的权利都属于期权。许多资产都存在隐含的期权。有时一项资产附带的期权比该资产本身更有价值。

期权原则要求在估价时考虑期权的价值。

4. 净增效益原则

净增效益原则，是指财务决策建立在净增效益的基础上，一项决策的价值取决于它和替代方案相比所增加的净收益。

净增效益原则要求只分析方案之间有区别的部分，不考虑决策无关成本。

净增效益原则应用有两个方面：

（1）差额分析法。差额分析法，也称差量分析法，是在分析投资方案时只分析有区别的部分，而省略其相同的部分。

【例3-2】 企业上年销售收入2 000 000元，现有两个技术改造方案A和B，A方案投资1 000 000元，完成后销售收入增长10%，期限10年；B方案投资750 000元，完成后销售收入增长9%，期限10年。问方案A和B哪个方案更优？

解：分析时，只是分析与方案相关的净增量部分，作差量分析：

A比B方案投资增加额 = 1 000 000 - 750 000 = 250 000（元）

A比B方案年折旧增量 = 250 000 ÷ 10 = 25 000（元）

A比B方案净销售收入增长率 = 10% - 9% = 1%

A比B方案净销售收入增长额 = 2 000 000 × 1% = 20 000（元）

A比B方案净利润增加额 = 20 000 - 25 000 = -5 000（元）

结论：B方案更优。

分析时，只考虑有差别的增量部分，而不考虑相同部分，如上年销售收入2 000 000元，两个方案无差别的年限10年等因素。

（2）沉没成本。净增效益原则另一个方面的应用是沉没成本（sunk cost），也称沉落成本。

在方案评价决策时，只考虑与方案相关的成本，而沉落成本是已经发生过的，是与方案无关的成本，无需考虑。

沉没成本

【例3-3】 企业5年前投资一个项目，投资额200 000元，失败了。现在再进行投资200 000元，可以成功，收益为250 000元。试分析项目是否可行？

解：分析时，要明确每次投资和项目决策是否相关。如果按照250 000 - 200 000 - 200 000 = -150 000元进行分析，就会得出不可行的错误结论，因为5年前投资失败的200 000元是沉没成本，与决策无关。

正确的分析方法是：

方案净收益 = 相关收入 - 相关成本 = 250 000 - 200 000 = 50 000（元）

净收益大于0。

结论：项目可行。

四、财务交易的原则

财务交易原则，是人们对财务交易基本规律的认识。分为四个具体原则。

1. 风险报酬权衡原则

风险报酬权衡原则，是指在风险和报酬之间存在一个对等关系，投资人必须对报酬和风险做出权衡，为追求较高报酬而承担较大风险，或者为减少风险而接受较低的报酬。

风险报酬权衡原则的依据是自利行为和风险反感。

风险报酬权衡原则的主要应用就是风险报酬要对等，风险大，报酬大；风险小，报酬小。所以，风险报酬权衡原则，也常称为风险报酬原则，或者

第 3 章
财务管理原则

风险收益原则,风险价值原则。由于其重要,被称为"理财第二原则"。

2. 投资分散化原则

投资分散化原则,是指不要把全部财富投资于一个公司,而要分散化投资。

投资分散化原则的理论依据是投资组合理论。马科维茨的投资组合理论认为,若干种股票组成的投资组合,其收益是这些股票的加权平均数,其风险要小于这些股票的加权平均风险,所以投资组合能降低风险。

 知识链接

投资组合理论

投资组合理论(portfolio theory,缩写 PT)被认为是现代财务管理两大理论之一,是指若干种证券组成的投资组合,其收益是这些证券收益的加权平均数,但是其风险不是这些证券风险的加权平均风险,投资组合能降低非系统性风险。

这里提出的投资组合理论,是指美国经济学家马科维茨(Harry M. Markowitz)1952 年首次提出的投资组合理论,也称狭义的投资组合理论。而广义的投资组合理论除了经典的投资组合理论以及该理论的各种替代投资组合理论外,还包括由资本资产定价模型和证券市场有效理论构成的资本市场理论。

实证显示,若在具有相同收益率的两个证券之间进行选择的话,任何投资者都会选择风险小的。这同时也表明投资者若要追求高回报必定要承担高风险。同样,出于回避风险的原因,投资者通常持有多样化投资组合,并从风险和报酬的定量出发,根据投资组合的特性,从数学上解释了投资者的避险行为,最后得出了投资组合的优化方法。

投资组合理论的基本假设为:

(1)投资者是风险规避的,追求效用最大化;

(2)投资者根据收益率的期望值与方差来选择投资组合;

(3)所有投资者处于同一单期投资期。

投资组合理论不但为分散投资提供了理论依据,而且也为如何进行有效的分散投资提供了分析框架。其基本思想一是不要把所有的鸡蛋都放在一个篮子里面,否则"倾巢之下,安有完卵";二是组合中资产数量越多,分散风险越大,所谓"狡兔三窟"。

投资分散化原则应用在两个决策中:

(1)证券投资。证券组合可以降低风险,在本书第 7 章中进行专门介绍。

(2)公司的各项决策。分散化原则具有普遍意义,不仅仅适用于证券投

资，公司各项决策都应注意分散化原则。重要的事情不要依赖一个人完成；重要的决议不要由一个人做出。有风险的事项，都要贯彻分散化原则，以降低风险。

需要强调的是，独立方案可以组合，比如资金充足，可以投资不同的股票、债券、存款等等；互斥方案不能组合，比如资金有限，只能选一种的，无法分散投资。

3. 资本市场有效原则

资本市场有效原则，是指在资本市场上频繁交易的金融资产的市场价格，反映了所有可获得的信息，而且面对新信息完全能迅速地做出调整。它要求在理财时重视市场对企业的估价。

资本市场有效原则的依据是有效市场理论。资本市场有效原则要求有两个方面：

（1）重视市场对企业的估价。资本市场有效原则要求理财时重视市场对企业的估价。资本市场是企业的一面镜子，又是企业行为的校正器。股价可以综合反映公司的业绩，弄虚作假，人为地改变会计方法对于企业价值的提高毫无用处。一些公司把巨大的精力和智慧放在报告信息的操纵上，通过"创造性会计处理"来提高报告利润，企图用财务报表给使用人制造幻觉，这在有效市场中是无济于事的。用资产交换，关联交易操纵利润，只能得逞于一时，最终会付出代价，甚至导致公司破产。市场对公司的评价降低时，应分析公司的行为是否出了问题并设法改进，而不应设法欺骗市场。妄图欺骗市场的人，最终会被市场抛弃。

（2）慎重使用金融工具。资本市场有效原则要求理财时慎重使用金融工具，如果资本市场是有效的，购买或出售金融工具的交易的净现值就为零。公司作为从资本市场上取得资金的一方，不要企图通过筹资获取正的净现值（增加企业价值），应靠生产性投资增加企业价值。一个公司有专利权、专有技术、良好的信誉、较大的市场份额等比较优势，可以在某些直接投资中取得正的净现值。在资本市场上，只获得与投资风险相称的报酬，也就是与资本成本相同的报酬，很难增加企业价值。在资本市场获得超额收益，靠的是能力而不是运气。

资本市场有效原则发挥作用的具体细则有风险报酬原则、投资分散原则、市场估价原则和重视投资原则。

4. 货币时间价值原则

货币时间价值原则，是指在进行财务计量时要考虑货币时间价值因素。货币的时间价值是指货币在经过一定时间的投资和再投资所增加的价值。其依据是货币投入使用后其数额会随着时间的延续而不断增加。

不管钱存不存银行，货币都有时间价值。存了有真实的时间"价值"——利息；不存有机会的时间"价值"——丧失利息的机会成本。因此，在财务估价时要考虑时间价值的影响。

货币时间价值原则被称为"理财第一原则"，其应用有两个概念：

（1）现值概念。货币时间价值的首要应用是现值概念。由于现在的1元货币比将来的1元货币经济价值大，把将来的1元货币折现后的价值称为"现值"。在财务估价中，广泛使用现值计算资产的价值。

【例3-4】 某人有100 000元，存成1年定期存款，年利率3.3%，到期的本利和为103 300元。

分析：现有的100 000元即为现值。1年后，到期的"本利和"为103 300元，也称终值。

（2）早收晚付。货币时间价值的另一个重要应用是"早收晚付"观念。对于不附带利息的货币收支，与其晚收不如早收，与其早付不如晚付。

将上述内容归纳，见表3-1：

兄弟买履

表3-1　　　　　　　　　　　　财务管理原则表

序号	一、有关竞争环境的原则			
	原则	依据	应用1	应用2
1	自利行为	理性经济人假设	委托代理	机会成本
2	双方交易	至少两方、零和博弈、自利	不能以自我为中心	注意税收、非零和博弈
3	信号传递	自利行为原则的延伸	按行为判断未来收益	考虑行为可能传达的信息
4	引导原则	信号传递原则的运用	行业标准	搭便车
	二、有关创造价值的原则			
5	有价值的创意	竞争理论（经营奇异、成本领先）	直接投资项目	经营和销售决策
6	比较优势	分工理论	人尽其才、物尽其用	优势互补
7	期权原则	权利的经济价值	财务合约	资产期权
8	净增效益	比较净收益增量	差额分析法	沉没成本
	三、有关财务交易的原则			
9	风险——报酬权衡	自利行为，风险反感	风险报酬对等	
10	投资分散化	投资组合理论	证券投资	公司决策
11	资本市场有效	有效市场理论	重视市场对企业估价	慎用金融工具
12	货币时间价值	货币会随时间延续而增加	现值	早收晚付

财务管理的原则是企业组织财务活动、处理财务关系的准则。在财务管理工作中，必须学习和掌握这些原则，并灵活运用，以实现企业的财务目标。

本 章 小 结

本章主要介绍了:

1. 企业财务管理假设:财务主体、持续经营、有效市场、资金增值和理性财务管理五个假设;

2. 重点是财务管理原则:竞争环境的原则、创造价值的原则、财务交易的原则等具体原则的定义、依据和应用。

名人名言

价格总是"充分"反映可获得信息的市场是"有效"的。

——尤金·法玛

企业的目的,只有一个正确而有效的定义:"创造顾客"。

——彼得·德鲁克

市场越是"不兴旺",信息传播的技术便越是原始,调整过程发生所需的时间便越长。

——诺思

不读《国富论》不知道怎样才叫"利己",读了《道德情操论》才知道"利他"才是问心无愧的"利己"。

——米尔顿·弗里德曼

练 习 题

1. 选择题

(1) 有关竞争环境的原则有( )原则。

A. 自利行为　　　　　　　　B. 双方交易

C. 信号传递　　　　　　　　D. 引导

(2) 有关创造价值的原则有( )原则。

A. 有价值的创业　　　　　　B. 比较优势

C. 期权　　　　　　　　　　D. 净增效益

(3) 有关财务交易的原则有( )原则。

A. 投资分散　　　　　　　　B. 资本市场有效

C. 风险——报酬权衡　　　　D. 货币时间价值

(4) 自利原则的应用方面有( )。

A. 委托代理　　　　　　　　B. 沉没成本

C. 机会成本　　　　　　　　D. 现值

（5）投资分散化原则的应用方面有（　　）。

A. 证券投资　　　　　　　　B. 公司决策

C. 货币的时间价值　　　　　D. 风险报酬

（6）货币时间价值原则的应用方面有（　　）。

A. 风险报酬　　　　　　　　B. 早收晚付

C. 现值　　　　　　　　　　D. 证券投资

（7）资本市场有效原则的应用方面有（　　）。

A. 重视市场对企业估价　　　B. 公司决策

C. 货币的时间价值　　　　　D. 慎用金融工具

2. 问答题

（1）简述竞争环境原则的具体原则以及其依据。

（2）简述有价值的创业原则的依据及其应用方面。

（3）简述财务交易的原则的具体原则和应用方面。

（4）用你自己的语言来解释自利行为原则。

（5）你是如何理解信号传递原则的？能否举例说明？

3. 案例题

查阅资料，就下列的每组中各个内容，说出每个项目的比较优势，并进行各组中对比。

（1）贵州茅台酒、农夫山泉水、蒙牛牛奶；

（2）张家界风景区、故宫、龙门石窟；

（3）中国工商银行、中原银行、伊川银行；

（4）致同（Grant Thornton）会计师事务所，亚太会计师事务所，洛阳会计师事务所。

4. 案例应用分析

 阅读材料

一个猜数游戏

1987年的某一天，《金融时报》上出现了一则奇怪的竞猜广告，邀请银行家和商人参加一个数字竞猜比赛，参与者必须在0到100之间选择一个整数寄回去。谁猜的数字最接近所有数字之和的平均数的三分之二，谁就是赢家。如果猜中数字的人不止一个，那么就以随机抽签的方式选出唯一一个赢家，奖品是一套协和航空从伦敦到纽约头等舱的往返机票，价值超过一万美元。

想象一下，如果你也参加了竞猜的话，你会怎么选择数字呢？根据传统经济学的观点，你会理性地选择一个数字，可是，怎么选才是理性的呢？

你显然不知道其他人会选择哪个数字，这样一来，想要理性也有点困难。所以，你可能一开始会做一个大概的猜测：也许人们选择的数字在0到100

整个范围之间随机变化，这样的话，平均数大约是50，所以33会是个不错的选择，因为33接近50的三分之二。你满怀期待地寄去了这个数字，接着又来了一个明显的问题，如果其他人都和你想的一样，情况又会怎样呢？

如果真是那样的话，那么其他人也会选择一个33左右的数字，所以平均数就不是50，而是33左右，那么33的三分之二就是22。你可以把这个数字寄回去，或者按照这一思路再仔细想一想。如果其他人又和你想的一样，那么平均数就是22了，所以最佳的猜测实际上在15左右。

以此类推下去，你想得越多，数字就会变得越小，而真正的疑问也来了，你究竟该停在哪个数字上？继续按照这一逻辑推理，你会开始怀疑每个人都会选择一个非常小的数字，甚至可能就是0。而实际上，0这个数字也是一个符合数学逻辑的答案，因为0的三分之二还是0，每个人都选择0的话，那么每个人都猜对了。理性的经济学家会选择0，但是除了他们之外，其他人会这么选吗？

结果是，的确还有其他人选择了0，但是并不多。这个奇怪的猜数游戏是由芝加哥大学的理查德·泰勒设计的，当他把寄来的数字列成表格的时候，他发现，有少数一部分人真的选择了0，而很多人选的都是33和22，逻辑思维停在了第一步或第二步。最后的统计结果，平均数是18.9，赢家选择的是13。

泰勒设计这个猜数游戏主要是为了说明，理性的经济学家头脑中的人的行为方式与现实生活明显不符。认为人们应该选择数字0的想法来自于经济学的传统理论，也就是大家都知道的"博弈论"（gametheory），它讨论的是理性的人在竞争性的环境中，怎样能有最佳的行为表现。

20世纪50年代，数学家约翰·纳什（JohnNash）——近来电影《美丽心灵》（ABeautifulMind）故事主人公的原型——证明了，一个理性的人在得知其竞争对手也都是理性的情况下，很多时候他总是能找到一个"最佳"策略加以运用。所以，在泰勒的猜数游戏中，最佳的策略就是选择0。因为，如果每个人都是完全理性的，那么他们都会选择同样的数字，而0是唯一一个等于平均数三分之二的数字。

但问题是，理性的经济学家来参与这个竞猜的话，就一定会输。事实上那么猜既不理性也不聪明，不过只是天真烂漫而已，尤其是他们把人的行为想得太简单了。一个经济学家能够尽量让自己变得理性，但是他却无法控制其他人和他一样理性。

这个竞猜游戏不是一个纯粹的数学问题，因为最佳数字是根据所有人选择的实际数字而定的，而谁也不知道人们会出于多么疯狂的理由来选择那些数字。结果，这个竞猜游戏和理性一族的博弈论扯不上一点关系，但非常重要的是，我们每天都会遇到和这个游戏相似的实际情况，仅仅依靠推理和逻辑是根本应付不了的。

举个例子，早晨开车去上班，为了避免交通堵塞，你会想要选一条别人不会走的路。但是，其他人也会这么想。结果你的想法就变成，许多人都在尝试做一些大多数人不会做的事，但理性地说，这是不可能的，因为人们无法猜透别人的心思。再想想股票买卖，因为牵涉到大笔的资金，所以你想理性地采取行动应该总能盈利吧。

不过，事情没这么简单。假设某些聪明人发现个别股票的价格非常低，为了轻松获利，他们或许会理性地买进持仓，想着等股价涨到应有价值的时候，再卖出赚上一笔。但是，就像泰勒的猜数游戏中理性的经济学家一样，他们对股票的看法也许是对的，但是却把人想得太简单了。因为还存在着非理性的投资者，他们完全得不到资讯，也没有好的理由要持有这只股票，觉得自己会输钱的他们就继续抛售，使得股价跌得更低。无论这看起来有多可笑多恼人，他们还是会这么做。

所以，在股票市场中一个绝对理性的投资者也会赔本。因为股市的运作是建立在人们的信念上的，而不同的人又有不同的信念和想法，所以在这种情况下还要力求做到理性，反而就太奇怪了。

如果认为克利夫兰的气温可以影响股市的人足够多，那么这个城市的温度真的就能影响股市，所以作为一个明智的投资者，则最好在买卖股票之前，先查询下克利夫兰的天气情况，哪怕这听起来是多么"不理性"。说穿了，理性只是一个某些时候可以使用的工具而已，甚至这个工具只能停留在理论的层面。

或许还会有人希望能保全理性选择的理论，但是对于他们来说，继续探索下去只会使情况变得更糟。甚至有时候，在做出一个符合逻辑的决定之前，连孩子都会做的计算，我们大多数人反而不会了。所以看来，出错是我们人类甩不掉的遗传基因。

（资料来源：［美］马克·布坎南（Mark Buchanan）．李晰皆译．隐藏的逻辑［M］．天津教育出版社）

问题：
(1) 谈谈你对理性的认识？
(2) 如果是你，你会如何选择？
(3) 理性是一种修养，对不对？你认为理性可以学习吗？

第 4 章 财务管理环境

教学目标

通过本章的学习,理解财务管理环境的界定,了解财务管理环境的分类,理解财务管理活动和财务管理环境的关系,了解财务管理宏观环境中的经济环境、法律环境、金融环境、税收环境,了解财务管理微观环境。

教学要求

知识要点	能力要求	相关知识
财务管理环境	(1) 财务管理环境的概括和理解能力 (2) 财务管理环境的运用能力	(1) 财务管理宏观环境 (2) 财务管理微观环境
财务管理宏观环境	(1) 理解和掌握宏观环境的内容 (2) 财务宏观环境的运用	(1) 经济环境 (2) 法律环境 (3) 金融环境 (4) 税收环境
财务管理微观环境	(1) 理解和掌握微观环境的内容 (2) 财务微观环境的运用	(1) 企业组织形式 (2) 公司治理结构 (3) 企业生命周期 (4) 企业生产特点 (5) 财务管理基础工作

市场先生是你的仆人,而非主人。

——本·格雷厄姆

基本概念

财务管理环境　经济环境　经济结构　法律环境　金融环境
金融市场　金融工具　金融机构　税收环境　财务微观环境
公司治理结构　资本结构　企业生命周期　成长期　成熟期
生产环境

第 4 章 财务管理环境

导入案例

决策——深种菱角浅种稻，不深不浅种荷花

对于决策，不要总认为是大人物、大事件、大金额的行为。决策就在每人的身边。什么是决策呢？所谓决策就是要根据各个不同的情况，确定不同的方案，进行实施。比如清代阮元关于农民进行农作物生产的《吴兴杂诗》诗曰：深种菱角浅种稻，不深不浅种荷花。

诗中"深种菱角浅种稻，不深不浅种荷花"就是按照植物的习性，根据水的深浅情况，科学合理地利用水面进行农作物的生产决策，"湖田处处鸭阑遮，一片菱花间藕花。养得鸭肥菱藕足，一年生计抵桑麻"（近代·张謇《从孙观察公奉差淮安纪行》）。如果不按照客观规律办事，而是深种荷花浅种菱，不深不浅种水稻，荷花、水稻就会疯长支颈，甚至淹死，而菱角吃水太浅，没法开花结果，或被旱死，那么，这个决策就是失败的。

**点评**：环境决定决策。

财务管理环境会对财务管理活动产生影响，环境决定财务活动的决策，一切管理活动都会受到管理环境的影响，所以，财务管理环境是财务管理工作考虑的重要因素。本章主要介绍财务管理环境的分类、财务管理的宏观环境、财务管理微观环境等。

第 1 节 财务管理环境概述

一、财务管理环境的界定

财务管理环境，也称理财环境，是对公司财务管理产生影响的企业内外部各种条件的统称。财务活动是在财务管理环境中进行的，必然要受到环境的影响。这些环境是客观存在的，是不以企业意志为转移的。企业的价值创造受环境的影响深远，随着大数据平台的兴起，财务管理的理财主体逐渐由单体企业、企业集团、价值链衍生为价值网，应该结合环境变化调整财务管理对策。

所以，企业财务管理要想获得成功，必须了解企业所面临的各种环境，并积极地调整自己以适应环境的要求和变化，正所谓"物竞天择，适者生存"。财务管理的环境涉及的范围很广，其中最主要的是法律环境、金融市场环境和经济环境。

二、财务管理环境的分类

公司所面临的财务管理环境非常广泛，为全面深入了解公司的财务管理环境，需要对公司的财务管理环境做简单的分类。

1. 按财务管理环境包括范围的大小分类

按财务管理环境包括范围的大小分类，分为宏观和微观财务管理环境。

（1）宏观财务管理环境，是对公司财务管理活动有重要影响的宏观方面的各种因素，如国家的政治、经济发展水平、金融市场状况等。

（2）微观财务管理环境，是对公司财务管理活动有重要影响的微观方面的各种因素，如公司的组织形式、管理制度、产品组合、生产状况等。

2. 按财务管理环境性质分类

按财务管理环境的性质分类，分为政治、法律、经济、技术、社会环境等。

（1）政治环境，是指国家治理的条件和氛围等，包括社会制度、政治形势、方针政策、政府机构的设置等。

（2）法律环境，是指对财务管理活动产生影响的各种法律因素，包括法律意识等。

（3）经济环境，是指特定时空内经济运动的总体状况及其态势，是指企业进行财务活动的宏观经济状况，包括经济体制、经济结构、经济发展状况、通货膨胀、银行贷款利率波动、政府的经济政策和市场竞争状况等，这些因素的发展变化都会对企业的财务管理产生重大影响。

（4）技术环境，是指现有科学技术的发展水平、科研开发能力、专利转让方式等。

（5）社会环境，是指公司所处的地理位置、气候特征、人口状况、生活习惯等影响公司财务管理活动的各种环境因素。

一般来说，政治环境、法律环境、经济环境、技术环境和社会环境均是外部的宏观财务管理环境，公司无法进行控制。如图 4-1 所示。

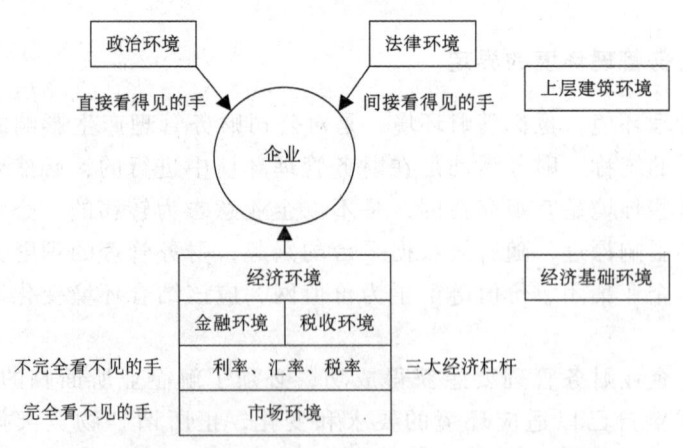

图 4-1　国家管理经济活动和关系的手段与企业环境

3. 按财务管理环境与公司的关系分类

按财务管理环境与公司的关系分类，分为内部和外部财务管理环境。

（1）内部财务管理环境，是指公司内部影响财务管理活动的各种因素。一般均属于微观财务管理环境。

（2）外部财务管理环境，是指公司外部影响财务管理活动的各种因素。外部财务管理环境有的属于宏观财务管理环境，如国家的政治、经济形势等；有的属于微观财务管理环境，如公司产品的市场销售状况、公司的资源供应情况等。

4. 按公司对财务管理环境的控制性分类

按公司对财务管理环境的控制性分类，分为可控和不可控财务管理环境。

（1）可控财务管理环境，是指公司经过努力能够影响、改变或部分改变的财务管理环境。一般来说，内部财务管理环境均属于可控财务管理环境，如公司的组织形式、管理制度等。

（2）不可控财务管理环境，是指公司无法控制的财务管理环境。外部财务管理环境多属于不可控财务管理环境，如国家的经济发展状况等。

5. 按财务管理环境作用对象的不同分类

按财务管理环境作用对象的不同分类，分为筹资环境、投资环境、分配环境等。

（1）筹资环境，是指对公司筹资活动产生影响的各种内外部因素的总和。

（2）投资环境，是指对公司投资活动产生影响的各种内外部因素的总和。

（3）分配环境，则是指对公司利润分配活动产生影响的各种内外部因素的总和。

三、财务管理活动与财务管理环境的关系

财务管理活动与财务管理环境两者是相互依存、相互制约。一方面，公司的财务管理环境决定其财务管理行为，不同的财务管理环境要求有不同的财务管理目标、手段和效果，从而决定财务管理活动。另一方面，公司的财务管理活动对其环境又有反作用，甚至在一定条件下，可以改变其财务管理环境。

 知识链接

"GAFATAM"（即 Google、Apple、Facebook、Amazon、Tencent、Alibaba、Microsoft）是新经济的代表。这 7 家公司 2017 年最后一个交易日的股票市值的总和达到 4.26 万亿美元，接近于世界第三大经济体日本的 GDP。为什么竞争格局发生如此天翻地覆的变化？最根本的原因是技术进步、人口结构以及商业模式创新这三个因素交叉在一起，产生了叠加效应。每一次技术进步总

是伴随着企业命运的兴衰交替，甚至影响到一个国家的兴衰。

第 2 节　财务管理宏观环境

一、经济环境

经济环境，是指影响公司财务管理活动的各种经济因素。一般包括以下内容：

1. 宏观经济形势

经济发展周期和经济增长速度等宏观经济形势会对公司财务管理活动产生一定影响。

（1）经济发展周期。经济周期，是指经济运动沿着复苏、繁荣、衰退、萧条四个阶段周而复始的循环过程。经济周期的不同阶段具有不同的经济状况，给公司的微观经济活动带来不同程度的影响。

（2）经济增长速度。经济增长速度表现为一国经济能力的扩大，即一国实际国民生产总值（GDP）增长的状况。公司必须制定长期性的财务战略，不断创造竞争优势，扩大市场规模。

2. 经济体制

经济体制，是指对有限资源进行配置而制定并执行决策的各种机制。经济体制的类型有三种：

（1）计划经济体制，是指政府通过计划渠道配置资源的经济体制。

（2）市场经济体制，是指以市场价格作为调节手段来配置和使用资源的经济体制。

（3）混合经济体制，是指价值规律及市场经济法则和统收统支的计划经济模式同时发挥作用。

3. 经济结构

经济结构，是指国民经济各个部门、社会再生产各个方面的组成和构造，包括产业结构、部门结构、地区结构等。

4. 财政和货币政策

财政和货币政策作为国家调节宏观经济活动的重要手段，对企业的财务管理活动有着直接的影响。

（1）财政政策，是指国家根据一定时期政治、经济、社会发展的任务而规定的财政工作的指导原则，通过财政支出与收入手段来调节社会总需求。

（2）货币政策，是指中央银行为实现稳定物价、促进经济增长、实现充分就业和平衡国际收支等既定目标，运用各种工具调节货币供给和利率，进而影响宏观经济方针和措施的总和。

通过货币政策和财政政策的协调配合，可以起到调节国家经济活动的目的。

二、法律环境

法律环境，是指企业和外部发生经济关系时所应遵守的各种法律、法规和规章。企业在其经营活动中，必然要和国家、其他企业或社会组织、企业职工或其他公民，以及国外的经济组织或个人发生经济关系。国家管理这些经济活动和经济关系的手段包括行政手段、经济手段和法律手段。在市场经济条件下，行政手段日益减少，经济手段特别是法律手段逐渐增多，越来越多的经济关系和经济活动的准则用法律的形式固定了下来。同时，众多的经济手段和必要的行政手段的使用，也必须逐步做到有法可依，从而转化为法律手段的具体形式，真正实现国民经济管理的法制化。

影响企业筹资的有公司法、证券法、金融法、证券交易法、合同法等方面的法律法规。

影响企业投资的有证券交易法、公司法等方面的法律法规。

影响企业收益分配的有税法、公司法等方面的法律法规。

三、金融环境

企业筹资和投资都离不开金融环境，金融环境是影响企业融通资金最主要的外部环境。金融环境一般包括以下内容：

1. 金融市场

（1）金融市场的含义和功能。金融市场，是指资本供应者和资本需求者相互融通资本的场所，是企业筹资和投资的地方。广义的金融市场是指一切资本流动的场所，包括实物资本和货币资本的流动，如货币借贷、票据承兑和贴现、有价证券的买卖、黄金外汇买卖等；狭义的金融市场则仅指有价证券市场，如股票和债券市场。

银行悖论

当今，金融是一个国家重要的核心竞争力，金融具有的功能有：①融通资金的功能；②优化资源配置的功能；③分散和转移投资风险的功能；④信号传递的功能。

当企业需要资金时，可以通过金融市场筹集社会闲散资金或闲置资金；当企业有了闲置资金时，可以通过金融市场进行投资。金融市场也是企业进行长短期资本相互转化的场所。因此，企业必须了解金融市场，合理选择金融工具为企业经营创造有利条件。

（2）金融市场的分类。金融市场从不同的角度分析，可作如下分类：

①按地理范围分类，分为国际和国内金融市场。

国际金融市场，由经营国际间货币业务的金融机构组成，其经营内容包括资金借贷、外汇买卖、证券买卖、资金交易等。

国内金融市场，由国内金融机构组成，办理各种货币、证券等金融业务活动。

②按经营场所分类，分为有形和无形金融市场。

全国性的金融交易所

有形金融市场,指有固定场所和操作设施的金融市场。

无形金融市场,以营运网络形式存在的市场,通过电子电讯手段达成交易。

③按融资交易期限分类,分为长期和短期资金市场。

长期资金市场,也称资本市场,主要供应1年以上的中长期资金,如股票与长期债券的发行与流通。

短期资金市场,也称货币市场,是1年以下的短期资金的融通市场,如同业拆借、票据贴现、短期债券及可转让存单的买卖。

④按交易性质分类,分为发行和流通市场。

发行市场,也称一级市场,是证券发行的市场。

流通市场,也称二级市场,是已经发行、处在流通中证券的买卖市场。

⑤按交割期限分类,分为金融现货和期货市场。

金融现货市场,融资活动成交后立即付款交割。

金融期货市场,融资活动成交后按合约规定在指定日期付款交割。

⑥根据融资方式分类,分为直接和间接融资市场。

直接融资市场,是指不通过金融中介机构介入的资金融通市场,如发行股票、发行债券等融入资金证券市场。

间接融资市场,是指通过金融中介机构介入的资金融通市场,如通过银行借入借款等。

除此以外,还可以按交易标的物分为货币市场、资本市场、金融衍生品市场、外汇市场、保险市场和黄金及其他投资品市场;按照具体的交易工具类型分为债券市场、票据市场、外汇市场、股票市场、黄金市场和保险市场等等。

按照上述各内在联系对金融市场进行科学系统的划分,是进行金融市场有效管理的基础。金融市场从不同的角度看有不同的分类,这真是"横看成岭侧成峰,远近高低各不同"。从分类上就能感到金融的业务繁多,涉及面广,风险复杂。

(3)金融市场的构成要素。金融市场的构成要素主要有:

①交易主体。金融市场上的狭义主体是指参加金融交易的资金盈余或不足的企业和个人——资金供应者和需求者,以及金融中介机构。广义主体是指包括资金供应者、资金需求者、中介人和管理者在内所有参加交易的单位、机构和个人。

②交易对象,金融市场的交易对象不管具体形态如何,都是货币资金,其交易都是实现货币资金的所有权、使用权转移的过程。

③交易工具。金融市场上的交易工具又称金融工具或者融资工具,它是证明债权债务关系并据以进行货币资金交易的合法凭证。这种工具必须具备规范化的书面格式、广泛的社会可接受性和可转让性以及法律效力。

④交易价格。金融工具的价格则是指它所代表的价值,即规定的货币资金及其所代表的利率或收益率的总和。

金融市场各要素关系如图4-2所示：

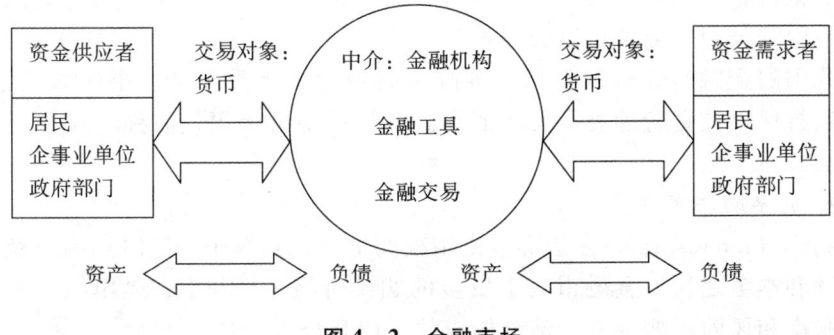

图4-2 金融市场

2. 金融工具

金融工具，是在金融市场上资金供需双方进行交易时所使用的信用工具，是金融市场的基本构成要素。

（1）金融工具的分类。

①按交易期限的长短分类，分为货币市场和资本市场金融工具。

货币市场金融工具，是指期限小于或等于1年流动性强的金融工具，包括现金、1年以内（含1年）的银行定期存款、大额存单、短期债券等。

资本市场金融工具，是指1年期以上的中长期金融工具，主要是股票、债券和投资基金等有价证券，这些有价证券是在资本市场上发行和流通转让的。

②按其衍生性分类，分为原生性和衍生性金融工具。

原生性金融工具，是指在实际信用活动中出具的能证明债权债务关系或所有权关系的合法凭证，主要有商业票据、债券等债权债务凭证和股票、基金等所有权凭证。

衍生性金融工具，指建立在基础产品或基础变量之上，其价格随基础金融产品的价格（或数值）变动的派生金融产品，包括期货合约、期权合约、远期合同、互换合同等。

（2）金融工具的特点。

①可分割性，是指金融工具能够被切割成等份或不等份，以便于以小部分进行买卖的特性。

②流动性，是指金融工具能在短期内迅速地、不受重大损失地转变为现金的特性。

③风险性，是指购买金融工具的本金遭受损失的可能性。

④收益性，是指金融工具能定期或不定期给持有人带来收益的特性。

3. 金融机构

金融机构是金融市场主体的重要组成部分，可分为金融中介机构和金融监管机构。

金融中介机构包括银行金融机构和非银行金融机构。

金融体系

银行金融机构分为三类：①中央银行。②商业银行。③政策性银行。

非银行金融机构，主要包括保险公司、证券公司、基金公司、信托投资公司、财务公司、金融租赁公司等。

我国的金融监管机构包括国务院金融稳定发展委员会、中国人民银行、中国银行保险监督管理委员会和证券监督管理委员会等，简称"一委一行两会"。

4. 利率的决定因素

利率（interest rate），是资金使用权的价格，其等于一定时期内所获得的利息额和本金之比。金融市场上资金的购买价格——利率，是由纯利率、通货膨胀率和风险报酬率三个部分构成的，计算公式为：

利率＝纯利率＋通货膨胀率＋风险报酬率

互联网金融产品

（1）纯利率。纯利率（the real risk-free rate of interest），是指无通货膨胀、无风险情况下的平均利率。在没有通货膨胀时，国库券的利率可以视为纯利率。

影响纯利率的主要因素如下：

①平均利润率。利息是利润的一部分，所以利率受平均利润率的影响。平均利润率是利息的最高限额，否则，企业无利可图，就不会借款；利率的最低限额是0，等于或者小于0，就没有人愿意贷款了。利率就是在零到平均利润率之间的均衡结果，即0＜利率＜平均利润率，实质是金融业和工商业之间的竞争结果。

②借贷资本的供求关系。金融市场上借贷资本供不应求，利息就上升；反之就下降。

③货币供应量。根据经济状况，中央银行通过调整银行存款准备金率控制货币供应量，货币供应量减少，利率上升，反之则降低。

除此之外，风险程度、国际利率水平、国家的政策、法律规定和社会习惯等都对利率有着不同程度的影响。

（2）通货膨胀率。

①通货膨胀率，是货币超发部分与实际需要的货币量之比。通货膨胀使货币贬值，投资者的真实报酬下降。投资者把资金交给借款人时，会在纯利率的水平上再加上通货膨胀附加率（inflation premium），以弥补通货膨胀造成的购买力损失。因此，每次发行国库券的利息率随预期的通货膨胀率变化，它近似等于纯利率加预期通胀率。

②通货膨胀发生的原因。简单讲就是货币发多了，流通中的货币多，而商品少，造成物价上升。

③通货膨胀率的衡量指标。一般是用价格指数——我国是居民消费价格指数（CPI）的增长率来间接表示的，以此来反映通货膨胀的程度。

④通货膨胀率的表现形式。通货膨胀率在货币数量的表现形式上和纯利率一样，都是不同时间点的货币"量"的差，但是含义相反，纯利率是真实的货币数量差，而通货膨胀率是购买力的货币数量差。

货币流通量

【例 4-1】 现有货币 100 元，假设纯年利率为 10%，计算 1 年后本利和为多少？

解：100 元 ×（1 + 10%）= 110 元

1 年后货币量就为 110 元，这是真实的货币。

【例 4-2】 现有货币 100 元，假如通货膨胀率为 10%，计算 1 年后要多少钱才相当于现在的 100 元？

解：100 元 ×（1 + 10%）= 110 元

1 年后货币量就为 110 元，才相当于现在 100 元的购买力，或者说 1 年后 100 元只值约 100 ÷（1 + 10%）= 91 元钱了。

从上述分析可知，在有通货膨胀的情况下，含有通货膨胀率的利率称为名义利率，也称无风险利率，不含通货膨胀率的利率称为实际利率，就是上述的纯利率。三者之间的关系是：

1 + 名义利率 =（1 + 实际利率）×（1 + 通货膨胀率）

由于实际利率乘通货膨胀率的值较小，可以忽略不计，所以有公式：

利率 = 纯利率 + 通货膨胀率

【例 4-3】 如以【例 4-1】和【例 4-2】资料为例，计算实际的纯利率和通货膨胀率对货币的共同影响为多少？

解：他们对货币的共同影响为：100 ×（1 + 10%）×（1 + 10%）

= 100 ×（1 + 20% + 10% × 10%）

= 121（元）

也即这样才能保证 100 元货币 1 年后有利息收入且有同样的购买力。

为了简化，直接以 20% 为利率计算即可，即：

他们对货币的共同影响为：100 ×（1 + 10% + 10%）= 120（元）

 知识链接

对（1 + 实际利率）×（1 + 通货膨胀率）分析，称为费雪效应：通货膨胀率的上升导致名义利率上升到这样一种水平，也就是使得实际利率可以不受通货膨胀率影响的水平。换句话讲，实际利率不会由于通货膨胀水平而波动。

（3）风险报酬率。风险报酬原则是风险越大，报酬越大。投资者不仅关心纯利率、通货膨胀率，也关心能不能收回本金获得收益的风险。风险报酬率是投资者要求的除纯利率和通货膨胀附加率之外的风险附加率（risk premium）。

一般来讲，企业债券的风险大于国库券，因此，企业债券的收益率就要高于国库券；优先股与普通股相比，优先股的风险较小，其风险附加率应小于普通股。

随堂练习

根据表 4-1 资料，计算填空：

表 4-1　　　　　　　　　　　　利率关系练习

利率	纯利率	通货膨胀率	无风险报酬率	风险报酬率
10%	5%	3%		
11%		2%		1%
	5%		6%	2%
12%		1%	9%	

四、税收环境

税收环境，是指对企业理财活动产生影响的各种税收因素。税收的实质是国家凭借政治权利参与国民收入分配和再分配所形成的一种特定分配关系。税收具有强制性、无偿性和固定性等特点。

（1）税收对企业筹资活动的影响。税收通过对企业资金成本的影响，进而影响企业筹资方式的选择。

（2）税收对企业投资活动的影响。在企业投资活动中，税收必然会影响企业的投资收益，不同的企业类型、投资地点和经营业务会面临不同的税收政策。

（3）税收对企业经营决策的影响。税收对经营决策的影响主要表现在纳税人类型的选择和产品销售渠道等方面。

（4）税收对企业利润分配的影响。税额和企业的可分配利润呈反向变动关系。因此，企业的财务人员必须考虑在理财过程中如何合法节税，进行税务筹划。

（5）税收对企业机构设置的影响。税收对企业的影响巨大，美国大法官马歇尔（John Marshall）曾说："征税的权力事关毁灭的权力。"税收过重，企业就会用脚投票，到税赋低的国家或者地区去。

特别提示

国家在"看不见的手"市场经济中，管理经济活动和经济关系手段主要用"看得见的手"：利率、税率和汇率。

第3节　财务管理微观环境

财务管理的微观环境，是指影响企业财务管理的各种微观因素，包括组织形式、资本实力、管理水平、市场环境、采购环境、生产环境等方面，除此之外还要考虑以下几个内容。

一、公司治理结构

公司治理结构，是指在"两权——所有权和经营权——分离"条件下，为减少由于股东与经营者之间委托代理关系的存在而产生的代理成本和规范各方关系形成的一种制度安排。

公司治理结构影响的内容有：

1. 对财务管理目标的影响

相关利益者的财务管理目标是不一样的。作为公司治理结构中两权的代表，所有者和经营者的财务管理目标是不一样的，公司所有者希望挣得越多越好，分的越多越好，而经营者以完成经营合同为目标。

2. 对财务管理体制的影响

公司治理结构会影响公司财务管理体制的建立，财务管理工作的运行和监管，也成为了公司治理的一项内容。

3. 对资本结构的影响

不同的资本结构就有不同的公司治理结构，公司治理结构也会影响到筹资方式，进一步影响资本结构。

二、企业生命周期

一般来说，企业生命周期可分为初创期、成长期、成熟期和衰退期四个阶段，如图4-3所示。

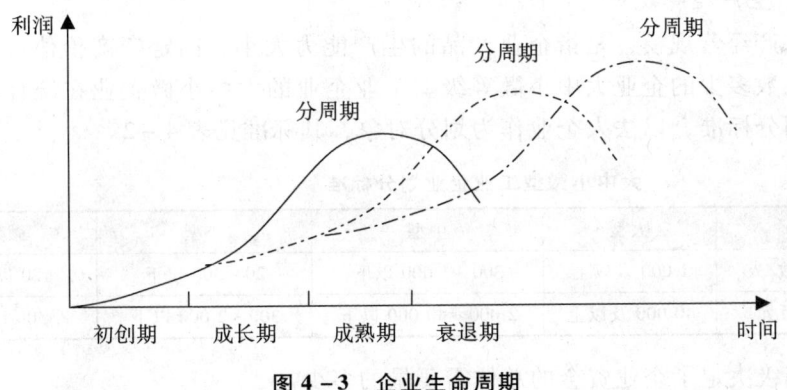

图4-3 企业生命周期

企业成熟多是慢上坡，静悄悄的成长；衰退多是断崖式，轰隆隆的垮塌了，不同的时期，对财务管理有不同影响。企业生命周期主要影响的内容有：

1. 企业生命周期对财务管理目标的影响

企业不同的生命周期阶段，企业的目标不一样，财务管理的目标也是不一样的。初创期，企业是为了生存，财务管理目标就是以收抵支；成长期，企业开始了发展，需要资金不断支持，财务管理目标就是筹资，保证发展需要；成熟期，企业获利，财务管理目标就是有效使用资金；衰退期，企业要拉长成熟期，消除衰退期（图4-3中虚抛物线），或者进行技术改造，产品更新换代，或者投资新项目，生产新产品，财务管理的目标是筹集资金，进行投资，并合成一个生生不息的生命周期。

2. 企业生命周期对筹资的影响

初创期和成长期，财务管理主要的任务就是筹资，保证发展需要；成熟期，企业开始获利，不需要进行大规模筹资，或者有资金结余，应该有效使用资金；衰退期，财务管理要为技术改造，产品更新换代，投资新项目进行筹集资金。

3. 企业生命周期对投资的影响

在企业初创期，对内投资陆续开始；在成长期，对内投资开始逐步减少；在成熟期，对内投资已经完成，企业获利，并有结余，开始对外进行投资；在衰退期，企业要技术改造，产品更新换代，或者寻找新项目，开发新产品进行投资。

4. 企业生命周期对利润形成和分配的影响

在初创期和衰退期，企业是为了生存，为了技术改造，产品更新换代，利润减少，利润分配应该降低；在成长期，利润形成会逐步增多，利润分配逐步增大；在成熟期，利润达到一定的饱和状态，利润分配也逐步稳定。

三、企业生产经营的特点

企业生产经营的特点是指影响企业财务管理活动的各种生产经营因素，包括：

1. 生产经营规模

生产经营规模，是指企业产品的生产能力大小、固定资产价值多少、劳动力人数多少的企业大中小微等级。工业企业的大中小微企业在统计上有具体的划分标准，以法人企业作为划分对象，其标准见表4-2。

表4-2　　　　　　大中小微型工业企业划分标准

行业名称	指标名称	大型	中型	小型	微型
工业企业	从业人员数/人	1 000及以上	300~1 000以下	20~300以下	20以下
	销售额/万元	40 000及以上	2 000~40 000以下	300~2 000以下	300以下

企业等级决定了企业资金的总体需要量的多少。

2. 生产技术条件

企业生产产品的技术水平、技术条件不同，生产能力就不同。技术条件的高低，也预示着企业资金的需要量不同。

3. 产品的品种结构及内在结构

企业生产产品品种的多少，产品结构的复杂程度，也对财务资金有要求。

四、企业财务管理基础工作

企业财务管理基础工作包括定额管理、计量验收制度、物资收发制度、原始记录、内部计划价格制度等内容。

1. 定额管理

定额是企业在正常生产条件（指设备条件和技术条件等）及相对稳定的经济环境下，对生产的数量、质量，以及人力、物力和财力等方面所规定的应达到的数量标准。定额是进行财务分析、财务预测、编制财务计划和考核财务管理水平的依据。应该根据企业当前设备条件和技术水平，充分考虑职工群众的积极因素，制定和修订先进而又可行的原材料、燃料、动力和工时等消耗定额，并据以审核各项耗费是否合理，是否节约，借以控制耗费，降低成本、费用；制定和修订产量、质量定额，是搞好财务管理的前提。企业的定额主要有产量定额、材料消耗定额、动力消耗定额、设施利用定额、劳动（工时）定额、各项费用定额等。

2. 计量验收和物资收发制度

为了进行财务管理，还必须对财产物资收发、领退和结存进行计量，建立和健全财产物资的计量、收发、领退和盘点制度。如材料物资的收发、领退，在产品、半成品的内部转移和产成品的入库等，均应填制相应的凭证，经过一定的审批手续，并经过计量、验收与交接，防止任意领发和转移。库存的材料、半成品和产成品，以及车间的在产品和半成品，均应按照规定进行盘点、清查，防止丢失、积压、损坏、变质和被贪污盗窃。只有这样，才能保证财产物资的节约使用和使用有效。

3. 原始记录

原始记录是反映生产经营活动的原始资料，是进行财务预测、编制财务计划、执行财务计划的依据。只有计量没有记录，财务管理就没有凭证依据。因此，为了进行财务管理，对于财务管理活动中的各种活动，均应做出真实的记录。对于生产经营过程中工时和动力的耗费，在产品和半成品的内部转移，以及产品质量的检验结果等；对于劳动工资、设备动力、生产技术等方面的活动也都需要原始记录。应该制定既符合各方面管理需要，又符合财务管理要求，既科学易行，又讲求实效的原始记录制度。

4. 内部计划价格的制定和修订工作

在计划管理基础较好的企业中，为了分清企业内部各单位的经济责任，便于分析和考核内部各单位成本计划的完成情况，还应对材料、半成品和厂内各车间相互提供的劳务（如修理、运输等）制定内部计划价格，作为内部结算和考核的依据。内部计划价格应该尽可能接近实际并相对稳定，年度内一般不做变动。在制定了内部计划价格的企业中，对于材料领用、半成品转移以及各车间、部门之间相互提供的劳务，都应按计划价格结算，月末再采用一定的方法计算和调整价格差异，据以计算实际的成本、费用。按计划价格进行企业内部的往来结算，还可以简化、加速财务管理工作。

本 章 小 结

本章主要介绍了：
1. 财务管理环境的界定，财务管理环境的分类，财务管理活动和财务管理环境的关系；
2. 财务管理的宏观环境：经济环境、法律环境、金融环境、税收环境；重点是金融环境的内容：金融市场、金融工具、金融机构和利率的构成内容；
3. 财务管理的微观环境：企业组织形式、公司治理结构、企业生命周期、企业生产特点、财务管理基础工作等。

名人名言

用累进税、高额遗产税、取消旁系亲属（兄弟、侄甥等）继承权、强制公债等来限制私有制。

——恩格斯

银行是现代经济生活的中心，是全部资本主义国民经济体系的神经中枢。

——列宁

金融很重要，是现代经济的核心。金融搞好了，一着棋活，全盘皆活。

——邓小平

财富是法律的产物。

——美国大法官赫尔摩斯

凡权力行使的地方，就有责任。

——法国管理学家亨利·法约尔

摧毁一个企业要比创建一个企业容易得多，降低利率不会使已经被迫破产的企业起死回生，其净价值仍然会被消灭。

——斯蒂格利茨

练 习 题

1. 判断题

（1）国家开发银行、中国进出口银行、中国建设银行是我国的三家政策性银行。（   ）

（2）利率是指无风险利率。（   ）

（3）无风险利率是指无风险的利率，为纯利率。（   ）

(4）通货膨胀率不包括在无风险利率中。   （   ）
(5）利率可以使货币产生利息，所以利率增强了货币的购买力。（   ）
(6）通货膨胀率能使货币购买力下降，所以风险利率包括通货膨胀率。
                                              （   ）

2．问答题
(1）财务管理的宏观环境有哪些？
(2）财务管理的微观环境有哪些？
(3）金融市场构成的因素有哪些？有什么相互关系？

3．资料题
请以当前时点的上月为截止期，查阅近5年的银行存款利率、国库券利率和CPI变动时点资料，绘制银行存款、国库券利率和CPI图（时间为横轴按半年分期，银行存款、国库券利率和CPI为纵轴），分析其构成情况。

4．辩论题
正方观点："市场决定企业发展，企业财务管理更需要关注外部宏观环境，所以要做好外功"；
反方观点："酒香不怕巷子深，企业财务管理更需要关注内部微观环境，所以要练好内功"。

5．案例应用分析

阅读材料

惊险的跳跃——售与绮罗人不顾，看纱嫌重绢嫌轻

宋叶茵《机女叹》诗：
机声咿轧到天明，万缕千丝织得成。
售与绮罗人不顾，看纱嫌重绢嫌轻。

"机声咿轧到天明，万缕千丝织得成"，说出了纺纱织布的生产过程。织，吃尽千辛万苦。从通宵"咿轧"机声，看到机旁"一梭声尽重一梭，玉腕不停罗袖卷"（唐·王建《织锦曲》）劳作情景，一匹纱，一卷绢，"万缕千丝织得成"，"丝细缲多女手疼，扎扎千声不盈尺"（唐·白居易《缭绫》）不知耗费了织女多少心血啊！

生产者的苦有两个，一苦是生产过程的停工待料等危机，特别是靠天吃饭的农、林、牧、渔业，最怕自然灾害的发生，"阴阳水旱由天工，忧雨忧风愁杀侬"（宋·章甫《田家苦》），"丰岁自少凶岁多，田家辛苦可奈何"（宋·张舜民《打麦》）；二苦便是供过于求，物以稀为贵，商品多了，价格就要降下来，"丰年贱价"，"今年麦熟胜去年，贱价还人如粪土"（宋·章甫《田家苦》）。

商品经济中市场上的危机会更多、风险会更大。"机声咿轧到天明，万缕千丝织得成"的生产过程再难，也没有销售过程难。"织得成"并不算"成"，还不是商品，还要"售"的出，售的出，产品才成为商品，"售与绮

罗人不顾，看纱嫌重绢嫌轻"，购货人左看右看上看下看，每匹纱绢都不简单，抽出几根，拿出打火机烧烧，再看看是不是化纤的，就是100%的纯棉，还是不满意："这是纱？太重了；这是绢？太轻了。"看的人多，买的人少，生产出来却卖不出去。

所以，销售阶段在资本循环中的三个环节中，销售是关键：销售为王，真金白银。所谓销售，就是商品转化为货币，它被马克思称为"惊险的跳跃"，"这个跳跃如果不成功，摔坏的不是商品，但一定是商品所有者"。①

生产难销售更难——惊险跳跃的过程；工人苦销售更苦。

（资料来源：杨尚军. 会计混搭［M］. 西南交通大学出版社. 2014.）

问题：

（1）企业产品生产销售需要考虑的宏观因素有哪些？如何影响企业产品生产销售？

（2）阅读材料中分析企业产品销售最难，在财务管理上表现为什么？

（3）运用什么财务管理原则，可以使销售上的财务管理不困难？

---

① 马克思. 资本论（第2卷）［M］. 北京：人民出版社，1972：124.

第 5 章 货币时间价值

教学目标

通过本章的学习，理解货币时间价值，以及单利和复利的含义；熟练掌握复利终值、现值的计算与应用；熟练掌握各种年金终值和现值的计算与应用；理解并掌握资金时间价值计算的特殊问题。

教学要求

知识要点	能力要求	相关知识
货币时间价值	（1）货币时间价值的概括和理解能力 （2）货币时间价值的运用能力	（1）单利和复利 （2）一次性收付款的现值和终值 （3）系列收付款的现值和终值
年金	（1）理解和掌握年金 （2）年金的运用	（1）普通年金 （2）先付年金 （3）递延年金 （4）永续年金

> 一切节约，归根到底都是时间的节约。
>
> ——马克思

基本概念

货币时间价值	单利	复利	现值	终值
年金	普通年金	先付年金	递延年金	永续年金
现值系数	终值系数	年金现值系数	年金终值系数	实际利率
名义利率	内插法	偿债基金		

导入案例

借贷1美元

一个犹太人走进纽约的一家银行,来到贷款部,大模大样地坐了下来。

"请问先生有什么事情吗?"贷款部经理一边问,一边打量着来人的穿着:豪华的西服、高级皮鞋、昂贵的手表,还有领带夹子。

"我想借些钱。"

"好啊,你要借多少?"

"1美元。"

"只需要1美元?"

"不错,只借1美元。可以吗?"

"当然可以,只要有担保,再多点也无妨。"

"好吧,这些担保可以吗?"犹太人说着,从豪华的皮包里取出一堆股票、国债等等,放在经理的写字台上。"总共50万美元,够了吧?"

"当然,当然!不过,你真的只要借1美元吗?"

"是的。"说着,犹太人接过了1美元。

"年息为6%。只要您付出来6%的利息,一年后归还,我们就可以把这些股票还给你。"

"谢谢。"犹太人说完,就准备离开银行。

一直在旁边冷眼观看的分行长,怎么也弄不明白,拥有50万美元的人,怎么会来银行借1美元?他慌慌张张地追上前去,对犹太人说:"啊,这位先生……"

"有什么事情吗?"

"我实在弄不清楚,你拥有50万美元,为什么只借1美元呢?要是你想借30、40万美元的话,我们也会很乐意的……"

"请不必为我操心。只是我来贵行之前,问过了几家金库,他们保险箱的租金都很昂贵。所以嘛,我就准备在贵行寄存这些股票。租金实在太便宜了,一年只需花6美分。"

点评: 货币时间价值。

货币是有价值的,货币的价值不仅体现在交换,更体现在增值的价值,货币的周转决定货币的增值,货币的价值增值是在循环、周转中实现的,所以,货币的运动是货币增值的基础。本章主要介绍货币的时间价值、现值、终值、年金现值、年金终值的计算等。

第1节 货币时间价值概述

货币是人类合作的催化剂。货币时间价值被称为财务管理的"第一黄金法则",也是12个财务管理原则之一。进行财务管理不能不考虑货币的时间价值。

一、货币时间价值的概念

1. 货币时间价值定义

货币时间价值(time value of money),也称资金时间价值,是指货币在时间推移中的增值能力。

【例5-1】 现在将100元存入银行,假设银行年利率为10%,1年后可得到110元。请问货币时间价值为多少?

分析:100元经过1年的时间增加了10元,货币的时间价值为10元。

这个观念所要说明的是,今天收到或付出的1元钱价值,与1年前或1年后收到或付出的1元钱价值并不相同。

从价值运动上看,货币时间价值是指货币经历一定时间的投资和再投资所增加的价值。货币是运动的价值。货币的价值是随着时间变化而变化,是时间的函数。虽然货币具有随着时间的延长而增值的能力,但是,并不是所有货币都具有时间价值,只有把货币投入生产运营,同劳动相结合才能产生时间价值。因为这种物化为劳动及其相应的生产资料的货币,已转化为生产要素,经过生产和流通过程,从而使得回流的货币量比原来支付的货币量更大。因此,我们得出:时间价值的来源不是"时间",而是"劳动";时间价值所代表的是扣除风险报酬和通货膨胀因素的社会平均资金利润率或平均报酬率。

所以,货币时间价值的产生原因,是使货币处于生产经营活动中,并不是时间。来源是劳动创造价值,是工人劳动创造的价值。马克思指出:"'价值'这个普通的概念是从人们对待满足他们需要的外界物的关系中产生的。"对于货币的持有者,或者进行投资取得利润,或者进行储蓄,根据凯恩斯《就业、利息和货币通论》中说:储蓄就是投资。那么,不储蓄就是机会成本。所以,持有货币就意味着应该有收益,在会计上称为让渡使用权的收益。这个收益基本表现形式,或者称为最低的衡量标准就是利息,也就是所谓的货币时间价值。

马克思认为利息在理论上包括三个方面内容:一是利息直接来源于利润;二是利息只是利润的一部分而不是全部;三是利息是对剩余价值的分割。归根结底,利息是来源于劳动创造的价值,这是利息的本质。但换个视角从利息的角度上看,货币时间价值就是指一定量货币在不同时点上的价值量差额。

特别提示

货币时间价值两个要点：一是不同时点；二是价值量差额。

2. 货币时间价值计量

货币时间价值的绝对数即货币增加值，相对数就是时间价值率，即利率。理论上，货币时间价值等于没有风险、没有通货膨胀条件下的社会平均资金利润率。实际工作中，可以用通货膨胀率很低条件下的政府债券利率来表示资金时间价值。如图5-1所示，并参看第4章金融环境一段中利率的有关内容。

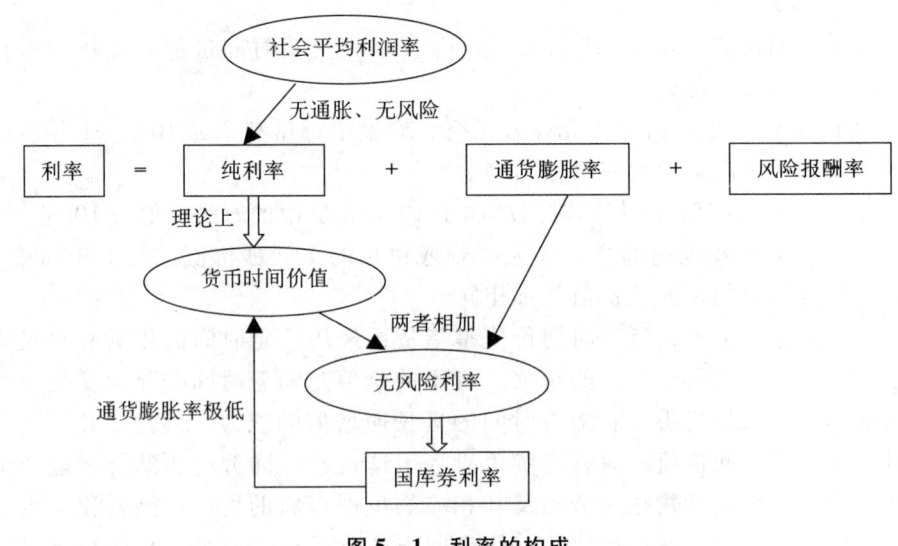

图5-1 利率的构成

二、一次性收付款项的终值和现值计算

1. 终值和现值的概念

在某一特定时点上一次性支付或收取一笔款项，经过一段时间后再相应地一次性收取或支付的行为即为一次性收付款项。【例5-1】资料中，1年后一次性取出本利和。在这种情况下，就要计算存款的货币时间价值。

要计算货币时间价值，首先必须了解什么是现值？什么是终值？

终值，又称将来值（future value），是现在一定量的资金在未来某一时点上的价值，如一次性付款若干期以后包括本金和利息在内的未来价值，即本利和，记作"F"。

现值（present value），是指未来某一时点上的一定量资金折合到现在的价值，如一次性付款的本金，记作"P"。这里需要注意的是现值或现在价值并不特指"现在"，而是指行动的当时。

【例5-2】 资料同【例5-1】。试分析现值和终值为多少？

通货膨胀

分析：现在的 100 元为现值，1 年后的 110 元为终值。如若 1 年前存入银行 100 元，现在取出 110 元，则 1 年前的 100 元是现值，现在的 110 元为终值。

终值和现值如图 5-2 所示。

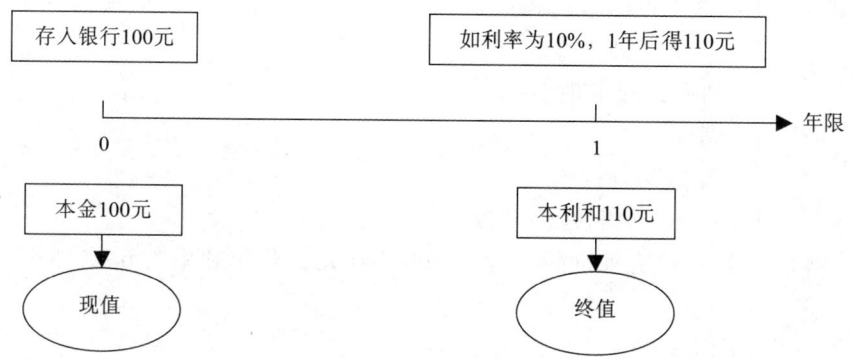

图 5-2　终值和现值的涵义

终值和现值也可以用表列示，见表 5-1，括号内 100 元表示存入，即现金流出，110 元表示取出，即现金流入。

表 5-1　　　　　　　　　　存取表（即现金流量表）

时间	0	1
现金流量	(100)	110

 特别提示

因为时间是人为划分的时间段，如同会计分期。因此，对于一个特定的时间段而言，在该时间段的起点余额，一般也称为现值，在该时间段的终点余额，也称为终值。货币时间价值的计算都假定现金流量为时点值。

2. 利息的两种计算方式

单利（simple interest），是指"本生利，利不生息"，只对本金计算利息的计息方法。单利计息时，本金和利率不变，各期的利息是相同的。

复利（compound interest），是指"利上加利"，既"本生利，利成本"，对本金计算利息，也对前期的利息计算利息的计息方法。复利计息，虽然利率不变，但本生利，利成本，每次计息的本金不同，所以各期的利息也不同。

3. 单利的终值和现值

单利是指在计算利息时只对本金计息，所生利息不加入本金计算利息的一种方法。

（1）单利终值。单利终值的计算：

单利的利息：$I = P \times i \times n$

终值：第 1 年　　$F_1 = P + P \times i = P(1+i)$

第 2 年 $F_2 = F_1 + P \times i = P(1+i) + P \times i = P(1+i \times 2)$

或者 $F_2 = P + P \times i \times 2 = P(1+i \times 2)$

……

第 n 年 $F_n = P(1+i \times n)$

式中 F：终值，即本利和；

P：现值，即本金；

i：利率，即折现率；

I：利息；

n：计息期数；

$1+i \times n$：单利终值系数。

【例 5-3】 CG 企业向银行存入 100 000 元，若年利率为 6%，5 年后的终值是多少？

解：$F = P(1+i \times n)$

$= 100\ 000 \times (1+6\% \times 5)$

$= 130\ 000$（元）

特别提示

一般在计算利息时，给出的利率均为年利率，对于不足一年的利息，以一年等于 360 天来折算。

(2) 单利现值。现值的计算与终值的计算是互逆的，由终值计算现值的过程称为"折现"。单利现值的计算公式可从单利终值的计算公式推导出来：

由上可知 $F = P(1+i \times n)$

所以 $P = \dfrac{F}{1+i \times n} = F \times \dfrac{1}{1+i \times n}$

式中，$\dfrac{1}{1+i \times n}$：单利现值系数。

【例 5-4】 CG 企业希望 5 年后从银行提取 100 000 元，年利率为 6%，现在应存入多少钱？

解：

$P = \dfrac{F}{(1+i \times n)} = \dfrac{100\ 000}{(1+6\% \times 5)} = 76\ 900$（元）

终值计算现值时所应用的利率，一般也称为"折现率"。

4. 复利的终值和现值

复利是指计算利息时不仅要对本金计息，本金产生的利息也要加入本金中再计算利息，逐期滚算，即通常所说的"利滚利"。

(1) 复利的终值。由于复利是以上一年度的本利和作为下一年度的本金，因此其终值公式可以推导如下：

第 5 章
货币时间价值

第 1 年本利和：$F_1 = P(1+i)$

第 2 年本利和：$F_2 = F_1(1+i) = P(1+i)(1+i) = P(1+i)^2$

第 3 年本利和：$F_3 = F_2(1+i) = P(1+i)^2(1+i) = P(1+i)^3$

……

第 n 年本利和：$F_n = P(1+i)^n$

则，复利终值的公式为：

$F_n = P(1+i)^n$

式中，$(1+i)^n$ 称为复利终值系数（future value interest factor），或 1 元的复利终值，用符号 $(F/P, i, n)$① 表示。这样，上式就可以写为：

$F = P(F/P, i, n)$

例如：$(F/P, 8\%, 5)$ 表示年利率为 8%，计息期为 5 年的复利终值系数。为了简化计算，可通过查复利终值系数表得到相应的系数，则 $(F/P, 8\%, 5) = 1.469$，说明在年利率为 8% 的情况下，现在的 1 元和 5 年后的 1.469 元是等价值的。

复利终值系数表的作用不仅在于已知 i 和 n 时，查找 1 元的复利终值 F；还可以在已知 1 元复利终值 F 和 i 时，查找 n；或已知 1 元复利终值 F 和 n 时，查找 i。

【例 5-5】 CG 企业将 10 万元存入银行，年利率为 10%，5 年后的终值为多少？

解：$F_n = P(1+i)^n$
$= 100\,000 \times (F/P, 10\%, 5)$
$= 100\,000 \times 1.611$
$= 161\,100$（元）

【例 5-6】 某人现有 1 500 元，拟投入报酬率为 8% 的投资项目，经过多少年才可使现有货币增加 1 倍？

解：$F_n = 1\,500 \times 2 = 3\,000$ 元

$F_n = 1\,500 \times (1+8\%)^n$

$3\,000$ 元 $= 1\,500 \times (1+8\%)^n$

$(1+8\%)^n = 2$

$(F/P, 8\%, n) = 2$

查"复利终值系数表"，在 8% 的项下寻找 2，最接近的值为：

$(F/P, 8\%, 9) = 1.999$

所以 $n \approx 9$

即约 9 年后可使现有货币增加 1 倍。

---

① 复利终值系数（Future Value Interest Factor），还有用 $\text{FVIF}_{i,n}$、FVITFV 等符号表示的。

特别提示

在财务管理中,如果不加注明,一般均按照复利计算。

(2) 复利的现值。复利现值是复利终值的对称概念,指未来一定时间的特定资金按复利计算的现在价值。其计算公式可由复利终值公式推导出来:

已知 $F_n = P(1+i)^n$

得 $P = \dfrac{F_n}{(1+i)^n} = F_n \times (1+i)^{-n}$

式中$(1+i)^{-n}$为复利现值系数(present value interest factor),或称1元的复利现值,用符号$(P/F,i,n)$表示,计算时可查复利现值系数表,使用方法同复利终值系数表。

【例5-7】 若计划在3年以后得到400元,利息率为8%,现在应存入多少钱?

解:$P = F_n \times (1+i)^{-n}$
$= F_n \times (P/F,8\%,3)$
$= 400 \times 0.794$
$= 317.6$(元)

 特别提示

单利终值系数与单利现值系数互为倒数;复利终值系数与复利现值系数互为倒数。

 **随堂练习**

根据表5-2资料,计算填空:

表5-2　　　　　　　　　现金流量及计算指标表

序	时间	0	1	2	3	4	i	终值	终值变化	现值变化
1	现金流量	100					6%		时间从短到长,终值由( )变( )	时间从短到长,现值由( )变( )
2	现金流量	( )	100				6%			
3	现金流量	( )		100			6%			
4	现金流量	( )			100		6%			

 特别提示

分析复利终值系数表和复利现值系数表,可知:时间一定时,利率越大,终值越大,现值越小。利率一定时,时间越长,终值越大,现值越小。

三、系列收付款项终值和现值的计算

系列收付款项分别按一次性收付款终值和现值计算后求和，也即一次性收付款终值和现值的多次运用。

【例 5 - 8】 若计划连续 3 年，每年初分别存 10 000 元，20 000 元，25 000元，在年利率5%，现在的现值为多少？5 年后的终值为多少？

解：$P = 10\,000 + 20\,000 \times (P/F, 5\%, 1) + 25\,000 \times (P/F, 5\%, 2)$
$= 10\,000 + 20\,000 \times 0.9524 + 25\,000 \times 0.907$
$= 51\,723$（元）

$F = 10\,000(F/P, 5\%, 5) + 20\,000 \times (F/P, 5\%, 4) + 25\,000 \times (F/P, 5\%, 3)$
$= 10\,000 \times 1.2763 + 20\,000 \times 1.2155 + 25\,000 \times 1.1576$
$= 66\,013$（元）

第 2 节　年金终值和现值

先回顾一下前面的知识，复利终值和现值，如图 5 - 3 所示：

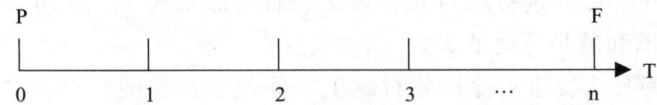

图 5 - 3　复利现值和终值图

计算公式：
$F = P(1 + i)^n$
$P = F(1 + i)^{-n}$

系列性收付款项的终值和现值，如图 5 - 4 所示：

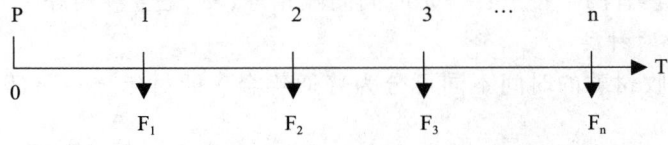

图 5 - 4　系列性收付款项的现值和终值图

$F = F_n + \cdots\cdots + F_3(1 + i)^{n-3} + F_2(1 + i)^{n-2} + F_1(1 + i)^{n-1}$
$P = F_1(1 + i)^{-1} + F_2(1 + i)^{-2} + F_3(1 + i)^{-3} + \cdots\cdots + F_n(1 + i)^{-n}$

上面的图示也可以列现金流量表，见表 5 - 3。

表 5-3　　　　　　　　　　　现金流量表

时间	0	1	2	…	n
现金流量	(P)	F_1	F_2	…	F_n

那么，如果系列性收付款项中，每年的收付款是等值，即 $F_1 = F_2 = F_3 =$ …… $= F_n = A$，如图 5-5 所示。

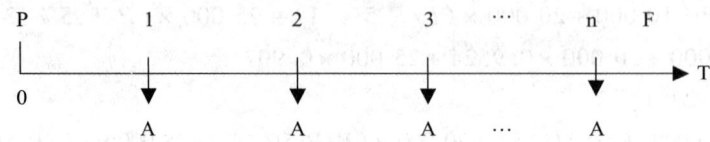

图 5-5　系列性等额收付款项的现值和终值图

或者列现金流量表，见表 5-4。

表 5-4　　　　　　　　　　　现金流量表

时间	0	1	2	…	n
现金流量	(P)	A	A	…	A

这样的现值和终值也可以按照系列性收付款项求现值和终值的计算方法计算，各期的 A 值分别折现为 P_i，再求和就是总现值 P；各期的 A 值分别求终值 F_i，再求和就是总终值 F。

但是，为什么要重点分析收付款项是等额的情况呢？因为，我们想找出其中的规律，有规律才能形成理论，有理论才能更好地指导实践。那么，看看这种情况有什么规律性呢？

一、年金的概念

1. 年金的含义

年金（annuity），是指一定时期内每隔一段相等的时间每次等额收付的系列款项。具有两个特点：一是时间间隔相等；二是金额相等。

2. 年金的种类

年金按收付款的时间不同可分为普通年金、即付年金、递延年金、永续年金。

(1) 普通年金（ordinary annuity），也称后付年金，是指从第一期开始每期期末收款或付款的年金。比如住房公积金等。

(2) 即付年金（annuity due），也称先付年金，是指从第一期开始每期期初收款或付款的年金。比如银行存款的零存整取等。

(3) 递延年金（deferred annuity），是指从第二期或第二期以后某期的期末开始收付的年金。比如商业保险公司的一些商业保险项目等。

(4) 永续年金（indefinte annuity），是指无限期的普通年金。比如职工养老保险等。

特别提示

（1）这里的年金收付间隔的时间不一定是1年，可以是半年、1个季度或者1个月等。

（2）这里年金收付的起止时间可以是从任何时点开始，如1年的间隔期，不一定是从1月1日至12月31日，可以是从当年7月1日至次年6月30日。

（3）注意各种类型年金之间的关系。

（5）四种年金之间的关系。在年金的四种类型中，最基本的是普通年金，其他类型的年金都可以看成是普通年金的转化形式。

①普通年金和即付年金。

两者的联系：第1至n期，均出现款项收付。

两者的区别：普通年金的款项收付发生在每期期末，即付年金的款项收付发生在每期期初。所以，即付年金的第0期的值，是为第1期的期初值，第$n-1$期的值，是为第n期的期初值。

②递延年金和永续年金。递延年金和永续年金都是在普通年金的基础上演变来的，它们都是普通年金的特殊形式。他们与普通年金的共同点有：它们都是每期期末发生的。区别在于递延年金前面有一个递延期，也就是前面几期没有现金流量，而永续年金是现金流量没有终点。

二、普通年金终值与现值的计算

年金是指在一定时期内，等期等额的收付款项。折旧、利息、分期偿还贷款、发放养老金等通常表现为年金的形式。普通年金是最常见的年金形式，所以，以下先介绍普通年金的计算。

1. 普通年金的终值

普通年金的终值，是一定时期内每期期末等额收付款项的复利终值之和。

【例5-9】 每年年末存入银行100元，年利率为10%，为期3年。计算3年后本利和——终值为多少？

解：这是普通年金，分析计算终值如图5-6所示。

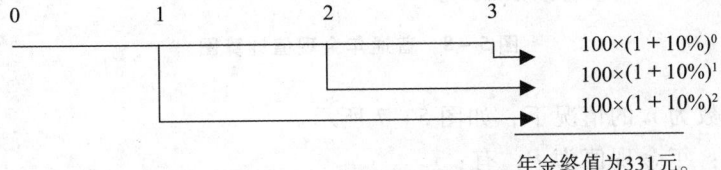

图5-6 普通年金终值计算图

如果年金的期数很多，用上述方法计算终值显然太烦琐，所以，找出规律，进行简化。

设每期支付的相等金额年金为 A，年金终值为 F_A，利率为 i，计息期数为 n，如图 5-7 所示：

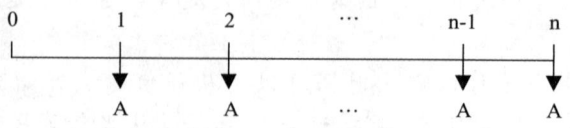

图 5-7 普通年金

则 $F_A = A + A(1+i)^1 + A(1+i)^2 + \cdots + A(1+i)^{n-1}$ ①式

将①式两边乘 $(1+i)$，得②式：

$(1+i)F_A = A(1+i)^1 + A(1+i)^2 + \cdots + A(1+i)^{n-1} + A(1+i)^n$ ②式

②式 - ①式，得：

$(1+i)F_A - F_A = A(1+i)^n - A$

所以 $F_A = \dfrac{A(1+i) - A}{(1+i) - 1} = A\dfrac{(1+i)^n - 1}{i}$

式中 $\dfrac{(1+i)^n - 1}{i}$ 为年金终值系数（future value interest factor of annuity），可以表示为 $(F/A, i, n)$，计算时可查年金终值系数表。如【例 5-9】计算为：

$F_A = 100\,元 \times (F/A, 10\%, 3) = 100 \times 3.31 = 331$（元）

2. 普通年金现值

普通年金现值，是指在一定时期内每期期末等额收付款项的复利现值之和。

【例 5-10】 欲在 3 年中每年年末取出 100 元，3 年刚好取完，假设银行年利率为 10%。问现在向银行存入多少钱？

分析计算：普通年金现值如图 5-8 所示。

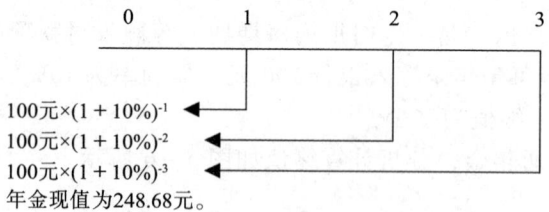

图 5-8 普通年金现值计算图

在期数为 n 的情况下，如图 5-7 所示。

可设：年金现值为 P，有：

$P = A(1+i)^{-1} + A(1+i)^{-2} + \cdots + A(1+i)^{-n}$ ①式

将①式两边同乘以 $(1+i)$，得：

$P(1+i) = A + A(1+i)^{-1} + \cdots + A(1+i)^{-(n-1)}$ ②式

上述两式相减②式 - ①式，得：

$$P(1+i) - P = A - A(1+i)^{-n}$$

$$P = A\frac{1-(1+i)^{-n}}{i}$$

式中 $\frac{1-(1+i)^{-n}}{i}$ 为普通年金现值系数 (present value interest factor of annuity)，可表示为 $(P/A, i, n)$①，计算时可查年金现值系数表。如【例 5-10】可以简化为：

$$P = 100 \times (P/A, 10\%, 3)$$
$$= 100 \times 2.487$$
$$= 248.7 \text{（元）}$$

特别提示

年金终值和现值的计算是一个等比数列，年金现值和终值可用等比数列求和公式 $S_n = \frac{a_1(1-q^n)}{1-q}$ 进行计算。年金终值等比数列的公比为 $(1+i)$，年金现值等比数列的公比为 $(1+i)^{-1}$。

3. 年偿债基金和年资本回收额的计算

（1）偿债基金的计算。偿债基金，是指为了在约定的未来某一时点清偿某笔债务或积聚一定数额的资金而必须分次等额形成的存款准备金，也就是为使年金终值达到既定金额的年金数额，即已知年金终值，求每期的年金。计算公式如下：

$$A = F\frac{i}{(1+i)^n - 1}$$

式中 $\frac{i}{(1+i)^n - 1}$ 称为"偿债基金系数"，记作 $(A/F, i, n)$。

【例 5-11】 如 10 年后欲得 50 000 元，折现率 10%，问现在向银行存入多少钱？

解：$A = 50\,000(A/F, 10\%, 10)$
$= 50\,000 \div (F/A, 10\%, 10)$
$= 50\,000 \div 15.937$
$= 3\,137.35 \text{（元）}$

（2）资本回收额的计算。资本回收额，是指在约定年限内等额收回初始投入资本或清偿所欠的债务的金额，也即已知年金现值，求每期的年金。计算公式如下：

$$A = P\frac{i}{1-(1+i)^{-n}}$$

---

① 年金终值系数也可用 $FVIFA_{i,n}$ 等符号表示。年金现值系数也可用 $PVIFA_{i,n}$ 等符号表示。

上式中 $\dfrac{i}{1-(1+i)^{-n}}$ 称为资本回收系数，记作 $(A/P, i, n)$。

【例 5-12】 现在投资 1 000 000 元，折现率 10%，期限 10 年，问每年最少应得多少钱才合算？

解：$A = 1\,000\,000(A/P, 10\%, 10)$
$= 1\,000\,000 \div (P/A, 10\%, 10)$
$= 1\,000\,000 \div 6.144$
$= 162\,760.42$（元）

特别提示

复利现值系数 $(P/F, i, n)$ 与复利终值系数 $(F/P, i, n)$ 互为倒数；偿债基金系数 $(A/F, i, n)$ 与年金终值系数 $(F/A, i, n)$ 互为倒数；资本回收系数 $(A/P, i, n)$ 与年金现值系数 $(P/A, i, n)$ 互为倒数。

随堂练习

根据表 5-5 资料，计算填空：

表 5-5　　　　　　　　　现金流量及计算指标表

序	时间	0	1	2	3	4	现值	i	n	年金	终值
1	现金流量	(　)	100	100	100	100		6%	—	—	
2	现金流量	(362.9)	100	100	100	100	362.9		—	—	
3	现金流量	(　)	100	100	100	100			—	—	506.6
4	现金流量	(400)					400	6%	—	—	
5	现金流量	(　)						6%	4		500

三、即付年金终值与现值的计算

1. 即付年金的定义

即付年金，又称为先付年金，或者期初年金，是指一定时期内每期期初等额收付的年金。有关计算包括两个方面。

2. 即付年金终值 F_A^* 的计算

(1) 方法一，位移法。即付年金如图 5-9 所示：

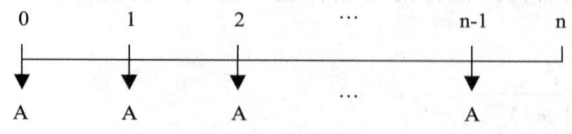

图 5-9　即付年金

因为时间是人为划分的,所以可以进行位移,位移如图 5-10 所示:

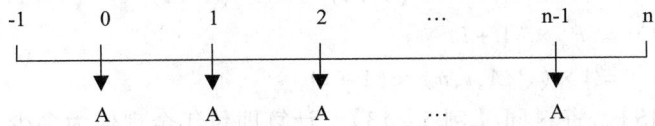

图 5-10 即付年金位移图

计算得:

普通年金 $F_A = A + A(1+i) + \cdots\cdots + A(1+i)^{n-2} + A(1+i)^{n-1}$

即付年金 $F_A^* = A(1+i) + A(1+i)^2 + \cdots\cdots + A(1+i)^{n-1} + A(1+i)^n$

$\qquad = [A + A(1+i) + \cdots\cdots + A(1+i)^{n-2} + A(1+i)^{n-1}](1+i)$

因为,普通年金 $F_A = A + A(1+i) + \cdots\cdots + A(1+i)^{n-2} + A(1+i)^{n-1}$

所以,$F_A^* = F_A \times (1+i)$

$\qquad = A \times (F/A, i, n) \times (1+i)$

所以,方法一可以称为位移法。

【例 5-13】 每年年初存入银行 100 元,年利率为 10%,为期 3 年,即付年金终值为多少?

解:$F = 100 \times (F/A, 10\%, 3) \times (1+10\%)$

$\qquad = 100 \times 3.31 \times 1.1$

$\qquad = 364.1$(元)

(2)方法二,添值法。在图 5-10 可以进行添值为图 5-11。

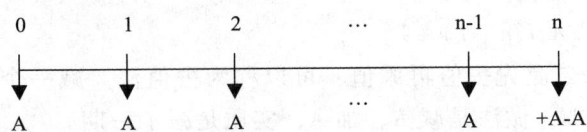

图 5-11 即付年金添值去值

计算得:$F_A^* = A[(F/A, i, n+1) - 1]$

加一个 A,再减一个 A,等于不加不减,实质是加了一期。所以,方法二是先添值再去值,可以称为添值法。

【例 5-14】 资料同【例 5-13】计算如下:

解:$F = 100[(F/A, 10\%, 4) - 1]$

$\qquad = 100 \times (4.641 - 1)$

$\qquad = 364.1$(元)

3. 即付年金现值 P_A^* 的计算

(1)方法一,位移法。同计算即付年金终值的位移法,如图 5-10 所示。计算得:

即付年金 $P_A^* = A + \dfrac{A}{1+i} + \dfrac{A}{(1+i)^2} + \cdots + \dfrac{A}{(1+i)^{n-2}} + \dfrac{A}{(1+i)^{n-1}}$

因为，普通年金 $P_A = \dfrac{A}{1+i} + \dfrac{A}{(1+i)^2} + \cdots + \dfrac{A}{(1+i)^{n-1}} + \dfrac{A}{(1+i)^n}$

所以，$P_A^* = P_A \times (1+i)$

$\qquad\qquad = A \times (P/A, i, n) \times (1+i)$

【例 5-15】 资料同【例 5-13】，计算即付年金现值为多少？

解：$P = 100(P/A, 10\%, 3)(1 + 10\%)$

$\qquad = 100 \times 2.486 \times 1.1$

$\qquad = 273.46$（元）

（2）方法二，去值法。去值法作图，如图 5-12 所示：

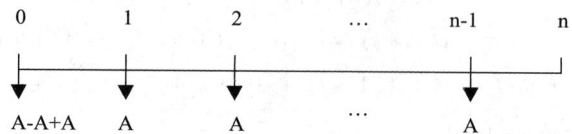

图 5-12 即付年金去值添值

计算时，先减去第 1 期期初的年金计算普通年金，然后再加上第 1 期期初的年金，计算得：

$P_A^{n-1} = \dfrac{A}{1+i} + \dfrac{A}{(1+i)^2} + \cdots + \dfrac{A}{(1+i)^{n-1}}$

$P_A^* - P_A^{n-1} = A$

$P_A^* = P_A^{n-1} + A$

$\qquad = A(P/A, i, n-1) + A$

$\qquad = A[(P/A, i, n-1) + 1]$

所以，方法二是先去值再添值，可以称为去值法。减一个 A，再加一个 A，等于不减不加，做法是减 A，加 A，实质是减了一期。

【例 5-16】 资料同【例 5-13】计算如下：

解：$P = 100[(P/A, 10\%, 2) + 1]$

$\qquad = 100 \times (1.735 + 1)$

$\qquad = 273.5$（元）

综上所述，即付年金的现值与终值计算，都可以以普通年金的计算为基础进行，也就是在普通年金现值或终值的基础上，再乘以 $(1+i)$。

四、递延年金和永续年金的计算

1. 递延年金

（1）递延年金的定义。递延年金，是指第一次等额收付发生在第二期期末或第二期期末以后的年金。如图 5-13 所示。

（2）递延年金终值计算。计算递延年金终值和计算普通年金终值基本一样，只是注意期数要扣除递延期。

$F = A \times (F/A, i, n)$

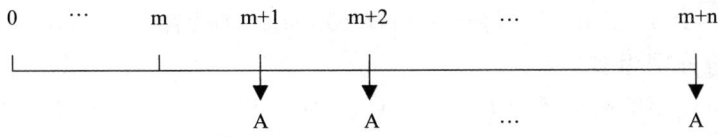

图 5-13 递延年金时间轴图

 **特别提示**

时间是人为的,可以进行位移计算递延年金,公式同普通年金也一样,但是在叫法上要有递延期的定语多少年后的年金,以示区别。如 10 年后每年年末连续 5 年可以取 1 000 元,和 10 年后每年年初连续 5 年可以取 1 000 元的区别就是:递延期 10 年的递延年金 1 000($F/A,i,5$)和递延期 9 年的递延年金 1 000($F/A,i,5$)。

(3)递延年金现值的计算。递延年金现值的计算是把递延期以后的年金套用普通年金公式求现值,这时求出来的现值是第一个等额收付前一期期末的数值,距离递延年金的现值点还有 m 期,再向前按照复利现值公式折现 m 期即可。如图 5-14 所示。

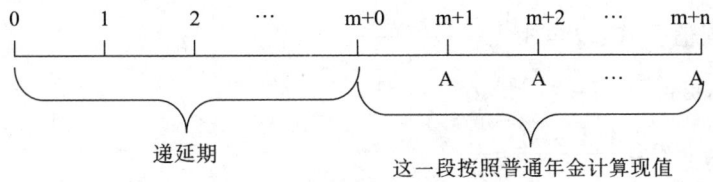

图 5-14 递延年金现值计算图

计算公式如下:
$P = A \times (P/A,i,n) \times (P/F,i,m)$
另解:$P = A(P/A,i,m+n) - A(P/A,i,m)$
$P = A(F/A,i,n)(P/F,i,m+n)$

递延期 m 的判定:

假定第一次发生年金的年份为第 t 年,若在年初,则 $m = t - 2$;若在年末,则 $m = t - 1$。

【例 5-17】 5 年后,每年末存 100 元,连续存 3 年,利率 10%,问终值和现值分别为多少?

解:第 8 年的终值 $F = 100(F/A,10\%,3)$
$= 100 \times 3.31$
$= 331$(元)
$P = 100 \times (P/A,10\%,3) \times (P/F,10\%,5)$
$= 100 \times 2.486 \times 0.62$
$= 154.13$(元)

【例5-18】 5年后,每年年初存100元,连续存3年,利率10%,问终值和现值分别为多少?

解:第7年的终值 $F = 100(F/A,10\%,3)$
$= 100 \times 3.31$
$= 331$(元)

$P = 100(P/A,10\%,3)(P/F,10\%,4)$
$= 100 \times 2.486 \times 0.683$
$= 169.79$(元)

2. 永续年金

永续年金,是指无限期等期等额收付的年金。

永续年金因为只有开始,没有终点,所以只有现值没有终值。如图5-15所示。

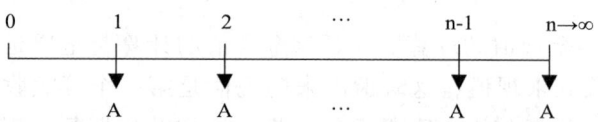

图5-15 永续年金现值计算图

根据现值公式:$P = A\dfrac{1-(1+i)^{-n}}{i}$

当 $n \to \infty$ 时,$(1+i)^{-n} \to 0$

所以有:$P = \dfrac{A(1-0)}{i} = \dfrac{A}{i}$

【例5-19】 企业有一项非专利权技术,每年带来的现金流量1 000 000元,如利率10%,问这项非专利权技术值多少钱?

解:根据永续年金公式:
$P = 1\,000\,000 \div 10\%$
$= 10\,000\,000$(元)

随堂练习

根据表5-6资料,计算填空:

表5-6　　　　　　　　现金流量及计算指标表

序	时间	0	1	2	3	4	现值	i	终值
1	现金流量	100	100	100	100	——		6%	
2	现金流量		100	100	100	100		6%	
3	现金流量		——	100	100			6%	
4	现金流量				100	100		6%	

第3节　货币时间价值计算中的特殊问题

一、系数表中利率和年限的推算

1. 利率的推算

一般情况下，计算利率时，首先要计算出有关的时间价值系数，即复利终值（现值）系数，或者年金终值（现值）系数，然后查表。如果表中有这个系数，则对应的利率即为要求的利率。如果没有，则查出最接近的一大一小两个系数及其对应值利率，采用插值法，又称内插法求出。

方法：

（1）在期限 n 已知的情况下，可以计算出系数为 C，即有对应关系 (i, C)；

（2）查表：沿着 n 所在的行横向查找 C，其所对应的利率 i 就是要找的值；若找不到就确定两个临界数值 C_1，C_2（$C_1 < C < C_2$），其所对应的利率分别为 i_1，i_2，得两个对应关系点 (i_1, C_1) 和 (i_2, C_2)；

（3）根据直线的两点式公式，进行内插法计算，有一一对应关系：

$$\frac{i - i_1}{i_2 - i_1} = \frac{C - C_1}{C_2 - C_1}$$

解得的利率 i 就是所求解的值。

【例 5-20】　存入 10 000 元，要存 10 年，欲得 15 000 元，问年利率是多少？

解：$15\,000 = 10\,000(1+i)^{10}$

得：复利终值系数 $(1+i)^{10} = 1.5$

查一元复利终值系数表知，在 10 年的情况下，年利率 4% 的复利终值系数为 1.4802，年利率 5% 的复利终值系数为 1.6289。那么，存 10 000 元，要得到 15 000 元到底年利率是 4% 还是 5% 呢？如何准确的确定呢？

这就要用内插法计算了。内插法是假设将一元复利终值系数表看成是年限和利率形成的坐标，各个复利终值系数之间都可以形成直线。根据建立直线方程的两点式方法，若直线 L 经过两点 $P_1(x_1, y_1)$ 和 $P_2(x_2, y_2)$（$x_1 \neq x_2$，$y_1 \neq y_2$），则直线 L 的方程为：

$$\frac{y - y_1}{y_2 - y_1} = \frac{x - x_1}{x_2 - x_1}$$

在【例 5-20】中，查表后，得已知两点的值分别为 (4%, 1.4802) 和 (5%, 1.6289)，又已知所求点利率对应的系数值为 1.5，形成点值为 (i, 1.5)。则，所求的利率，就可以建立直线方程求解如下：

$$\frac{i-4\%}{5\%-4\%}=\frac{1.5-1.4802}{1.6289-1.4802}$$

$$i=4.13\%$$

这种方法就叫做内插法,所谓内插法就是知道很多个点的坐标,但是不知道其函数表达式,要根据这些点的坐标,在给定 x 的值的情况下(当然这个 x 在这些点的区间内部),求所对应的 y 的值。

一元复利现值系数表、年金终值系数表、年金现值系数表都可以这样用。

 特别提示

因为系数表中的系数并非在一条直线上,因此在内插法时的两个区间点必须是表中相邻的两点做内插,这样内插的结果才相对唯一。如果用不相邻的两点,或者不同区间的系数表进行计算,结果是有差异的。

2. 年限的推算

对于已知利率、现值,或者终值的情况下,求年限,也和求利率一样。如果系数表中无对应的年限,也要采用内插法求解。

【例5-21】 存入10 000元,年利率为5%,欲得15 000元,问需存多少年?

解:$15\,000 = 10\,000(1+5\%)^n$

得:复利终值系数$(1+5\%)^n = 1.5$

查一元复利终值系数表知,在年利率5%的情况下,8年的复利终值系数为1.4775,9年的复利终值系数为1.5513。那么,存10 000元,要得到15 000元到底是8年还是9年呢?

已知两点的值(8,1.4775),(9,1.5513),建立方程求解如下:

$$\frac{n-8}{9-8}=\frac{1.5-1.4775}{1.5513-1.4775}$$

$$n=8.3\text{(年)}$$

 **随堂练习**

根据表5-7资料,计算填空:

表5-7　　　　　　　　　　现金流量及计算指标表

序	时间	现值	i	n	普通年金	终值
1	现金流量	397.44		4	120	
2	现金流量			5	180	1 014.66
3	现金流量	320.76	6%		120	
4	现金流量		6%		180	1 255.5

二、名义利率和实际利率

到目前为止,我们所探讨的都是假定利息按年支付,但在现实生活中,经常会遇到计息期短于 1 年的情况。如债券利息每半年支付一次或股利每季支付一次。因此,应考虑在不同计息期下应如何计算。这里涉及两个概念:名义利率与实际利率。当利息在 1 年内要复利多次时,公布的年利率叫做名义利率,而按计息次数实际得到的利率叫做实际利率。

1. 实际利率与名义利率

实际利率,也称为有效年利率,或者等价年利率,是指 1 年复利一次时给出的年利率,用 i 表示。

名义利率[①],在这里也称为报价利率,是指一年复利若干次时给出的年利率,用 r 表示。

名义利率除以每年复利次数的利率,称为计息期利率。它可以是年利率、半年利率、季利率、月利率、日利率等。

2. 实际利率与名义利率的相互换算

实际利率和名义利率之间的关系是:

$$i = \left(1 + \frac{r}{m}\right)^m - 1$$

式中　i:实际利率;

　　　r:名义利率;

　　　m:每年的计息次数;

　　　$r \div m$:计息期利率。

推导过程,本金为 P,利率为 r,每年复利 m 次,以求第 n 年末的终值。

第一种方法:将年数 n 换算成计息期数 nm,年利率 r 换算成期间利率 r/m,则:

第 n 年末的终值: $F = P\left(1 + \dfrac{r}{m}\right)^{nm}$

第二种方法:假设实际利率为 i

第 n 年末的终值: $F = P(1+i)^n$

两种方法算出的终值相等,则有:

$$P(1+i)^n = P\left(1 + \frac{r}{m}\right)^{nm}$$

有: $(1+i) = \left(1 + \dfrac{r}{m}\right)^m$

得: $i = \left(1 + \dfrac{r}{m}\right)^m - 1$

[①] 名义利率也指有包含通货膨胀率的利率,使用时要特别注意。

特别提示

当每年复利一次时,名义利率=实际利率。

假如名义利率为10%,不同复利次数下的实际利率见表5-8。

表5-8　　　　　　　　　不同复利次数的实际利率

频率	次数 m	r/m（%）	实际利率 i（%）
按年计算	1	10	10
按半年计算	2	5	10.25
按季计算	4	2.5	10.381
按月计算	12	0.833	10.467
按周计算	52	0.192	10.489
按日计算	365	0.028	10.759

【例5-22】　本金1 000元,投资5年,年利率8%,每季复利一次。问终值是多少?

解法一：

已知名义利率为8%,则：

实际利率 $i = (1 + 8\%/4)^4 - 1 = 8.24\%$

则有：$F_n = 1\,000 \times (1 + 8.24\%)^5$

$\qquad = 1\,000 \times 1.486$

$\qquad = 1\,486$（元）

可见,当一年内复利多次时,实际利率>名义利率。

解法二：

将名义利率换算为季利率：

每季利率 $= 8\% \div 4 = 2\%$

则有：计息次数 $= 5 \times 4 = 20$（次）

得：$F_n = 1\,000 \times (1 + 2\%)^{20}$

$\qquad = 1\,000 \times (F/P, 2\%, 20)$

$\qquad = 1\,000 \times 1.486$

$\qquad = 1\,486$（元）

两种方法计算结果相同。

 特别提示

实际利率是指一年可能得到的利息同年初本金之比,所以实际利率非"实际"得到的利率,而是有得到利息的机会,是一种机会成本的概念。如一种理财产品,5万元起,60天,年利率6%。就是说该产品有每60天复利一次的机会,按此名义利率6%的机会,其实际利率为 $(1 + 6\% \div 6)^6 - 1 = 6.1\%$。

第 5 章
货币时间价值

本 章 小 结

本章主要介绍了：
1. 货币时间价值的含义；
2. 复利终值、现值的计算与应用；
3. 年金的种类，各种年金终值和现值的计算与应用；
4. 货币时间价值计算的特殊问题等。

 **名人名言**

价值是凝结在商品中的无差别的人类劳动。

——马克思

无论如何，通货膨胀都是一种货币现象。

——米尔顿·弗里德曼

练 习 题

1. 填空题

（1）根据表 5-9 中资料，计算填列下列指标。

表 5-9　　　　　　　　　现金流量及计算指标表

序	时间	0	1	2	3	4	5	i	终值	终值变化
1	现金流量	100						5%		利率越大终值由（　）变（　）
2	现金流量	100						10%		
3	现金流量	100						15%		
4	现金流量	100						20%		

（2）根据表 5-10 中资料，计算填列下列指标。

表 5-10　　　　　　　　　现金流量及计算指标表

序	时间	0	1	2	3	4	现值	i	n	终值
1	现金流量	(100)	——	——	——	——		6%	——	——
2	现金流量	(100)				163		——	——	——
3	现金流量					146.4		10%	——	——
4	现金流量	(100)						6%		179.1

（3）根据表 5-11 中资料，计算填列下列指标。

表 5-11　　　　　　　　　　现金流量及计算指标表

序	时间	0	1	2	3	4	i	终值	终值变化	现值变化
1	现金流量	( )	100	100	100	100	5%		利率越大终值由( )变( )	利率越大现值由( )变( )
2	现金流量	( )	100	100	100	100	10%			
3	现金流量	( )	100	100	100	100	15%			
4	现金流量	( )	100	100	100	100	20%			

2. 选择题

(1) 某公司拟于 5 年后一次还清所欠债务 100 000 元，假定银行利息率为 10%，5 年 10% 的年金终值系数为 6.1051，5 年 10% 的年金现值系数为 3.7908，则应从现在起每年末等额存入银行的偿债基金为（　　）。

　　A. 16 379.75　　　　　　　　　　B. 26 379.66

　　C. 379 080　　　　　　　　　　　D. 610 510

(2) 某企业于年初存入 5 万元，在年利率为 12%，期限为 5 年，每半年复利一次的情况下，其实际利率为（　　）。

　　A. 24%　　　　　　　　　　　　B. 12.36%

　　C. 6%　　　　　　　　　　　　 D. 12.25%

(3) 下列表述正确的是（　　）。

　　A. 年金终值系数与年金现值系数互为倒数

　　B. 年金终值系数与投资回收系数互为倒数

　　C. 偿债基金系数与年金现值系数互为倒数

　　D. 复利终值系数与复利现值系数互为倒数

(4) 货币时间价值是指没有风险和通货膨胀条件下的（　　）。

　　A. 企业的成本利润率　　　　　　B. 企业的销售利润率

　　C. 利润率　　　　　　　　　　　D. 社会平均资金利润率

(5) 利润最大化目标的优点是（　　）。

　　A. 反映企业创造剩余产品的能力

　　B. 反映企业创造利润与投入资本的关系

　　C. 考虑了资金时间价值

　　D. 考虑了风险因素

(6) 下列不属于权益类筹资方式的是（　　）。

　　A. 长期借款　　　　　　　　　　B. 普通股

　　C. 吸收直接投资　　　　　　　　D. 留存收益

(7) 一定时期内每期期初等额收付的系列款项是（　　）。

　　A. 普通年金　　　　　　　　　　B. 递延年金

　　C. 永续年金　　　　　　　　　　D. 先付年金

(8) 已知一项银行借款，年利率为 8%，每 3 个月计息一次，那么实际年利率为（　　）。

　　A. 8.16%　　　　　　　　　　　B. 8.24%

第 5 章 货币时间价值

  C. 8%　　　　　　　　　　　　D. 9%

（9）某项永久性奖学金，计划每年末颁发 50 000 元奖金。若年复利率为 8%，该奖学金的本金为（　　）元。

  A. 625 000　　　　　　　　　　B. 500 000
  C. 125 000　　　　　　　　　　D. 400 000

（10）普通年金终值系数的倒数是（　　）。

  A. 资本回收系数　　　　　　　　B. 偿债基金系数
  C. 先付年金终值系数　　　　　　D. 普通年金现值系数

3. 判断题

（1）国库券是一种几乎没有风险的有价证券，其利率可以代表货币时间价值。（　　）

（2）一定时期内每期期初等额的系列收付款项是指递延年金。（　　）

（3）法定利率是指由政府金融管理部门或者中央银行确定的利率。（　　）

（4）在通货膨胀的情况下，实行固定利率会使债务人利益受到损害。（　　）

（5）递延年金只有现值，没有终值。（　　）

（6）复利终值系数与复利现值系数互为倒数。（　　）

（7）在通货膨胀率极低的情况下，国库券利率可以表示时间价值率。（　　）

4. 资料题

请以当前的上个月为截止期，查阅资料，绘制近 5 年银行存款利率的变动时点图。到当地银行查阅资料，绘制近 5 年银行理财半年期产品的利率时点图（时间为横轴，利率为纵轴）。

5. 问答题

（1）货币时间价值的本质是什么？
（2）年金有几种形式？

6. 计算题

要求：以下计算题，要先画出货币资金（现金流量）的时间轴图，或者现金流量表，再进行计算，有关系数见书后附录。

（1）一笔资金为 10 000 元，存 50 年，10% 利率，终值为多少？如利率为 8%，终值又为多少？

（2）50 年后欲得一笔资金为 100 000 元，10% 利率，现在要存多少？如利率为 8%，又存多少？

（3）一笔资金为 10 000 元，存 10 年，10% 利率，终值为多少？

（4）10 年后欲得一笔资金为 100 000 元，10% 利率，现在要存多少？

（5）10 000 元，年利率为 5%，存多少年能得到 50 000 元？

（6）10 000 元，10 年后为 50 000 元，年利率为多少？

（7）连续 10 年，每年末欲得收益 10 000 元，年利率为 10%，问：其现值为多少？终值为多少？

若：①每半年末欲得收益 10 000 元，年利率为 10%，问：其现值为多少？终值为多少？

②每年末欲得收益 10 000 元，年利率为 10%，共欲得 300 000 元，需多少年？

③连续 10 年，每年末欲得收益 10 000 元，共欲得 300 000 元，年利率为多少？

（8）CG 公司发行一笔期限为 10 年的债券，每张票面金额 1 000 元，票面固定利率 6%，每年末付息一次，投资者要求的必要报酬率为 8%，该债券的内在价值（即按照必要报酬率计算的现值）为多少？

（9）某投资人希望在 5 年后取得本利总和为 100 000 元，以用于设备购买，已知投资收益率为 10%，问现在应投入多少资金？

（10）老王是位热心于公众事业的人，自 2008 年 12 月底开始，他每年都要向一位失学儿童捐款 1 000 元，儿童从小学一年级读完九年义务教育。

假设每年定期存款利率都是 2%，则老王九年捐款在 2018 年底相当于多少？

（11）CG 矿业公司决定将其一处矿业开采权公开拍卖，因此它向世界各国煤炭企业招标开矿。

甲公司的投标书显示，如果该公司取得开采权，从获得开采权的第 1 年开始，每年末向 CG 公司交纳 10 亿美元的开采费，直到 10 年后开采结束。

乙公司的投标书表示，该公司在取得开采权时，直接付给 CG 公司 40 亿美元，在 8 年后开采结束，再付给 60 亿美元。

若 CG 公司要求的年投资回报率达到 15%，问应接受哪个公司的投标？

（12）钱小姐最近准备买房，看了好几家开发商的售房方案，其中一个方案是 A 开发商出售一套 100 平方米的住房，要求首期支付 100 万元，然后分 6 年每年年末支付 30 万元。

钱小姐很想知道每年支付 30 万元相当于现在多少钱，好让她与现在 20 000 元/平方米的市场价格进行比较。假如银行利率是 3%。

（13）孙女士看到在邻近的城市中，一种品牌的火锅餐馆生意很火爆。她想在自己所在的县城加盟开一家火锅餐馆。总部工作人员告诉她，如果她要加入火锅餐馆的经营队伍，必须一次性支付 50 万元，并按该火锅品牌的经营模式和经营范围营业。

孙女士提出可否分次支付，得到的答复是如果分次支付，必须从开业当年起，每年年初支付 20 万元，付 3 年。3 年中如果有 1 年没有按期支付，则总部将停止专营权的授予。

假设孙女士需要向银行贷款开业，可获得年利率为 5% 的贷款扶持。请问孙女士现在应该一次支付还是分次支付？

（14）李博士是国内某领域的知名专家，某日接到一家上市公司的邀请函，邀请他作为公司的技术顾问，指导开发新产品。邀请函的具体条件如下：

①每个月来公司指导工作一天；
②每年聘金 10 万元；
③提供公司所在 A 市住房一套，价值 80 万元；
④在公司至少工作 5 年。

李博士对以上工作待遇很感兴趣，对公司开发的新产品也很有研究，决定应聘。但他不想接受住房，因为每月工作一天，只需要住公司招待所就可以了，这样住房没有专人照顾，因此他向公司提出，能否将住房改为住房补贴。公司研究了李博士的请求，决定可以在今后的 5 年里每年年初给李博士支付 20 万元房贴。

收到公司的通知后，李博士又犹豫起来，因为如果向公司要住房，可以将其出售，扣除售价 5% 的契税和手续费，他可以获得 76 万元，而若接受房贴，则每年初可获得 20 万元。

假设每年存款利率 3%，则李博士应该如何选择？

（15）CG 公司拟购置一处房产，房主提出两种付款方案：
①从现在起，每年年初支付 20 万元，连续付 10 次，共 200 万元。
②从第 5 年开始，每年年初支付 25 万元，连续支付 10 次，共 250 万元。

假设该公司的资本成本率（即最低报酬率）为 10%，你认为该公司应选择哪种方案？

（16）归国华侨吴先生想支持家乡建设，特地在祖籍所在县设立奖学金。奖学金每年发放一次，奖励每年高考的文理科状元各 10 000 元。奖学金的基金保存在中国银行该县支行。银行 1 年期的定期存款利息率为 4%。

请问吴先生要投资多少钱作为奖励基金？

（17）郑先生下岗获得 50 000 元现金补助，他决定趁现在还有劳动能力，先找到工作糊口将款项存起来。郑先生预计，如果 20 年后这笔款项连本带利达到 250 000 元，那就可以解决自己的养老问题。

请问银行的年利率应为多少，郑先生的预计才能变成现实？

（18）张先生要在一个街道十字路口开办一个餐馆，于是找到十字路口的一家小卖部，提出要求承租该小卖部 3 年。小卖部的业主徐先生因小卖部受附近超市的影响，生意清淡，也愿意清盘让给张先生开餐馆，但提出应一次支付 3 年的使用费 30 000 元。张先生觉得现在一次拿 30 000 元比较困难，因此请求能否缓期支付。徐先生同意 3 年后支付，但金额为 50 000 元。
①若银行的贷款利率为 5%，问张先生 3 年后付款是否合算？
②若徐先生要求张先生不是 3 年后支付，而是 3 年每年年末支付 12 000 元，那么张先生是现在一次付清还是分 3 次付清更为合算？

7. 辩论题

辩论"货币时间价值"。

正方观点："时间本身没有价值，货币时间价值是劳动所创造的价值"；

反方观点："时间本身就有价值，货币时间价值更主要是在决策方案选择时必须考虑的机会成本"。

8. 案例应用分析

 阅读材料

复利——驴打滚

曾经有人问爱因斯坦："世界上最强大的力量是什么？"你猜他是如何回答的？他回答是："复利"。答案居然不是相互碰撞的质子，也不是掠过天空的流星，却是平淡无奇的银行存款的"复利"。此言出于这位大科学家之口，可谓出乎一般人的意料。

有一个故事：在1797年3月，一代伟人拿破仑在卢森堡第一国立小学演讲说："为了答谢贵校对我，尤其是对我夫人约瑟芬的盛情款待，我不仅今天呈现上一束玫瑰花，并且在未来的日子里，只要我们法兰西存在一天，每年的今天我将亲自派人送给贵校一束价值相等的玫瑰花，作为法兰西与卢森堡友谊的象征。"说完，拿破仑把一束价值3个路易的玫瑰花送给该校校长。到了1984年底，卢森堡旧事重提向法国政府提出违背"赠送玫瑰花"诺言案的索赔，要求：要么从1797年起，用3个路易作为一束玫瑰花的本金，以5厘复利计息全部清偿这笔玫瑰款；要么在法国各大媒体公开承认拿破仑是言而无信的人。一开始，法国准备拿钱替拿破仑的名誉消灾，但一算，被算出的数额惊呆了，连本带息共计1 375 596法郎。法国政府最后答复：以后，无论在精神上还是物质上，法国将始终不渝地对卢森堡大公国的中小学教育事业予以支持与赞助，来兑现我们的拿破仑将军那一诺千金的玫瑰花誓言。

什么是复利？复利是本生利和利生利之和，计算复利是"利滚利，种钱得钱"，在会计上称为"货币的时间价值"，因其非常重要并且涉及所有理财活动，被称之为理财的"第一原则"。

问题：

假定有一位年轻人，从现在20岁开始能够定期每年存1.4万元，如此持续40年；如果他每年存下的钱都投资到年平均20%投资报酬率的股票，那么，到60岁退休时，他拥有多少财富？请选择：

A. 1.23372 亿元　　　B. 1 000 万元
C. 100 万元　　　　　D. 500 万元

计算公式如下：

$$F = P\sum_{t=0}^{n-1}(1+i)^t = 14\,000 \text{元} \sum_{t=0}^{39}(1+20\%)^t(1+20\%) = 14\,000\text{元}(F/A, 20\%, 40)(F/P, 20\%, 1) = 123\,372\,000\text{元}$$

你们答对了吗？看到复利的神奇了吧！

（资料来源：杨尚军. 会计物语［M］. 西南交通大学出版社. 2008.）

第 6 章　货币时间价值的拓展

教学目标

通过本章的学习，在熟练掌握复利终值、现值的计算之后，就要以此为基础学习掌握资金成本的计算，证券价值评估的方法和计算问题。在资本市场上，证券价值评估是一个中心内容，货币时间价值和资金成本都是财务估值的基础。

教学要求

知识要点	能力要求	相关知识
资金成本	(1) 资金成本理论 (2) 资金成本的计算	(1) 借款资金成本 (2) 债券资金成本 (3) 普通股资金成本 (4) 加权资金成本
证券价值评估	(1) 理解估值意义 (2) 掌握各种估值的计算	(1) 债券价值评估 (2) 股票价值评估

> 一切节约，归根到底都是时间的节约。
> ——马克思

基本概念

资金成本	资金占用费	税前列支	税后列支	税收挡板	筹资额
筹资费	筹资费率	机会成本	留存收益	加权资金成本	财务估值
面值	实际利率	票面利率	平价发行	溢价发行	折价发行

**导入案例**

股票估值问题——母牛公司和沙丁鱼罐头

一头母牛现价 3 000 元，把它分成 3 000 份股票卖出，每股应是 1 元。这一小学生都不会算错的题目在股市上就会走样了。假设将这头母牛注册成集团，发行 3 000 股真牛（ZN）集团的股票，你认为 ZN 集团的股票每股值多少？如果将这些股票上市，你认为 ZN 集团的股票会以什么价钱交易？

答案是它既可能以每股一毛钱的价格交易，因为股民会认为母牛会老，会死！但也可能以每股上百元的价位交易，因为他们也会想象到母牛每半年能生 10 只小牛，而小牛长大后又会生小牛，真是财源滚滚，永无止境！

只要养这头母牛的张嫂，也就是 ZN 集团的张 CEO，能说服股民们相信这头母牛的生育能力奇强，而她经营管理能力又是特高！ZN 集团的股票被炒到上千元也不奇怪。毫无疑问，ZN 集团的公司介绍上不会说只是一头母牛，它会告诉股民们集团从事的是"饲料购销、良种培育"之类挑战性的业务。

到底股价和股票所代表的价值有什么关系？华尔街流传这样的故事：

两位炒手交易一罐沙丁鱼罐头，每次交易，一方都以更高的价钱从对方手中买进这罐沙丁鱼，不断交易下来，双方都赚了不少钱。有一天，其中一位决定打开罐头看看，了解一下为什么一罐沙丁鱼要卖这么高的价钱？结果他发现这罐沙丁鱼是臭的。他以此指责对方卖假货。对方回答说："谁要你打开的？这罐沙丁鱼是用来交易的，不是用来吃的！"

——摘自《炒股的智慧》

请思考：

①投资者认为母牛会生小牛，小牛成大牛，大牛再生小牛，一直持续下去，那么 ZN 集团公司的股票价格是会高，还是低呢？

②投资者认为母牛会死，那么，ZN 集团公司的股票价格会如何呢？

③华尔街流传沙丁鱼罐头的故事，和 ZN 集团的股票投资有什么不同？并分析投机和投资的区别。

**点评：** 折现率与现值。

货币是有价值的，那么取得货币就有成本，这个成本表现为折现率，而取得资金的现值就是这种取得资金方式的发行价格。本章主要介绍几种取得资金方式的资金成本、几种取得资金方式的发行价格及计算等。

第1节 资金成本

一、资金成本的概念

资金成本（cost of capital），是指企业为筹措和使用资金而付出的代价，包括两部分内容：筹资费和资金占用费。筹资费是指在筹资过程中所发生的各种费用，如发行债券、股票的印刷费、手续费、审计费、律师费、广告费等。由于筹资费是在筹资时一次性发生，且在资金使用过程中，可使用的资金是筹资总额扣减筹资费后的余额，因而，在计算资金成本时应将筹资费作为筹资总额的一项扣除。资金占用费是指企业由于占用资金而支付的代价，如债券利息、股息、借款利息等。资金成本的作用如下：

（1）资金成本是比较筹资方式进行筹资决策的依据。在比较各种筹资方式时，可选用个别资金成本进行比较，从中选出成本较低的方案；在进行筹资结构决策时，可利用综合资金成本率进行决策；在追加筹资时，可使用边际资金成本来计算。

（2）资金成本是评价投资项目是否可行的主要标准。一个投资项目是否可行，主要看投资收益率与资金成本率的大小，当投资收益率大于资金成本率时，该项目被认为是可行的；反之，则不可行。

（3）资金成本是评价企业经营业绩的重要标准。只有资金利润率大于资金成本率时，企业才有收益，表明企业经营良好。

二、资金成本的计算

在经济学上，凯恩斯在论述资本的边际效率时说："我之所谓资本之边际效率，乃等于——贴现率，用此贴现率将该资本资产之未来收益折为现值，则该现值恰等于该资本资产之供给价格。"[①] 并给出了公式：以 Q_1、Q_2、…… Q_n 代表资本一系列未来的年收益，以 C_R 代表资本资产的供给价格，即重置成本，以 K 表示资本边际效率，按复利计算，则有：

$$C_R = \frac{Q_1}{(1+K)} + \frac{Q_2}{(1+K)^2} + \cdots + \frac{Q_n}{(1+K)^n}$$

从公式上看出，资本边际效率是由重置成本与预期收益所决定的，它与重置成本成反方向变化；而与预期收益成同方向变化。

对照以上内容可以看出，凯恩斯论述之"资本边际效率"在会计学上的运用则为资金成本，故资金成本是指企业为筹集和使用资金而付出的代价，包括筹资过程中发生的筹资费用和用资过程中支付的利息或股利等资金占用

---

① [英] 凯恩斯著．徐毓枬译．就业利息与货币通论 [M]．商务印书馆，1963：115．

费之和,即资金成本的构成为筹资费用和资金占用费。按照上述公式,来论述几种主要筹资方式的资金成本。

1. 银行借款

银行借款的资金成本,不能不考虑所得税,因为利息具有"挡税作用"。利息是税前列支的,利息增加意味着净利润要减少,会抵减所得税,使实际支付的金额有一部分是由国家负担的,这种抵减税负的作用,称之为"挡板作用"或"税收挡板"。

 知识链接

利润是指企业在一定时期内进行经营活动取得的经营成果。工业企业的利润总额包括营业利润、投资净收益和营业外收支净额等部分。企业利润总额扣除应负担的所得税后的利润就是企业的净利润,计算公式如下:

(1) 营业利润 = 营业收入 - 营业成本 - 税金及附加 - 销售费用 - 管理费用 - 研发费用 - 财务费用 - 资产减值损失 - 信用减值损失 + 其他收益 + 投资收益 + 净敞口套期收益 + 公允价值变动收益 + 资产处置收益

(2) 利润总额 = 营业利润 + 营业外收入 - 营业外支出

(3) 净利润 = 利润总额 - 所得税费用

从计算公式看出,包括利息的财务费用是在计算所得税前列支的,利息就如挡在计算所得税前的一块门板,要计算所得税就必须先过利息这个门,这就是利息的"挡板作用"。

"挡板作用"从普通意义上讲是,此"山"是借款而开,此"树"是借款而栽,要从此路过,留下"利息"钱。而从更深的意义上看,这也是国家征税前保护债权人权益的一种法律体现。

【例 6 - 1】 (1) 企业 20××年收入为 2 000 000 元,成本费用为 1 000 000 元,利润总额为 1 000 000 元,所得税税率为 25%。计算本年应交所得税和净利润?

解:应交所得税 = 1 000 000 × 25% = 250 000(元)

净利润 = 1 000 000 - 250 000 = 750 000(元)

(2) 假如该企业下一年借入银行借款 3 000 000 元,利率 10%,成本费用加上利息 300 000 元,上升到 1 300 000 元,而收入不变。则:

利润总额 = 2 000 000 - 1 000 000 - 300 000 = 700 000(元)

应交所得税 = 700 000 × 25% = 175 000(元)

为了和上面对比,应交所得税可展开计算如下:

应交所得税 = (1 000 000 - 300 000) × 25%
= 1 000 000 × 25% - 300 000 × 25% = 175 000(元)

净利润 = 700 000 - 175 000 = 525 000(元)

净利润也可展开计算如下:

净利润 =（1 000 000 - 300 000）-（1 000 000 - 300 000）×25%
     = 1 000 000 - 1 000 000 ×25% -（300 000 - 300 000 ×25%）
     = 1 000 000（1 - 25%）- 300 000（1 - 25%）
     = 525 000（元）

企业由于借款支付了 300 000 元的利息，和不借款比少交了 75 000 元税款，而净利润相比只减少了 750 000 - 525 000 = 300 000 ×（1 - 25%）= 225 000 元，即企业由于借款"实际"负担的支出只有 225 000 元，即 300 000 ×（1 - 25%），利息挡税为 300 000 ×25% = 75 000 元。

如银行借款额为 D，筹资费额 F，筹资费率 $f = F \div D$，借款利率为 i，利息 $I = D \times i$，所得税税率为 T，实际的资金占用费为 $I(1-T)$，折现率为 K，银行借款的现金流量如图 6-1 所示：

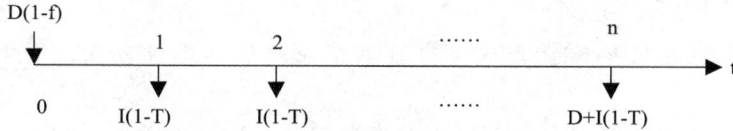

图 6-1　银行借款筹资额和资金占用费流量图

上述图示也可以编制成表的形式，见表 6-1。

表 6-1　　　　　　　　　　　现金流量表

年限	0	1	2	……	n
现金流量	$D(1-f)$	$-I(1-T)$	$-I(1-T)$	……	$-[D+I(1-T)]$

当现金流入量的现值和现金流出量的现值相等时，求折现率有：

$$D(1-f) = \frac{I(1-T)}{(1+K)} + \frac{I(1-T)}{(1+K)^2} + \cdots + \frac{D+I(1-T)}{(1+K)^n}$$

$$= \sum_{t=1}^{n} I \frac{(1-T)}{(1+K)^t} + \frac{D}{(1+K)^n} \quad ①$$

设 $n \to \infty$，$\lim\limits_{n \to \infty} \dfrac{D}{(1+K)^n} \to 0$，则①式为：

$$D(1-f) = I(1-T) \sum_{t=1}^{n} \frac{1}{(1+K)^t} \quad ②$$

而根据等比数列求和公式，其中：

$$\sum_{t=1}^{n} \frac{1}{(1+K)^t} = \frac{\frac{1}{1+K}\left[\frac{1}{(1+K)^n} - 1\right]}{\frac{1}{1+K} - 1} \quad ③$$

当 $n \to \infty$ 时，$\lim\limits_{n \to \infty} \dfrac{1}{(1+K)^n} \to 0$，

则③式等于 $\dfrac{1}{K}$，代入②式化简，可推导出折现率，即银行借款的资金

成本：

$$K = \frac{I(1-T)}{D(1-f)} \times 100\%$$

一般地，银行借款的筹资费率很低，可忽略不计，则：

$$K = \frac{I(1-T)}{D} \times 100\% = i(1-T)$$

【例6-2】 CG公司借款100万元，年利率10%，所得税率25%，计算资金成本？

解：根据计算公式有：

$$K = 10\% \times (1 - 25\%) = 7.5\%$$

 知识链接

当然，银行借款的资金成本也可以按照一般的思维方式，简单的这样理解：

（1）如不考虑所得税、不考虑筹资费率时，资金成本为：

$$K = I/D = D \times i/D = i$$

（2）考虑所得税，利息是税前列支的，可以抵税，实际负担的费用为 $I(1-T)$，所以资金成本：

$$K = I(1-T)/D = i(1-T)$$

（3）考虑筹资费，实际得到的筹资额 $D(1-f)$，资金成本公式为：

$$K = I(1-T)/D(1-f)$$

2. 债券资金成本

以 K_d 为债券资金成本，I_t 为债券利息支出，T 为所得税税率，Q 为筹资额，f 为筹资费率，M 为面值，由于债券利息是税前列支的，因此，企业每年负担的实际利息费用应为 $I_t(1-T)$，也即企业每年税后最低收益额，又如债券每年末付一次利息，债券的现金流量表见表6-2：

表6-2 现金流量表

年限	0	1	2	……	n
现金流量	$Q(1-f)$	$-I_1(1-T)$	$-I_2(1-T)$	……	$-[M + I_n(1-T)]$

当现金流出量与现金流入量的现值相等时其折现率即为资金成本，根据表6-2中资料按复利法计算则有：

$$Q(1-f) = \frac{I_1(1-T)}{(1+K_d)} + \frac{I_2(1-T)}{(1+K_d)^2} + \cdots + \frac{M + I_n(1-T)}{(1+K_d)^n}$$

$$= \sum_{t=1}^{n} I_t \frac{(1-T)}{(1+K_d)^t} + \frac{M}{(1+K_d)^n} \quad ①$$

设 $n \to \infty$,$\lim\limits_{n \to \infty} \dfrac{M}{(1+K_d)^n} \to 0$,又设 $I_1 = I_2 = \cdots\cdots = I_t = I_n$

则①式为:

$$Q(1-f) = I(1-T) \sum_{t=1}^{n} \dfrac{1}{(1+K_d)^t} \qquad ②$$

而根据等比数列求和公式,其中:

$$\sum_{t=1}^{n} \dfrac{1}{(1+K_d)^t} = \dfrac{\dfrac{1}{1+K_d}\left[\dfrac{1}{(1+K_d)^n} - 1\right]}{\dfrac{1}{1+K_d} - 1} \qquad ③$$

当 $n \to \infty$ 时,$\lim\limits_{n \to \infty} \dfrac{1}{(1+K_d)^n} \to 0$,

则③式等于 $\dfrac{1}{K_d}$,代入②式化简,可推导出债券资金成本:

$$K_d = \dfrac{I(1-T)}{Q(1-f)} \times 100\%$$

【例 6-3】 CG 公司发行 3 年期债券 400 万元,筹资费 8 万元,利率 10%,所得税税率 25%。计算资金成本?

解:根据计算公式有:

$$K_d = \dfrac{I(1-T)}{Q(1-f)} \times 100\% = \dfrac{400 \times 10\%(1-25\%)}{400-8} \times 100\% = 7.65\%$$

3. 优先股资金成本

股利是税后分配的,如以 P 表示优先股,d_p 为筹资额,d_p 为股利,f 为筹资费率,又由于优先股股利是固定的,因此,优先股现金流量表见表 6-3:

表 6-3 现金流量表

年限	0	1	2	……	n
现金流量	$D_p(1-f)$	$-d_p$	$-d_p$	……	$-d_p$

根据现金流入量现值和现金流出量现值相等,即净现值等于 0 时,有最低收益率则:

$$D_p(1-f) = \sum_{t=1}^{n} \dfrac{d_p}{(1+K_p)^t}$$

同理,可得优先股资金成本:

$$K_p = \dfrac{d_p}{D_p(1-f)} \times 100\%$$

【例 6-4】 CG 公司发行优先股股票 1 000 000 股,每股面值 1 元,发行价 5 元,筹资费率 3%,每股年股利率 12%。计算资金成本?

解:根据计算公式有:

$$K_p = \dfrac{d_p}{D_p(1-f)} \times 100\% = \dfrac{1\,000\,000 \times 1 \times 12\%}{1\,000\,000 \times 5 \times (1-3\%)} \times 100\% = 2.47\%$$

随堂练习

根据表 6-4 资料，计算填空：

表 6-4　　　　　　　　　　资金成本计算练习

项目	期限	筹资额（元）	筹资费率%	利（股）率%	所得税税率%	资金成本%
银行借款	1 年	3 000 000	0	8	25	
银行借款	3 年	1 000 000	0	8	25	
债券	3 年	3 000 000	2	7	25	
债券	5 年	4 000 000	2	8	25	
优先股股票	—	10 000 000	1	2	25	

4. 普通股资金成本

对于普通股，由于其风险大，没有设定的股利，每年的股利是不相同的，同时普通股要承受公司的兴衰，故其价格可能发生重大变化，它假定股票售价等于未来各年股利的现值。

如以 C 表示普通股，g 为普通股股利的年增长率，d_0 为第 1 年年初股利（或者时刻 0），d_1 为第 1 年年末股利（或者时刻 1，即非按年付股利时），则普通股现金流量表见表 6-5：

表 6-5　　　　　　　　　　现金流量表

年限	0	1	2	……	n
现金流量	$D_c(1-f)$	$-d_0(1+g)$	$-d_0(1+g)^2$	……	$-d_0(1+g)^n$

根据现金流入量现值等于现金流出量现值，即净现值等于 0 时，有最低收益率则：

$$D_c(1-f) = \sum_{t=1}^{n} \frac{d_0(1+g)^t}{(1+K_c)^t} \quad (0 < g < K_c)$$

$$= d_0 \left[\sum_{t=0}^{n} \frac{(1+g)^t}{(1+K_c)^t} - 1 \right]$$

当 $g < K_c$ 时，无穷等比级数 $\sum_{t=0}^{n} \frac{(1+g)^t}{(1+K_c)^t}$ 收敛于 $\frac{1}{1-\frac{1+g}{1+K_c}}$，所以上式：

$$= d_0 \left[\frac{1}{1-\frac{1+g}{1+K_c}} - 1 \right]$$

$$= d_0 \frac{(1+g)}{K_c - g}$$

设 $d_1 = d_0(1+g)$，则上式为：

$$D_c(1-f) = \frac{d_1}{K_c - g}$$

因而，可得：

$$K_c = \frac{d_1}{D_c(1-f)} + g$$

【例6-5】 CG公司原发行普通股4 000 000股,每股面值1元,今年期望股利每股0.1元,预计以后每年股利增加5%,市价每股20元。计算资金成本?

解:由于该普通股是原先发行,筹资费已属"沉没成本",其资金成本也为"机会成本",或者再筹资时的资金成本,其计算如下:

$$K_c = \frac{0.1}{20} + 5\% = 5.5\%$$

知识链接

为什么会有g的产生?

首先要说的是这个g,不是增加收入、降低成本产生的,而是内生的。因为,在一个项目投资后,其投资额是作为折旧,计算现金流入量了,也即净利润+折旧=现金流入量。只有当再有新增投资额时,才会有股利增长率,否则只能是零增长模式。

那么,新增投资何来?只有实现的盈利未完全以股利形式发放,留有一定比例的留存收益,才有新增的投资额,如图6-2所示。

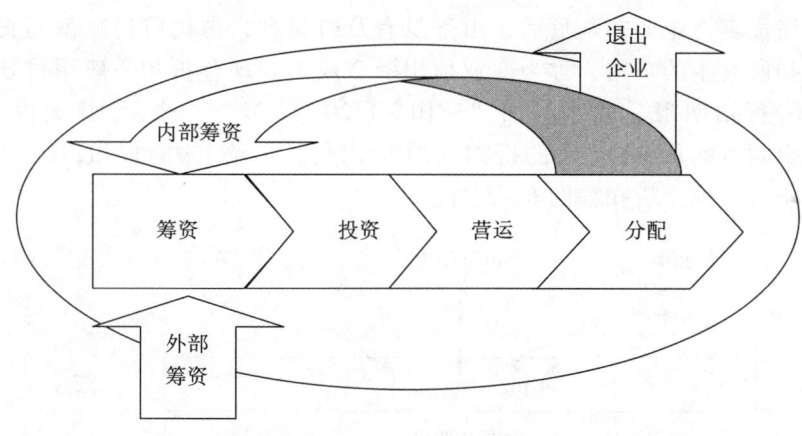

图6-2 企业的资金运动

这样企业下一年的盈利有公式:

下一年盈利 = 本年盈利 + 本年留存收益 × 留存收益的收益率

两边同除以本年盈利,得:

$$\frac{下一年盈利}{本年盈利} = \frac{本年盈利}{本年盈利} + \frac{本年留存收益}{本年盈利} \times 留存收益的收益率$$

其中:下一年盈利 = 本年盈利 + 盈利增长额

g 表示盈利增长率,则有:

$1 + g = 1 +$ 留存收益留存比 × 留存收益的收益率

其中:留存收益的收益率,就是权益收益率(ROE)

所以有企业增长率公式：

g = 留存收益留存比 × 权益收益率（ROE）

例如，企业本年盈利 20 000 000 元，留存收益留存比 50%，权益收益率 0.15，则：

g = 50% × 0.15 = 0.075

验证：

企业盈利增长 = 20 000 000 × 50% × 0.15 = 150 000（元）

盈利增长率（g） = 150 000 ÷ 20 000 000 = 0.075

5. 留存收益资金成本

留存收益，是指盈余公积和未分配利润。留存收益留归公司扩大生产，而不作为现金股利支付，但它仍归属公司的所有者即普通股股东，由于放弃这笔现金股利而让公司留用，普通股股东承受着"机会成本"。实际上，他们期望留存收益能获得与普通股相同的报酬，这就意味着留存收益的资金成本等于普通股的资金成本，而留存收益的资金成本不考虑筹资费用，只是一种机会成本。

6. 商业信用资金成本

商业信用资金成本，是指现金折扣，即为了鼓励购货单位尽快付款而给予的价格优惠。企业在购货后，由于没有及时付款，占用应付账款而丧失了购货折扣所发生的费用，称为商业信用资金成本。现金折扣一般用付款条件"折扣率/折扣期限"表示，如"3/10、1/20、n/30"，表示 10 天内付款，按发票金额给购货单位 3% 的折扣，20 天内付款，给 1% 的折扣，20 天以后付款按全价。现金折扣如图 6 - 3 所示：

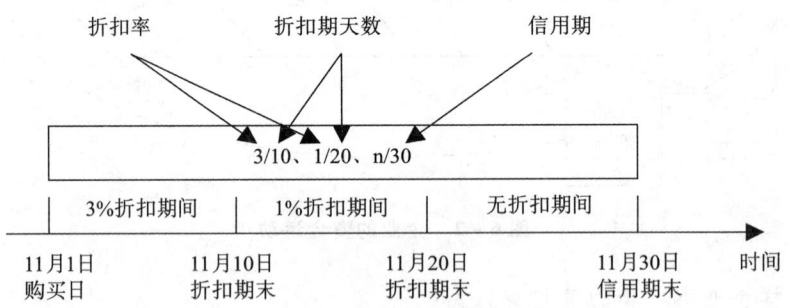

图 6 - 3 现金折扣图

而商业信用的资金成本即为延期付款而发生的成本。如以 D 为发票金额，r 为现金折扣率，则其现金流量表见表 6 - 6：

表 6 - 6　　　　　　　　　　现金流量表

年限	0	1	2	……	n
现金流量	$D(1-r)$	$-D \times r$	$-D \times r$	……	$-D \times r$

则按净现值等于 0，有：

$$D(1-r) = \sum_{t=1}^{n} \frac{D \times r}{(1+K)^t}$$

同理，可得：

$$K = \frac{D \times r}{D(1-r)}$$

由于现金折扣是按天数计算的，如一年按 360 天计算，将 K 换算成日资金成本，并且当实际延期付款天数确定后，现金折扣才能确定，则有：

$$\frac{K \times 延期付款天数}{360} = \frac{D \times r}{D(1-r)}$$

则：

$$K = \frac{r}{(1-r)} \times \frac{360}{延期付款天数}$$

【例 6-6】 CG 公司购货 10 000 元，付款条件 2/10、n/30，如购货单位 30 天付款。计算资金成本？

解：根据公式计算有：

$$K = \frac{2\%}{1-2\%} \times \frac{360}{20} = 36.7\%$$

三、加权资金成本的计算*

1. 加权资金成本的含义

加权资金成本，是指一方案中各种筹资额占总筹资的比乘上该种筹资的资金成本之和。多个筹资方案对比时，以最低加权资金成本为优。计算公式如下：

$$K_W = \sum_{i=1}^{n} K_i W_i$$

式中：K_W：平均资金成本；

　　　K_i：第 i 种个别资金成本；

　　　W_i：第 i 种个别资金所占比重。

2. 加权资金成本中权数的确定

加权资金成本的各种个别资金所占比重的权数选择，可以有账面价值、市场价值、目标价值等。

（1）账面价值权数。账面价值权数，是以个别资本的会计账面价值为基础来计算资本权数，确定各种资本的比重。这个权数资料容易取得，但股票、债券市价变化大时，计算结果不准确。

（2）市场价值权数。市场价值权数，是以个别资本的市价为基础来计算资本权数的比重。这个权数计算结果反映了现在的情况，但市价资料不易取得，且不能反映未来情况。

（3）目标价值权数。目标价值权数，是以个别资本的未来价值为基础来计算资本权数的比重。这个权数对公司未来决策有益，但主观性较大。

【例 6-7】 CG 公司账面价值共 800 万元，其中长期借款 300 万元，应付长期债券 120 万元，普通股 300 万元，留存盈利 80 万元；其成本分别为：6%，9%，11%，11%。

问：该公司的综合资金成本率为多少？

解：根据加权资金成本公式：

$$K_W = \frac{300}{800} \times 6\% + \frac{120}{800} \times 9\% + \frac{300}{800} \times 11\% + \frac{80}{800} \times 11\% = 8.825\%$$

这是按照账面价值确定权数计算的资金成本。

【例 6-8】 上例，若普通股市价比账面上升 2%，长期债券市价比账面下降 3%，其余不变，综合资金成本率为多少？

解：普通股市价为：300 万元 × (1 + 2%) = 306 万元

长期债券市价为：120 万元 × (1 - 3%) = 116.4 万元

总资金额为：300 万元 + 116.4 万元 + 306 万元 + 80 万元 = 802.4 万元

$$K_W = \frac{300}{802.4} \times 6\% + \frac{116.4}{802.4} \times 9\% + \frac{306}{802.4} \times 11\% + \frac{80}{802.4} \times 11\% = 8.831\%$$

这是按照市场价值确定权数计算的资金成本。

3. 利用加权资金成本的筹资方案决策

不同筹资结构的加权资金成本对比，可以对筹资方案进行选择，得到不同的筹集资金成本，即边际资金成本，以决策筹资的额度。所谓边际资金成本，是指增加一个单位筹资的资金成本的增加数额，即筹资范围临界值的加权资金成本变动值。

【例 6-9】 CG 公司拥有长期资金 500 万，其中长期借款 200 万，普通股 300 万。该公司计划筹集新的资金，并维持目前的资本结构不变。随着筹资额的增加，各种资本成本的变化见表 6-7，计算各筹资总额分界点以及相应的各筹资范围内的边际资本成本。

表 6-7 资料表

资本种类	资金结构	新筹资额	资本成本
长期借款	40%	40 万元以内	4%
		40 万元以上	8%
普通股	60%	——	10%

解：进行测试，见表 6-8：

表 6-8 测试表

资本种类	资本成本	筹资范围	分界点	筹资额范围
长期借款	4%	40 万元以内	400 000 ÷ 40% = 1 000 000	100 万元以内
	8%	40 万元以上		100 万元以上
普通股	10%	——		

根据测试，进行筹资规划，见表 6-9：

表 6-9　　　　　　　　　　测试表

序号	筹资额范围	资本种类	资金结构	个别资本成本	边际资金成本
1	1 000 000 以内	长期借款	40%	4%	1.6%
		普通股	60%	10%	6.0%
	小　计				7.6%
2	1 000 000 以上	长期借款	40%	8%	3.2%
		普通股	60%	10%	6.0%
	小　计				9.2%

一个方案的资金成本为 7.6%，另一个方案为 9.2%，CG 公司可以根据情况，进行筹资的选择。

第 2 节　证券价值评估

证券价值评估，也称财务估价，或者财务估值，就是确定发行有价证券如债券、股票等的发行价格，或者持有有价证券在一定时间点上的价值。

一、债券价值评估

1. 债券概念

（1）债券（bonds），是债务人依照法定程序发行，承诺按约定的利率和日期支付利息，并在特定日期偿还本金的书面债务凭证。

（2）面值，指债券票面标出的价格。

（3）票面利率，指债券票面标出的利率。

（4）到期日，债券标明的到期日期。

2. 债券价值评估

（1）价值评估的因素。债券价值评估，是指债券按照现在的市场利率计算出的价值，等于其未来产生收益的现值。因此债券的估价是在下列因素已知的条件下进行的。这些因素有：①面值；②票面利率；③到期日；④实际利率，即市场利率。

（2）债券价值评估的基本模型。按照债券估价的定义，有等式：

$$V_Q = \frac{I_1}{1+i} + \cdots + \frac{I_n}{(1+i)^n} + \frac{M}{(1+i)^n}$$

以 M 为票面额，r 为票面利率，i 为实际利率，I 为债券利息支出，债券每年末付一次利息，如发行价格为 V_Q，则债券的现金流量表，见表 6-10：

表 6－10 现金流量表

年限	0	1	2	……	n
现金流量	V_Q	$-I$	$-I$	……	$-(M+I)$

如市场利率为 i，则债券的现值，即发行价格为：

$$V_Q = I(P/A,i,n) + M(P/F,i,n)$$

【例 6－10】 CG 公司发行债券 10 000 000 元，每张面值 100 元，票面利率 12%，期限 5 年，每年末付息一次，到期还本。如市场利率为 10%、12%、15%，分别计算其发行价格为多少？

解：（1）根据公式，如市场利率为 10%，则债券每张发行价格为：

$V_Q = 100 \times 12\% \times (P/A, 10\%, 5) + 100 \times (P/F, 10\%, 5)$

　　$= 12 \times 3.79 + 100 \times 0.62$

　　$= 107.48$（元）

（2）如市场利率为 12%，则债券每张发行价格为：

$V_Q = 100 \times 12\% \times (P/A, 12\%, 5) + 100 \times (P/F, 12\%, 5)$

　　$= 12 \times 3.604 + 100 \times 0.567$

　　$= 100$（元）

（3）如市场利率为 15%，则债券每张发行价格为：

$V_Q = 100 \times 12\% \times (P/A, 15\%, 5) + 100 \times (P/F, 15\%, 5)$

　　$= 12 \times 3.352 + 100 \times 0.497$

　　$= 89.92$（元）

根据计算结果作图，如图 6－4 所示：

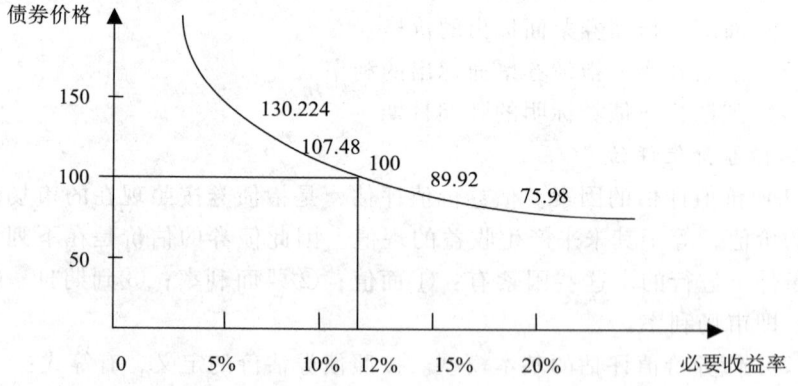

图 6－4　票面利率 12% 的 5 年期债券价格——收益率曲线

根据对比结果和图示，得出结论：

第一：

①实际利率 i ＝ 票面利率 r 时，为平价发行；

②实际利率 i ＜ 票面利率 r 时，为溢价发行；

③实际利率 i ＞ 票面利率 r 时，为折价发行；

得出一个基本对应关系：票面利率对应面值；实际利率对应债券价值。

第二：价格——收益率之间的关系不是呈直线的，而是向左下方凹的，当必要报酬率上升时，债券价格减速度下降；当必要报酬率下降时，债券价格加速度上升。

（3）债券价值与到期时间。债券价值不仅和利率有关，同债券的到期时间也有关系，到期时间由短到长时，有三种情况：

①折价情况下，即债券价值 V_Q < 面值 M，随着时间的变化呈由 V_Q（低）到 M（高）的变化；

②平价情况下，即债券价值 V_Q = 面值，没有变化；

③溢价情况下，即债券价值 V_Q > 面值 M，随着时间的变化呈由 V_Q（高）到 M（低）的变化。具体如图 6-5 所示。

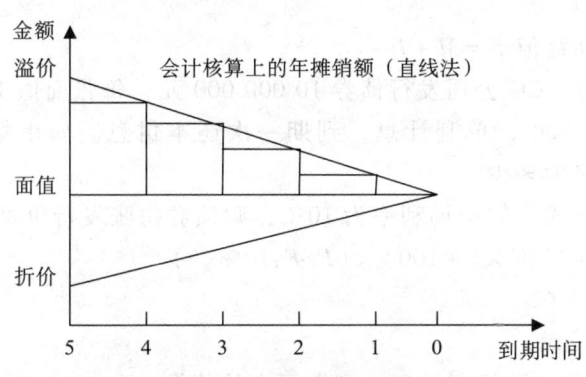

图 6-5　债券价值与到期时间的关系

市场利率不变，债券的价值随到期时间的缩短向面值回归，至到期日等于票面价值。

 知识链接

债券的溢价和折价处理，在会计核算上有直线法和实际利率法，直线法就是平均法，按年平均摊销。实际利率法，是按照实际利息和名义利息之差进行摊销，如溢价的实际利率摊销法：

实际利息 =（面值 + 溢价）× 实际利率

名义利息 = 面值 × 名义利率

摊销额 = 名义利息 - 实际利息

以【例 6-10】溢价资料为例：

会计分录为：

借：财务费用　　　　　　　　　　　10 748 000 × 10% = 1 074 800

借：应付债券　　　　　　　　　　　　　　　　　　　125 200

　　贷：应付利息　　　　　　　　10 000 000 × 12% = 1 200 000

以后"应付债券"账户余额 = 面值 + 溢价 - 累计摊销额

所以有会计分录通项公式为：

借：财务费用　　实际利息＝(面值＋溢价－累计摊销额＝应付债券余额)×实际利率

借：应付债券　　名义利息－实际利息＝摊销额

　　贷：应付利息　　名义利息＝面值×名义利率

折价同理。

(4) 债券价值与利息支付频率。债券价值和利息支付的频率也有关系，常见的有下面三种：

① 纯贴现债券，即到期一次还本付息的债券，公式：

$$V_Q = \frac{F}{(1+i)^n}$$

式中：到期终值 $F = M + I$

【例 6－11】 CG 公司发行债券 10 000 000 元，每张面值 100 元，票面利率 12%，期限 5 年，单利计息，到期一次还本付息。如市场利率为 10%，计算其发行价格为多少？

解：根据公式，如市场利率为 10%，则债券每张发行价格为：

$$V_Q = (100 \times 12\% \times 5 + 100) \times (P/F, 10\%, 5)$$

$$= 160 \times 0.62$$

$$= 99.2 （元）$$

② 平息债券，即每期付息，到期还本的债券，公式：

$$V_Q = \frac{I_1}{1+i} + \cdots + \frac{I_n}{(1+i)^n} + \frac{M}{(1+i)^n}$$

③ 永久债券，即每期付息无到期日的债券，公式：

$$V_Q = \frac{利息额}{必要报酬率} = \frac{I}{i}$$

(5) 流通债券的价值评估。流通债券就是已经发行过的，在市场上流通的债券，也称二手债券。其价值估价有其特点：①到期时间小于发行在外时间；②价值评估时间为任意，在购买时进行估价。

二手债券的价值评估方法：①已流通期和未到期的价值分别计算；②流通期收益值先折为一定时间现值，未到期未来收益值再折现，最后求和。

【例 6－12】 如【例 6－10】CG 债券已经流通 2 年，现投资者要求报酬率为 14%，问债券的价值应该是多少？

解：债券到期还有 3 年，根据公式，每张债券价值：

$$V_Q = 100 \times 12\% \times (P/A, 14\%, 3) + 100 \times (P/F, 14\%, 3)$$

$$= 12 \times 2.321 + 100 \times 0.674$$

$$= 95.25 （元）$$

【例 6－13】 如【例 6－11】CG 债券已经流通 2 年，现投资者要求报酬率为 14%，问债券的价值应该是多少？

解：债券已经持有 2 年，含有利息：
$I = 100 \times 12\% \times 2 = 24$（元）
到期还有 3 年，根据公式，每张债券价值：
$V_Q = 24 + (100 \times 12\% \times 3 + 100) \times (P/F, 14\%, 3)$
$ = 24 + 136 \times 0.674$
$ = 115.664$（元）

3. 债券收益率

到期债券收益率，是指债券在目前证券市场上自身价值所包含的收益率，就是债券的现值和未来收益值相等时的收益率，也称内含报酬率。

【例 6–14】 CG 公司持有 A 公司债券 5 000 000 元，每张面值 100 元，票面利率 12%，期限 3 年，每年付息一次，到期还本。如债券现在市价分别为 106 元和 90 元，计算 CG 公司持有至到期日时，债券的收益率分别为多少？

解：（1）根据定义有：
$106 = 100 \times 12\% \times (P/A, i, 3) + 100 \times (P/F, i, 3)$
债券溢价发行，可知收益率应该小于 12%，选取 10% 测试，得：
$V = 100 \times 12\% \times (P/A, 10\%, 3) + 100 \times (P/F, 10\%, 3)$
$ = 12 \times 2.486 + 100 \times 0.751$
$ = 104.93$（元）
再选 8% 测试，得：
$V = 100 \times 12\% \times (P/A, 8\%, 3) + 100 \times (P/F, 8\%, 3)$
$ = 12 \times 2.577 + 100 \times 0.793$
$ = 110.2$（元）
可知市价在 106 元时，债券收益率在 8% 到 10% 之间，采用内插法，计算：
$$\frac{8\% - 10\%}{110.2 - 104.93} = \frac{8\% - i}{110.2 - 106}$$
得：$i = 9.59\%$

（2）测试时，可能会多次选值，才能达到要求。为了测试方便，也可以做测试表进行测试，见表 6–11：

表 6–11　　　　　　　　测试表

项目	1	2	3	年金现值系数	一元现值系数	现值合计	选择点
现金流量	12	12	112				
$i = 14\%$				2.321	0.674	95.252	
$i = 18\%$				2.174	0.608	86.888	√
$i = 15\%$				2.283	0.657	93.096	
$i = 16\%$				2.245	0.64	90.94	√

经过多次测试，可知债券市价在 90 元时，收益率在 16% 到 18% 之间，

采用内插法计算：

$$\frac{16\% - 18\%}{90.94 - 86.888} = \frac{16\% - i}{90.94 - 90}$$

得：$i = 16.46\%$

二、股票的价值评估

1. 基本概念

(1) 股票（stock），是指股份有限公司为筹措股权资本而发行的有价证券，是持股人拥有公司股份的凭证。

(2) 股票价格，是指股票的现时价格，即股市交易盘上的价格。从表面上看股票价格是股票交易双方相互交易的价格，但本质上，股票价格取决于股利的资本化，即股利的现值。

股票价格，除特殊情况外，一般用当日收盘价标明。

(3) 股利，也称红利，特指对持有股票投资者的分红。股利的形式有现金股利、股票股利和实物股利等。

2. 股票价值评估

根据股票价格的实质，有股票价值评估的基本模型如下：

$$V = \frac{d_1}{1+i} + \cdots + \frac{d_n}{(1+i)^n}$$

式中　V：股票价值；

d_n：第 n 期的股利；

i：市场利率。

由于股票股利是随着公司的经营业绩分配的，每年股票股利也是有变化的，不同的变化有不同的估价模型，分三种情况分别介绍：

(1) 零增长股票价值评估。零增长股票价值，也称固定股利模型。如以 V_p 表示优先股发行价格，D 为股票面值，d 为股利，如果股票股利是固定的，则现金流量表见表 6-12：

表 6-12　　　　　　　现金流量表

年限	0	1	2	……	n
现金流量	V_p	$-d$	$-d$	……	$-d$

由于股票只需支付股利，无需还本，固定股利模型就是永续年金，则股票的发行价为：

$$V_p = \frac{d}{i}$$

【例 6-15】　CG 公司发行优先股股票 1 000 000 股，每股面值 1 元，每股年股利率 12%，市场利率为 5%。计算其发行价格为多少？

解：根据公式，股票发行价格为：

$$V_p = \frac{12\%}{5\%} = 2.4(元)$$

当然，财务估价也可以用于对股票价值的评估，如果上例中，股票的市值为每股 2.2 元，意味着股票的市值没有反应出股票的内在价值，在不考虑其他因素下，该股票可以建仓；反之，如果股票的市值高于 2.4 元，意味着股票的市值高于股票的内在价值，不应购买。

特别提示

股票市场上，影响股价的不仅仅是公司的盈利所带来的股利率。影响股价的核心因素有三个：盈利，流动性和风险偏好。资产端的公司盈利以年股利率表现出来，资金端的流动性以市场利率表示出来，这两个方面是股票价格的基础。风险偏好是一个主观的因变量，对股价的影响在第 7 章专门论述。

（2）固定增长股票价值评估。对于股票，由于其风险大，没有设定的股利，每年的股利是不相同的，它假定股票售价等于未来各年股利的现值。

如以 V_c 为股票发行价格，g 为普通股股利的年增长率，d_0 为第 1 年年初股利（或者时刻 0），d_1 为第 1 年年末股利（或者时刻 1），则普通股现金流量表见表 6-13：

表 6-13　　　　　　　　　现金流量表

年限	0	1	2	……	n
现金流量	V_c	$-d_0(1+g)$	$-d_0(1+g)^2$	……	$-d_0(1+g)^n$

如实际利率为 i，股票发行价格为：

$$V_c = \sum_{t=1}^{n} \frac{d_0(1+g)^t}{(1+i)^t} \quad (0 < g < i)$$

$$= d_0 \left[\sum_{t=0}^{n} \frac{(1+g)^t}{(1+i)^t} - 1 \right]$$

$$= d_0 \left[\frac{1}{1 - \frac{1+g}{1+i}} - 1 \right]$$

$$= d_0 \frac{(1+g)}{i-g}$$

设 $d_1 = d_0(1+g)$，则上式为：

$$V_c = \frac{d_1}{i-g}$$

【例 6-16】　CG 公司欲发行普通股 4 000 000 股，每股面值 1 元，今年期望股利每股 0.1 元，预计以后每年股利增长 5%，市场利率为 10%。

计算：（1）其发行价格为多少？

（2）计算 3 年后的股价为多少？

解:(1) 根据公式,其发行价格为:

$$V_c = \frac{0.1}{10\% - 5\%} = 2(元)$$

(2) 因为第一年末股利为0.1,3年后,其股利为 $d_3 = d_1(1+g)^2 = 0.1(1+5\%)^2 = 0.1103$(元)

所以,3年后股价为:

$$V_3 = \frac{0.1103}{10\% - 5\%} = 2.206(元)$$

【例6-17】 CG公司宣告的普通股股利为0.3元,预计以后每年股利增长5%,市场利率为10%。计算其价格为多少?

解:因为股票含有未支付股息,则估价时要包括股息,其价格为:

$$V_c = 0.3 + \frac{0.3(1+5\%)}{10\% - 5\%} = 6.6（元）$$

(3) 非固定增长股票价值评估。非固定增长股票价值需要按照各年所得,分别计算现值进行估值。为了便于计算,选择在一定时间段后,以固定增长率增长的股票进行介绍。

【例6-18】 CG公司前两年一直没有分配股利,预计在第3年分配股利为0.1元,预计以后每年股利增长5%,市场利率为10%。计算其价格为多少?

解:根据题意,可做表6-14:

表6-14　　　　　　　　　　现金流量表

年限	0	1	2	3	……	n
现金流量	V_c	0	0	-0.1	……	$-0.1(1+5\%)^{n-2}$

根据公式有:

$$V_3 = \frac{0.1(1+5\%)}{10\% - 5\%} = 2.1 （元）$$

$V_0 = (2.1+0.1) \times (P/F, 10\%, 3) = (2.1+0.1) \times 0.751 = 1.6522$（元）

如果前两年有股利,还需要分别计算,再合计折现。

【例6-19】 如【例6-18】中第一年、第二年股利分别为0.5元、0.4元,则有:

第1年股利现值 = $0.5 \times (P/F, 10\%, 1) = 0.5 \times 0.909 = 0.4545$（元）

第2年股利现值 = $0.4 \times (P/F, 10\%, 2) = 0.4 \times 0.826 = 0.3304$（元）

有:$V_0 = 0.4545 + 0.3304 + 1.6522 = 2.4371$（元）

股票价格为2.4371元。

3. 股票的收益率

股票收益率就是资金成本计算公式:

$$R = \frac{d_1}{V} + g$$

股票收益率 R 中包括两个部分，即 $\frac{d_1}{V}$ 和 g，第一部分 $\frac{d_1}{V}$ 叫做股利收益率，是现金股利和股价之比；第二个部分 g 是增长率，因为股利增长的速度也就是股价增长的速度，所以，增长率就是资本利得收益率，也就是投资价值的增长率。

【例 6-20】 如 CG 公司的股票股价现在为 10 元，预计年末股利为 0.3 元/股。预计以后每年股利增长 5%。计算其收益率为多少？

解：根据公式计算得：

$$R = \frac{0.3}{10} + 5\% = 8\%$$

根据股票估值进行验证，计算一年后股票价格 V_c：

$$V_c = \frac{0.3(1+5\%)}{8\% - 5\%} = 10.5 (元)$$

1 年后的股票价格，正好是现在股价 10 元，按照 5% 的增长率的计算结果。所以，投资了 10 元，1 年后的收益股利 0.3 元，资本所得 10.5 元 - 10 元 = 0.5 元。股利收益率 3%，资本利得收益率 5%，股票收益率为两者合计 8%。

本 章 小 结

> 本章主要介绍了：
> 1. 资金（本）成本的含义、资金成本的计算与应用；
> 2. 加权资金成本的计算和应用；
> 3. 债券价值评估的计算与应用；
> 4. 股票价值评估的计算与应用。
>
> 通过学习，可以了解到资金成本和证券价值评估是货币时间价值运用的两个方面，需要融会贯通。

 名人名言

经济的复杂的分析方法不仅仅是花样子。它们是改善人类生活的工具。

——亚瑟·塞西尔·庇古

所谓资本之边际效率，乃等于——贴现率，用此贴现率将该资本资产之未来收益折为现值，则该现值恰等于该资本资产之供给价格。

——凯恩斯

经济就像是一个巨大的电脑，他能通过逐步的解析计算出巨大数额的价格方程式的数学答案。

——瓦西里·里昂惕夫

练 习 题

1. 选择题

(1) 某公司发行普通股 600 万元,预计第 1 年股利率为 14%,以后每年增长 2%,筹资费用率为 3%,该普通股的资本成本为(　　)。

A. 14.43%　　　　　　　　　　B. 16.43%

C. 16%　　　　　　　　　　　　D. 17%

(2) 某公司优先股股票面值为 50 元,约定年股利额为 9 元/股,公司预期收益率为 15%,则该优先股股票的价值为(　　)。

A. 60 元　　　　　　　　　　　B. 50 元

C. 80 元　　　　　　　　　　　D. 100 元

(3) 一般情况下,根据风险收益对等观念,各筹资方式下的资本成本由大到小依次为(　　)。

A. 普通股、公司债券、银行借款　　B. 公司债券、银行借款、普通股

C. 普通股、银行借款、公司债券　　D. 银行借款、公司债券、普通股

2. 判断题

(1) 银行借款的资金成本就是借款利率。(　　)

(2) 股票资金成本计算是应考虑所得税税率问题。(　　)

(3) 债券估值是为了买卖债券,所以债券估值估的是债券的到期价值。(　　)

(4) 股票估值时,已宣告未支付的股利一般不用考虑。(　　)

3. 问答题

(1) 资本成本的本质是什么?

(2) 证券价值评估的本质是什么?

(3) 股票估值的增长模型中股利增长率的实质是什么?

(4) 请查阅资料,阐述边际资金成本的概念和运用。*

(5) 查阅资料,简述戈登公式:$V_c = \dfrac{d_1}{i-g}$的假设是什么?*

(6) 股票估值分为绝对估值、相对估值和混合估值,请查阅资料,阐述其基本含义和估计的具体方法。*

4. 计算题

(1) 计算填空题,见表 6-15。

表 6-15

项目	期限	筹资额(元)	筹资费率%	利率%	所得税税率%	资金成本%
银行借款	1 年	1 000 000		8.5	20	
银行借款	2 年	2 000 000		8.5	20	

续表

项目	期限	筹资额（元）	筹资费率%	利率%	所得税税率%	资金成本%
银行借款	3年	3 000 000		10	20	
银行借款	3年	3 000 000		10	15	
债券	3年	3 000 000	2	8.5	20	
债券	4年	4 000 000	2	8.5	20	
债券	4年	4 000 000	2	10	20	
债券	4年	4 000 000	2	10	15	

（2）甲公司发行优先股股票1 000 000股，每股面值1元，发行价5元，筹资费率3%，每股年股利率15%。计算资金成本为多少？

（3）乙公司发行优先股股票1 000 000股，每股面值1元，发行价5元，筹资费率3%，每股年股利率15%，预计每年股利增长率为5%。计算资金成本为多少？

（4）A公司购货1 000 000元，付款条件3/10、1/20、n/30，如购货单位30天付款，计算资金成本为多少？

（5）B公司欲发行普通股4 000 000股，每股面值1元，今年期望股利每股1元，预计以后每年股利增长5%，市场利率为10%。计算其发行价格为多少？

（6）C公司欲发行普通股4 000 000股，每股面值1元，预计前5年期望股利分别为每股1元、2元、3元、3元、3元，5年后预计每年股利稳定增长5%，市场利率为15%。计算其发行价格为多少？

5. 综合计算题*

（1）某公司拥有长期资金400万，其中长期借款100万，普通股300万。该公司计划筹集新的资金，并维持目前的资本结构不变。随着筹资额的增加，各种资本成本的变化如表6-16，计算各筹资总额分界点以及相应的各筹资范围内的边际资本成本。

表6-16　　　　　　　　　　　　　　　资料表

资本种类	新筹资额	资本成本
长期借款	40万元以内	4%
	40万元以上	8%
普通股	75万元以内	10%
	75万元以上	12%

（2）某公司拥有长期资金500万，其中长期借款200万，普通股300万。该公司计划筹集新的资金，并维持目前的资本结构不变。随着筹资额的增加，各种资本成本的变化如表6-17，计算各筹资总额分界点以及相应的各筹资范围内的边际资本成本。

表 6-17　　资料表

资本种类	新筹资额	资本成本
长期借款	30 万元以内	6%
	30 万元~80 万元	7%
	80 万元以上	8%
普通股	60 万元以内	12%
	60 万元以上	14%

6. 分析题

请以当前的上年为截止期,查阅贵州茅台近 5 年年末的股价,以及股利分配和资产报酬率(或者净资产报酬率)的资料,并绘制股价、每股股利分配和资产报酬率变化图(时间为横轴,股价、股利分配和资产报酬率为纵轴),并分析验证股票估价模型。

第 7 章 风险与报酬

教学目标

通过本章的学习,熟练掌握单项资产风险与报酬的计量,熟练掌握资本资产定价模型的原理与应用分析,掌握贝塔系数的计算。

教学要求

知识要点	能力要求	相关知识
风险价值	(1) 风险报酬的概括和理解能力 (2) 风险报酬的运用能力	(1) 报酬的种类 (2) 风险的计量 (3) 标准差的计算
资产组合收益和风险	(1) 深入理解和掌握资产组合 (2) 资产组合风险的运用	(1) 资产组合的风险 (2) 非系统风险 (3) 系统风险 (4) 贝塔系数的计算
资本资产定价模型	(1) 理解和掌握资本资产定价模型 (2) 资本资产定价模型的运用	(1) 风险和收益的关系 (2) 资本资产定价模型

> 不要把你所有的鸡蛋都放在一个篮子里。
>
> ——詹姆斯·托宾

基本概念

报酬	报酬率	必要报酬率	期望报酬率	实际报酬率
风险	市场风险	不可分散风险	系统风险	可分散风险
非系统风险	经营风险	商业风险	财务风险	筹资风险
效用	最大效用原理	风险爱好	风险中立	风险厌恶
风险报酬	期望值	方差	标准差	资产组合
市场报酬率	资本资产定价模型			

 **导入案例**

最大的窃贼

美国摩根大通投资银行对《福布斯》杂志最近20年的全球首富排行榜进行研究,发现在400位曾进入过全球富豪排行榜的名流中,只有1/5的人能够维持其地位。

短短的20年,4/5的富豪们就风光不再,他们被无情地抛到了全球富豪榜之外。然而,是谁盗走了他们的财富呢?

统计表明,盗走富豪们财富的主要有三大"窃贼":一是投资失误,二是重税,三是挥霍无度。

这三大"窃贼"中,除了"重税"是来自外部的"窃贼","投资失误"和"挥霍无度"这两大"窃贼"都是出自自身。

看来,盗走富豪们财富的最大窃贼,不是来自别人或外部环境,而是来自自身的"风险"。自己才是盗走自己财富的最大窃贼。

(黄小平. 最大的窃贼 [N]. 广州日报 2012-08-18)

 **点评:** 无限风光在险峰。

风险是趋利因素的结果,风险价值决定投资行为,一切经济活动都有风险,风险大收益大,风险与收益成正比,正所谓:"无限风光在险峰",为了实现企业的目标,企业都会考虑风险价值以达到最大的收益,所以,风险价值是超额投资收益。本章主要介绍风险价值的含义、风险价值的计算和运用等。

第1节 风险报酬的概念

一、风险报酬的含义与种类

1. 报酬的含义与种类

报酬(return),是指一定时期内投资者投资于某资产所获得的回报。

报酬率,即"租用"货币的价格。

报酬率有三个不同的概念:

(1)必要报酬率(required return),是指准确反映期望未来现金流量风险的报酬。我们也可以将其称为人们愿意进行投资(购买资产)所必需赚得的最低报酬率。估计这一报酬率的一个重要方法是建立在机会成本的概念上:

必要报酬率是同等风险的其他备选方案的报酬率，如同等风险的金融证券。

（2）期望报酬率（expected rate of return），是指各种可能的报酬率按概率加权计算的平均报酬率，又称为预期值或均值。它表示在一定的风险条件下，期望得到的平均报酬率。

（3）实际报酬率（real rate of return），是指投资人投入某资产或投资工具后，实际获得的报酬率，是一种事后或已实现的报酬率，亦即在损益已经发生的情形下计算而得。

2. 风险的含义与种类

（1）风险的含义。风险（risk），是指无法达到预期报酬的可能性。在企业的各项财务活动中，由于各种难以预料或无法控制的因素作用，使企业的实际收益与预计收益发生背离，从而蒙受经济损失的可能性。

风险一词最早来源是航海时，航行经常遭受大风带来的影响，发生翻船等危险。风险是预期结果的不确定性。包含了危险——损失；也包含着机会——收益。所以，在资本市场上，一方面讲，风险是财富的绞肉机，被吞噬得无影无踪；另一方面而言，风险也是财富的膨化器，扩大到令人窒息。

 知识链接

奈特（Frank Hyneman Knight）在《风险、不确定性和利润》一书中认为，不确定性是"在任何一瞬间个人能够创造的那些可被意识到可能状态之数量"。

不确定性的产生有四个来源：一是人们是根据现在的情况推断未来，但对眼前情况的认识却不一定正确；二是对人们所做的如果不加干涉，情况会怎样的预料也不一定正确；三是人们对干涉究竟会引起一些什么样的变化亦未必真正了解；四是人们在从事行动时，其结果未必完全与希望的相符合①。

在《风险、不确定性和利润》一书中，用"风险"指可度量的不确定性，用"不确定性"指不可度量的风险。

奈特区分风险与不确定性的哲学意义在于：风险是一种人们可知其概率分布的不确定，但是人们可以根据过去推测未来的可能性；而不确定性则意味着人类的无知，因为不确定性表示着人们根本无法预知没有发生过的将来事件，它是全新的、惟一的、过去从来没有出现过的。

奈特还分析了减少不确定性的两种方法。一是集中化，保险就是这种形式的代表。保险公司利用不确定性结果的相互抵补，将众多偶然事件集中到一起，从而把投保者的较大不确定性损失转变成较小的保险费。二是专业化，企业的联合有助于克服不确定性。企业通过增加生产规模可以减少不确定性的控制成本，因为大企业的成本水平总是低于小企业。随着企业规模的增加，专业化决策能够减少控制成本的不确定性，同时也能产生更熟练的技能，以

---

① 转引林斌．论不确定性会计［M］．中国财政经济出版社，2000：21.

更好地应对不确定性。

诺贝尔经济学奖获得者阿罗（Arrow）说："人类的合作行为是为了扩展个人理性。"

（2）风险的分类。

①按照风险发生的范围（作用的结果）分类，从个别投资者角度来分析，可分为市场风险（不可分散风险）和公司特有风险（可分散风险）。

市场风险（market risk），也称不可分散风险，系统风险（systematic risk），指市场中无法通过分散投资来消除的风险。也就是对所有企业产生影响的因素引起的风险。比如利率、经济衰退、战争，这些都属于不可通过分散投资来消除的风险。

公司特有风险（company – specific risk），也称可分散风险，非系统风险（unsystematic risk），是指发生于个别企业的特有事件造成的风险，如新产品开发失败、诉讼败诉、停工罢工等。

②按照风险发生的原因分类，从企业本身来分析，对于特定企业而言，企业特有风险可进一步分为经营风险和财务风险。

经营风险，也称商业风险，是指因生产经营方面的原因给企业目标带来不利影响的可能性。公司的决策人员和管理人员在经营管理中出现失误而导致公司盈利水平变化从而产生投资者预期收益下降的风险，如企业的市场销售、生产成本、生产技术等方面的不确定所带来的风险。

财务风险（financial risk），又称筹资风险，是指由于举债而给企业目标带来不利影响的可能性。因借款而增加的风险，是筹资决策带来的风险。财务风险是指公司财务结构不合理、融资不当使公司可能丧失偿债能力而导致投资者预期收益下降的风险。

【例7 – 1】企业2018年总资本2 000 000元，净利润200 000元，资产利润率10%。现有三个筹资决策的财务风险分析：

（1）借鸡生蛋。

借款2 000 000，利率5%，资产4 000 000元。按10%的资产利润率，利润为400 000元，利息100 000元，净利润300 000元。

分析：资产利润率10% > 利率5%，企业有利可图，借款的净利润300 000元比不借款的净利润200 000元，多了100 000元。借鸡生蛋，财务"风险"带来收益。

（2）举债经营。

借款4 000 000，利率10%，资产6 000 000元。按10%的资产利润率，利润为600 000元，利息400 000元，净利润200 000元。

分析：资产利润率10% = 利率10%，企业"无利可图"，借款的净利润200 000元等于不借款的净利润200 000元。"举债经营"，挣个职工工资的钱。

（3）"负"债经营。

借款 8 000 000，利率 15%，资产 10 000 000 元。按 10% 的资产利润率，利润为 1 000 000 元，利息 1 200 000 元，净利润 -200 000 元。

分析：资产利润率 10% < 利率 10%，企业无利可图，借款的净利润 -200 000 元比不借款的净利润 200 000 元，少了 400 000 元。"负"债经营，为银行打工，形成财务风险。

二、效用理论*

1. 效用理论

（1）效用和效用原理。效用（utility），是指对于消费者通过消费或者享受闲暇等使自己的需求、欲望等得到的满足的一个度量。奈特认为"满足自觉欲望的能力，或是被需要的性质，就是经济学意义上的效用。"①

在风险和不确定条件下，个人的决策行为准则是为了获得最大期望效用值而非最大期望金额值，称为最大效用原理。犹如人们常说，半杯水明摆在那，乐观者说这有半杯水，悲观的人却看到半只空杯。

（2）效用的表现。实际上，可以用个人的确定性值和风险投资的期望值的关系，来定义个人对风险的偏好，如下：

风险爱好　　　　　　确定性值 > 期望值
风险中立　　　　　　确定性值 = 期望值
风险厌恶　　　　　　确定性值 < 期望值

所以，确定性值 - 期望值 = 风险报酬。

趋利避凶是人的本性。是趋利还是避凶，就看人怎么权衡了。可以用效用理论来回答，如图 7-1 所示：

明斯基时刻

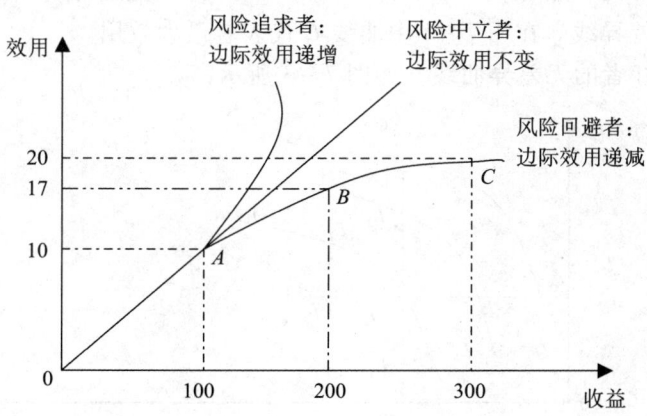

图 7-1　效用函数曲线——收益与效用的关系

风险回避的曲线，收益从 0 到 100，增加 100，效用增加为 10；收益从 100 到 200，还是增加 100，效用增加为 7；收益从 200 到 300，也是 100，效

---

① ［美］奈特著．安佳译．风险、不确定性和利润［M］．商务出版社，2015：60．

用变为只有 3 了。表现为收益增加，效用下降，在数学上是一阶导数大于 0，二阶导数小于 0。

风险中立者的曲线，收益和效用同比例变化。

而风险追求的曲线，同风险回避曲线相反，在数学上，其一阶导数大于 0，二阶导数大于 0。

2. 追求效用最大化

（1）无差异曲线。风险厌恶者的无差异曲线，如图 7-2 所示：

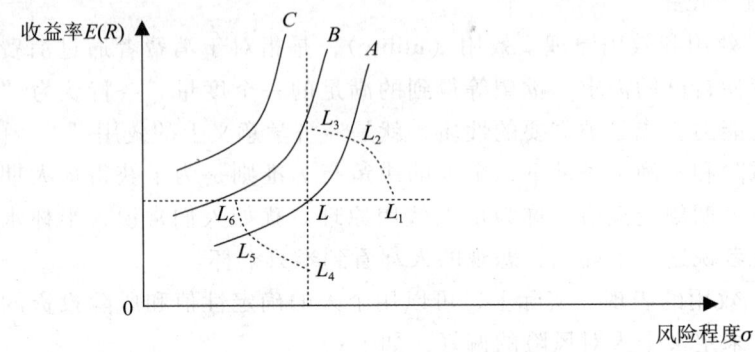

图 7-2　风险厌恶者的无差异曲线

不同水平的曲线代表着效用大小，水平越高，效用越大。

对比 L 点与 L_1、L_2、L_3，L 点与 L_1 点，效用相同，风险不同；L 点与 L_3 点，效用不同，风险相同；L 点与 L_2 点，效用相同，风险相同，所以，L 和 L_2 为无差别点。

同理，对比 L 点与 L_4、L_5、L_6，L 和 L_5 为无差别点。这些无差异点形成的 A 线为无差异线。在图 7-2 中曲线 C 代表着最大效用。

风险爱好者的无差异曲线，如图 7-3 所示：

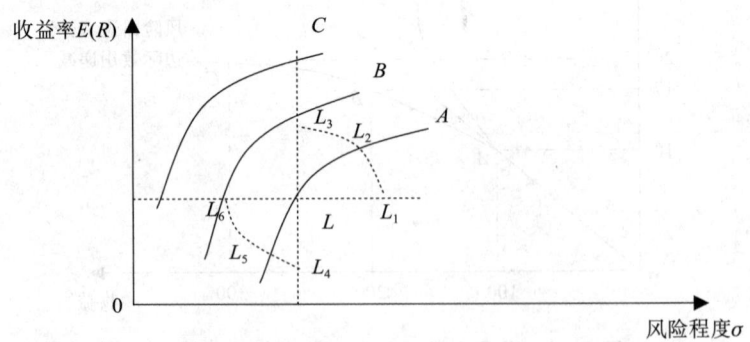

图 7-3　风险爱好者的无差异曲线

对比 L 点与 L_1、L_2、L_3，L 和 L_2 为无差异点；对比 L 点与 L_4、L_5、L_6，L 和 L_5 为无差异点。这些无差别点形成的 A 线为无差异线。在图 7-3 中曲线 C 代表着最大效用。

风险中立者的无差异曲线，如图 7-4 所示：

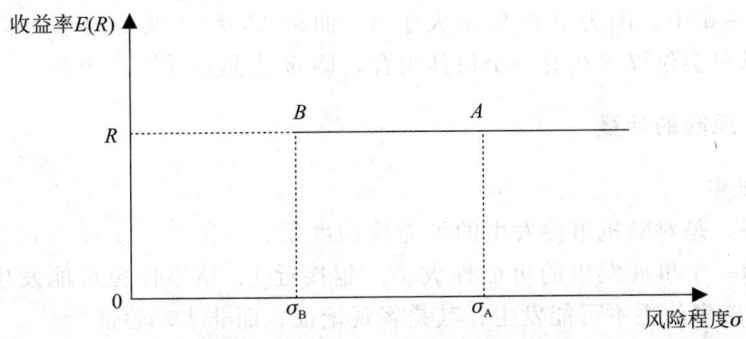

图7-4 风险中性者的无差异曲线

从图7-4中可知,AB线段上,不管风险如何变化,而收益率是不变的。

(2) 资产组合的有效边界。在资产组合理论中,假设资产互不相干,三个以上风险资产进行组合时,各种不同风险与收益水平的资产组合分布在一个双曲线,或者如斜伞形的区间内,图7-5所示:

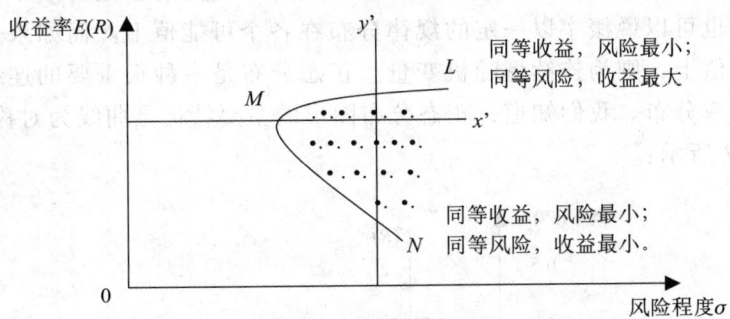

图7-5 风险资产组合的分布

图7-5中,x'线是同等收益,风险变化;y'线是同等风险,收益变化。可以看出LM曲线和x'线围成的区域中,曲线LM段上不仅是同等收益下风险最小,而且同等风险下收益最大;MN段和x'线区域内,MN曲线虽然同等收益,风险最小,但也是同等风险下,收益最小。

(3) 效用最大化。把上面图7-2和7-5两图叠加后得到图7-6。

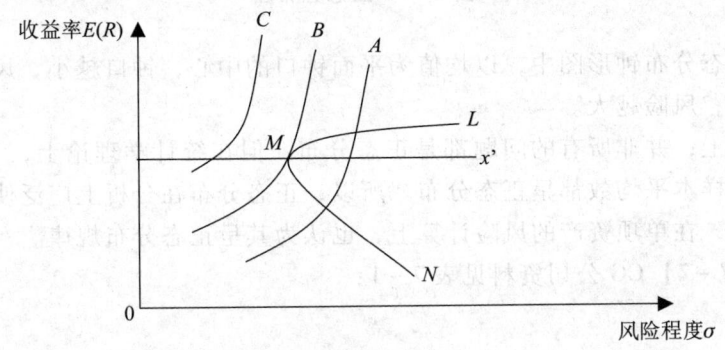

图7-6 最佳资产组合的确定

图 7-6 中,因为 B 线效用大于 A,曲线 LN 和 A 线的交点不会优于 M 点,所以只会仅仅存在着一个最佳组合,即 M 点是最佳资产组合。

三、风险的计量

1. 概率

概率,是对随机事件发生的可能性的度量,一般以一个在 0 到 1 之间的实数表示一个事件发生的可能性大小。越接近 1,该事件更可能发生;越接近 0,则该事件更不可能发生,其是客观论证,而非主观验证。

没有无"风险"的投资,只是风险还没有出现。因此,在衡量风险可能性大小时需要引入"概率"。

2. 概率分布

概率分布,主要用以表述随机变量取值的概率规律。

随机变量分为离散型随机变量与连续型随机变量两种。所谓离散型随机变量,是指有些随机变量,它全部可能取到的不相同的值是有限个或可列无限多个,也可以说概率以一定的规律分布在各个可能值上。而如果分布在无数个可能值上,则为连续型随机变量。正态分布是一种很重要的连续型随机变量的概率分布。我们知道,正态分布图形的主要特征是曲线为对称的钟形。如图 7-7 所示:

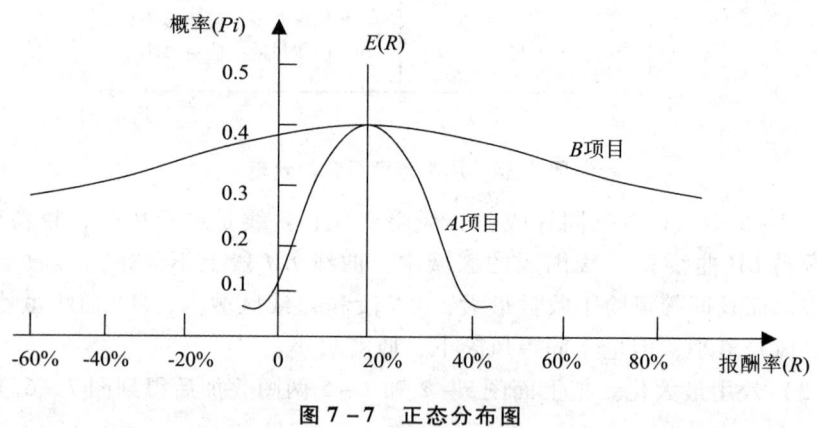

图 7-7 正态分布图

在正态分布钟形图中,以均值为平面钟口的中心,钟口越小,风险越小;钟口越大,风险越大。

实际上,并非所有的问题都是正态分布,但在统计学理论上,当样本很大时,其样本平均数都呈正态分布。所以,正态分布在分析上广泛使用。

因此,在单项资产的风险计算上,也认为其呈正态分布规律。

【例 7-2】CG 公司资料见表 7-1:

表 7-1　　　　　　　　　　　　　项目未来经济情况表

状况	概率（P_i）	A 项目报酬率/%	B 项目报酬率/%
好	0.3	30	90
一般	0.4	20	20
不好	0.3	10	-50
合计	1		

A、B 项目的收益率分布呈正态分布。那么，如何评估 CG 公司 A、B 项目的风险呢？从概率分布上看，A 方案的报酬比较集中；而 B 方案的报酬却较分散。从感觉上，是不是 B 的风险更大一些呢？那么从定量分析是不是如此呢？

衡量风险的指标，主要有正态分布下的投资收益率的方差、标准差和标准离差率。

3. 期望报酬率

所谓期望报酬率，也称为期望收益率，就是估计未来收益率的各种可能结果，然后，用它们出现的概率对这些估计值做加权平均。公式为：

$$E(R) = \sum_{i=1}^{n} R_i P_i$$

式中 $E(R)$：期望收益率；

R_i：第 i 种状态的报酬率；

P_i：第 i 种状态的概率。

4. 收益率的方差

方差（variance）用来度量随机变量和均值之间的偏离程度。一般用符号 σ^2 表示，公式为：

$$\sigma^2 = \sum_{i=1}^{n} [R_i - E(R)]^2 P_i$$

5. 收益率的标准差

标准差（standard deviation）也是反映资产收益率的各种可能值与其期望值之间的偏离程度的指标。标准差等于方差的开方，计算公式为：

$$\sigma = \sqrt{\sum_{i=1}^{n} [R_i - E(R)]^2 P_i}$$

标准差和方差都是用绝对数来衡量资产的风险大小，在预期收益率相等的情况下，标准差或方差越大，则风险越大；标准差或方差越小，则风险越小。

因此，【例 7-2】CG 公司 A 项目有关指标的计算，见表 7-2。

表 7-2　　　　　　　　　　　A 项目有关指标计算表

概率（P_i）	A 项目报酬率/%（R_i）	R_iP_i	$[R_i-E(R)]^2$	$[R_i-E(R)]^2 P_i$
1 列	2 列	3 列 = 1 列 × 2 列	4 列 =（2 列 - 期望值）^{2}	5 列 = 4 列 × 1 列
0.3	30	9	0.01	0.003
0.4	20	8	0	0
0.3	10	3	0.01	0.003
期望值/% $E(R)$		20		
方差（σ^2）				0.006
标准差/%（σ）				7.7

CG 公司 B 项目有关指标的计算，见表 7-3。

表 7-3　　　　　　　　　　　B 项目有关指标计算表

概率（P_i）	B 项目报酬率/%（R_i）	R_iP_i	$[R_i-E(R)]^2$	$[R_i-E(R)]^2 P_i$
1 列	2 列	3 列 = 1 列 × 2 列	4 列 =（2 列 - 期望值）^{2}	5 列 = 4 列 × 1 列
0.3	90	27	0.49	0.147
0.4	20	8	0	0
0.3	-50	-15	0.49	0.147
期望值/% $E(R)$		20		
方差（σ^2）				0.294
标准差/%（σ）				54

根据计算结果可知：B 方案的风险大于 A 方案。

标准差或方差指标衡量的是风险的绝对大小，因此不适用于比较具有不同预期收益率的资产的风险。

6. 收益率的标准离差率

标准离差率，是资产收益率的标准差与期望值之比，也可称为变异系数（coefficient of variance）。用符号 V 表示，其计算公式为：

$$V = \frac{\sigma}{E(R)}$$

标准离差率是一个相对指标，它表示某资产每单位预期收益中所包含的风险的大小。一般情况下，标准离差率越大，资产的相对风险越大；标准离差率越小，资产的相对风险越小。标准离差率指标可以用来比较预期收益率不同的资产之间的风险大小。

当 $E(R)$ 相同时，σ 越大，风险越大；$E(R)$ 不同时，利用 σ 不能确定风险。

当 $E(R)$ 不同时，V 越大，风险越大。

特别提示

当均值相同时，可按标准差评价风险；当均值不同时，用变化系数评价风险。

当不知道或者很难估计未来收益率发生的概率以及未来收益率的可能值时，可以利用收益率的历史数据去近似地估算预期收益率及其标准差。标准差可用下列公式进行估算:

$$标准差 = \sqrt{\frac{\sum_{i=1}^{n}(R_i - \bar{R})^2}{n-1}}$$

其中：R_i：数据样本中各期的收益率的历史数据；

$\bar{R}$：各历史数据的算术平均值；

n：样本中历史数据的个数。

【例 7-3】CG 公司资料见表 7-4：

表 7-4　　　　　　　　股票未来经济情况表

状况	概率（P_i）	甲项目报酬率%	乙项目报酬率%
牛市	0.3	60	30
一般	0.4	30	20
熊市	0.3	-20	10
合计	1		

要求：以标准离差率，分析甲、乙项目风险？

解：计算如下：

(1) 计算期望值：

甲的期望报酬率 $E(R) = 0.3 \times 60\% + 0.4 \times 30\% + 0.3 \times (-20\%) = 24\%$

乙的期望报酬率 $E(R) = 0.3 \times 30\% + 0.4 \times 20\% + 0.3 \times 10\% = 20\%$

甲、乙的期望报酬率不相同。

(2) 计算方差：

甲的方差 $= (60\% - 24\%)^2 0.3 + (30\% - 24\%)^2 0.4 + (-20\% - 24\%)^2 0.3 = 9.84$

乙的方差 $= (30\% - 20\%)^2 0.3 + (20\% - 20\%)^2 0.4 + (10\% - 20\%)^2 0.3 = 6$

(3) 计算标准差：

甲的标准差 $\sigma = 3.13$

乙的标准差 $\sigma = 2.45$

(4) 计算标准离差率：

甲的标准离差率 $V = 3.13 \div 24\% = 13.04$

乙的标准离差率 $V = 2.45 \div 20\% = 12.25$

根据计算可知，甲方案的风险较大。

评估风险后，就要采取相应的措施应对，应对风险的策略有：回避、降低、转移和接受风险策略。本章主要介绍证券组合降低风险的有关内容。

应对风险的策略

第2节 资产组合的收益和风险

一、资产组合的概述

1. 资产组合的含义

两个或两个以上资产所构成的集合，称为资产组合。如果资产组合中的资产均为有价证券，则该资产组合也可称为证券组合。

2. 资产组合的预期收益率

资产组合的预期收益率，是指组成资产组合的各种资产的预期收益率的加权平均数，其权数等于各种资产在整个组合中所占的价值比例。公式为：

$$E(R_p) = \sum_{i=1}^{n} W_i \times E(R_i)$$

其中：$E(R_p)$：资产组合的预期收益率；

$E(R_i)$：第 i 项资产的预期收益率；

W_i：第 i 项资产在整个组合中所占的价值比例。

3. 资产组合的风险

资产组合的收益率是各资产按比例加权的收益率。但是投资组合的风险不是资产组合中各单项资产标准差的加权平均值。为什么？先分析下面的例子。

【例7-4】CW公司投资 X 和 Y 股票，两种股票各占 50%，两种股票完全负相关，其报酬率见表 7-5。

表 7-5　　　　　　完全负相关的两种股票的证券组合报酬表

时 期	X 股票收益率 R_x（%）	Y 股票收益率 R_y（%）	组合收益率 R_p（%）
20×2	40	-10	15
20×3	-10	40	15
20×4	35	-5	15
20×5	-5	35	15
20×6	15	15	15
平均报酬率（R）	15	15	15
标准差（σ）	22.64	22.64	0

根据表 7-5 资料可以绘图如图 7-8 所示：

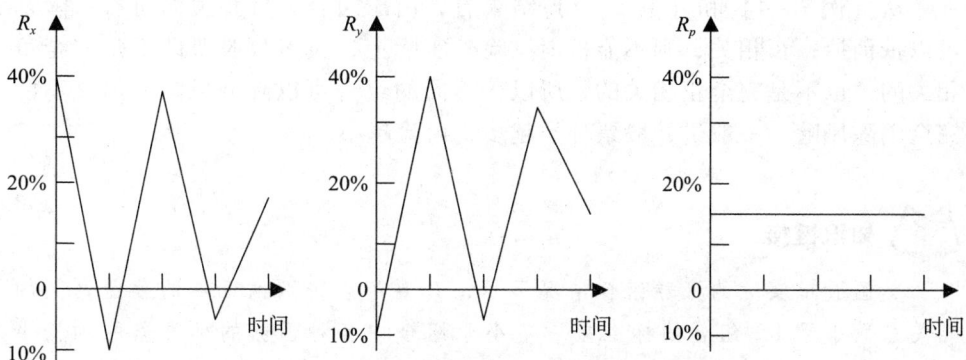

图 7-8 完全负相关的两种股票的证券组合报酬

股票完全负相关时，组合风险为 0。

【例 7-5】CW 公司投资 X 和 Y 股票，两种股票各占 50%，两种股票完全正相关，其报酬率见表 7-6。

表 7-6　　　　　完全正相关的两种股票的证券组合报酬表

时　期	X 股票收益率 Rx（%）	Y 股票收益率 Ry（%）	组合收益率 Rp（%）
20×2	40	40	40
20×3	-10	-10	-10
20×4	35	35	35
20×5	-5	-5	-5
20×6	15	15	15
平均报酬率（R）	15	15	15
标准差（σ）	22.64	22.64	22.64

根据表 7-6 资料可以绘图，如图 7-9 所示：

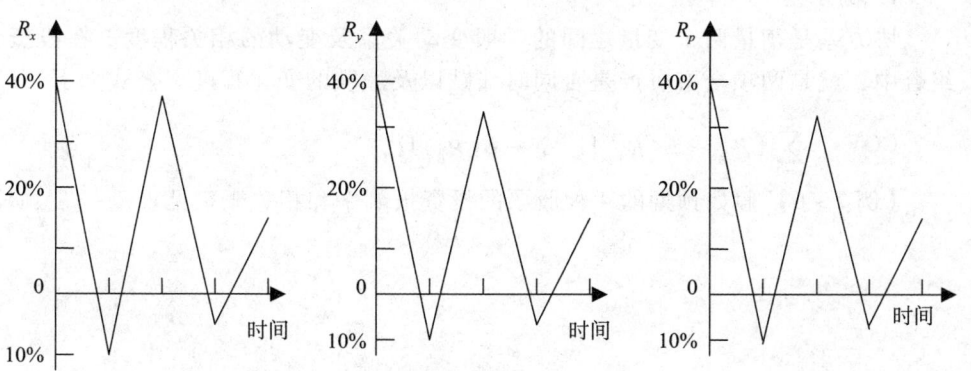

图 7-9 完全正相关的两种股票的证券组合报酬

股票完全正相关时，风险不变。

从【例 7-4】和【例 7-5】结果看，由于组合，负相关的所有风险都可以抵消掉；正相关，则不能抵消风险。实际上，大多数股票既不是完全负相关的，也不是完全正相关的，所以，不同的组合可以降低风险，但又不能完全消除风险。一般讲，股票种类越多，风险越小。

 知识链接

美国股市实际的证券组合情况显示，只要组合中两两证券的收益之间的相关系数小于 1，组合的标准差一定小于组合中各种证券的标准差的加权平均数。表 7-7 是 2000 年前后十年间标准普尔 500 指数和其构成的一些股票的标准差。从中可以看到所有证券的个别标准差都大于标准普尔 500 指数的标准差。

表 7-7　　　　　　标准普尔 500 指数及一些股票的标准差①

类型	资产	标准差（%）
个别	亚马孙	78.05
个别	梅西百货	45.35
个别	福特汽车公司	38.28
个别	IBM	31.45
个别	迪士尼公司	28.13
个别	麦当劳	25.53
个别	通用电气	22.52
组合	标准普尔 500 指数	14.69

如何避免投资的黑天鹅

二、资产组合的风险衡量

1. 协方差

协方差是衡量两个变量之间的一般变动关系及变动的相关程度。在投资组合中，就是两项金融资产是否同时涨跌以及涨跌的变化程度。公式如下：

$$COV = \sum_{i=1}^{n} [R_{Ai} - E(R_A)][R_{Bi} - E(R_B)]P_i$$

【例 7-6】假如预期的 4 种股票的投资报酬率和相关概率见表 7-8。

---

① [美] 斯蒂芬 A. 罗斯等著．吴世农等译．公司理财（第九版）[M]．机械工业出版社，2012：234．

表7-8　　　　　　　　　各个股票的投资报酬率

概率 P_i	A股票报酬率	B股票收益率	C股票报酬率	D股票收益率
0.1	10	6	14	2
0.2	10	8	12	6
0.4	10	10	10	9
0.2	10	12	8	15
0.1	10	14	6	20
平均报酬率 $E(R)$	10	10	10	10
标准差（σ）	0	2.2	2.2	5

根据表7-8资料可以绘图，如图7-10所示：

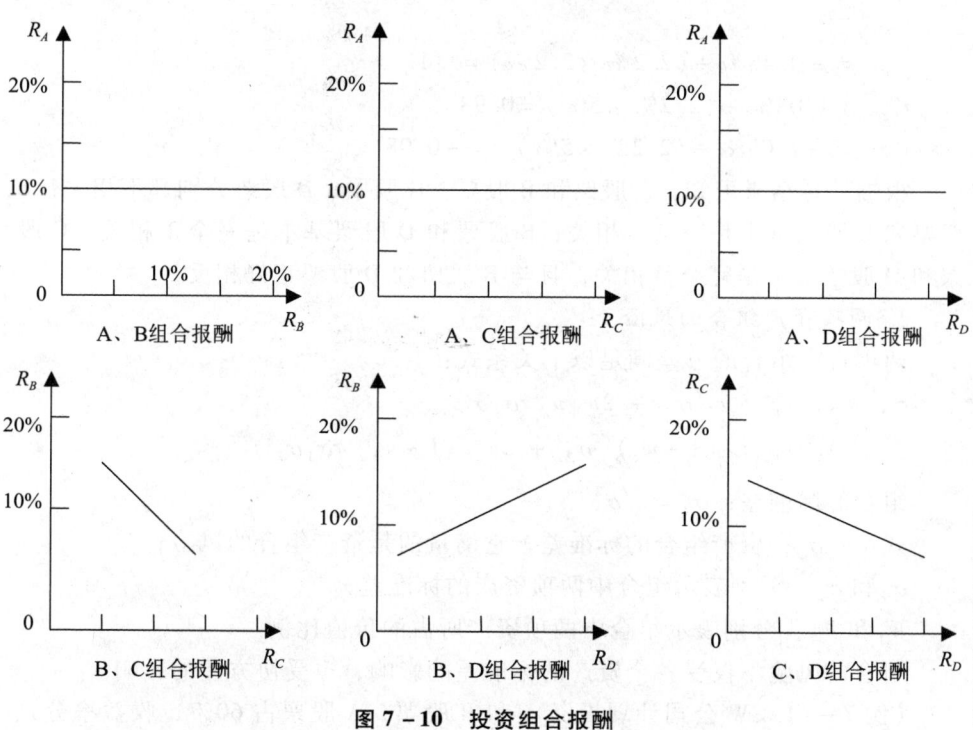

图7-10　投资组合报酬

解：计算协方差如下：

$COV(AB) = 0$

$COV(AC) = 0$

$COV(AD) = 0$

$COV(BC) = (6-10)(14-10)0.1 + (8-10)(12-10)0.2 + (10-10)(10-10)0.4 + (12-10)(8-10)0.2 + (14-10)(6-10)0.1 = -0.48(‰)$

$COV(BD) = (6-10)(2-10)0.1 + (8-10)(6-10)0.2 + (10-10)(10-10)0.4 + (12-10)(15-10)0.2 + (14-10)(20-10)0.1 = 1.08(‰)$

$COV(CD) = (14-10)(2-10)0.1 + (12-10)(6-10)0.2 + (10-10)$

$(10-10)0.4 + (8-10)(15-10)0.2 + (6-10)(20-10)0.1 = -1.08(‰)$

2. 两项资产组合的相关系数

$$r = \frac{COV}{\sigma_1 \sigma_2} = \frac{\sum_{i=1}^{n}[R_{Ai} - E(R_A)][R_{Bi} - E(R_B)]}{\sqrt{\sum_{i=1}^{n}[R_{Ai} - E(R_A)]^2}\sqrt{\sum_{i=1}^{n}[R_{Bi} - E(R_B)]^2}}$$

r 为正值，表示两个股票同方向变动；r 为负值，表示两个股票反方向变动；r 为0，表示两个股票不相关。

在【例7-6】中，根据公式计算结果如下：

$r_{(AB)} = 0$

$r_{(AC)} = 0$

$r_{(AD)} = 0$

$r_{(BC)} = -0.48‰ \div (2.2‰ \times 2.2‰) = -1$

$r_{(BD)} = 1.08‰ \div (2.2‰ \times 5‰) = 0.98$

$r_{(CD)} = -1.08‰ \div (2.2‰ \times 5‰)) = -0.98$

根据计算结果可知，A股票和B股票、C股票、D股票分别都不相关；B股票和C股票基本是完全负相关；B股票和D股票基本是完全正相关；C股票和D股票基本是完全负相关，且与B股票和D股票正好相反。

3. 两项资产组合的风险

两项资产组合的方差满足以下关系式：

$$\sigma_p^2 = w_1^2 \sigma_1^2 + w_2^2 \sigma_2^2 + 2w_1 w_2 r \sigma_1 \sigma_2$$
$$= w_1^2 \sigma_1^2 + (1-w_1)^2 \sigma_2^2 + 2w_1(1-w_1) r \sigma_1 \sigma_2$$

组合的标准差：$\sigma_P = \sqrt{\sigma_p^2}$

式中：σ_p：资产组合的标准差，它衡量的是资产组合的风险；

σ_1 和 σ_2：分别表示组合中两项资产的标准差；

W_1 和 W_2：分别表示组合中两项资产所占的价值比例。

组合的风险不仅受各个资产的标准差的影响，也受协方差的影响。

【例7-7】CW公司计划投资A和B股票，A股票占60%，收益率分别为10%和5%，标准差分别为0.05和0.20，相关系数为-1。要求对比组合风险和资产简单加权标准差。

解：首先，计算组合期望值：

$R_{AB} = 60\% \times 10\% + 40\% \times 5\% = 8\%$

其次，计算方差：

$\sigma_p^2 = 60\%^2 \times 5\%^2 + 40\%^2 \times 20\%^2 + 2 \times 60\% \times 40\% (-1) \times 5\% \times 20\%$
$\quad = 0.0025$

再次，计算标准差：

$\sigma_p = 0.05$

最后，计算组合简单加权平均标准差：

$60\% \times 0.05 + 40\% \times 0.20 = 0.11$

$\sigma_p = 0.05$，小于组合简单加权平均标准差 0.11。所以，组合可以抵消风险，不能用简单加权标准差衡量组合风险。

综上所述，可以得出结论：

（1）影响组合标准差和组合收益率的因素不同。组合的方差公式为 $\sigma_p^2 = w_1^2 \sigma_1^2 + w_2^2 \sigma_2^2 + 2w_1 w_2 r \sigma_1 \sigma_2$，影响组合标准差的因素有三个：投资比例、单项资产的标准差、相关系数。

投资组合预期收益率的公式为 $E(R_p) = \sum_{i=1}^{n} W_i \times E(R_i)$，影响因素只有两个：投资比例和单项投资的预期收益率。

（2）组合标准差与相关系数同向变化。相关系数越大，组合标准差越大，风险越大。反之，相关系数越小，组合标准差越小，风险越小。

（3）相关系数最大时，组合方差（或标准差）最大。相关系数最大值为 1，此时：

$$\sigma_p^2 = w_1^2 \sigma_1^2 + w_2^2 \sigma_2^2 + 2w_1 w_2 r \sigma_1 \sigma_2$$
$$= (w_1 \sigma_1 + w_2 \sigma_2)^2$$

由此表明，组合的标准差等于组合中各项资产标准差的加权平均值。也就是说，当两项资产的收益率完全正相关时，两项资产的风险完全不能互相抵消，所以，这样的资产组合不能降低任何风险。

（4）相关系数最小时，组合标准差（或方差）最小。相关系数最小值为 -1，此时，

$$\sigma_p^2 = w_1^2 \sigma_1^2 + w_2^2 \sigma_2^2 - 2w_1 w_2 r \sigma_1 \sigma_2$$
$$= (w_1 \sigma_1 - w_2 \sigma_2)^2$$

方差达到最小值，甚至可能为 0，因此，当两项资产的收益率具有完全负相关关系时，两者之间的风险可以充分地抵消，甚至完全消除。因而，这样的资产组合就可以最大限度地抵消风险。如图 7 – 11 所示。

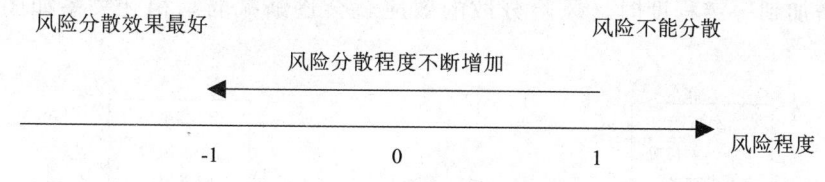

图 7 – 11 资产组合风险分散

（5）相关系数的取值。在实际中，两项资产完全正相关或完全负相关的情况几乎是不可能的。绝大多数资产两两之间都具有不完全的相关关系，即相关系数小于 1 且大于 -1（多数情况下大于 0），因此，会有：

$0 < \sigma_p < (w_1 \sigma_1 + w_2 \sigma_2)$

4. 多项资产组合的风险

多项资产组合方差的公式为 *：

$$\sigma_P^2 = \sum_i^n \sigma_i^2 w_i^2 + \sum_i^n \sum_j^n w_i w_j COV(i,j) \qquad (\text{且 } i \text{ 不等于 } j)$$

由于计算较为复杂，就不再举例说明了，有结论：

（1）一般来讲，随着资产组合中资产个数的增加，资产组合的风险会逐渐降低，当资产的个数增加到一定程度时，组合风险的降低将非常缓慢直到不再降低。如图 7-12 所示。

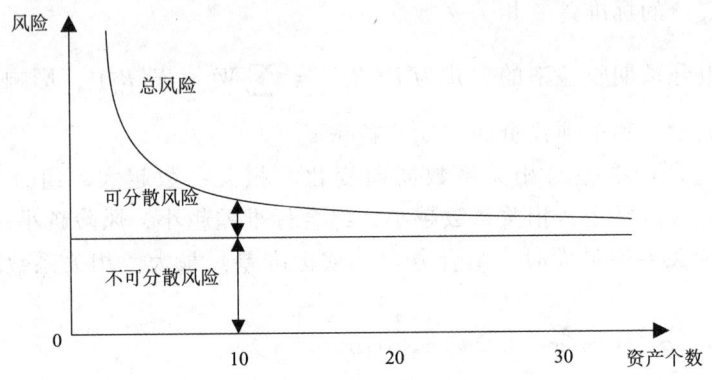

图 7-12 资产组合与风险的关系

（2）随着资产个数的增加而逐渐减小的风险，是由方差表示的风险。将这些可通过增加资产组合中资产的数目而最终消除的风险，称为非系统风险。

在对风险的分类中，非系统风险就是可分散风险，是由于某种特定原因对某特定资产收益率造成影响的可能性，是可以通过有效的资产组合来消除掉的风险，是特定企业或特定行业所特有的，与政治、经济和其他影响所有资产的市场因素无关。

因此，可以分散的风险只能是非系统风险。而在风险分散的过程中，不应当过分夸大资产多样性和资产数目的作用。实际上，在资产组合中资产数目较少时，通过增加资产的数目，分散风险的效应会比较明显，但当资产的数目增加到一定程度时，风险分散的效应就会逐渐减弱。相互关系如图 7-13 所示。

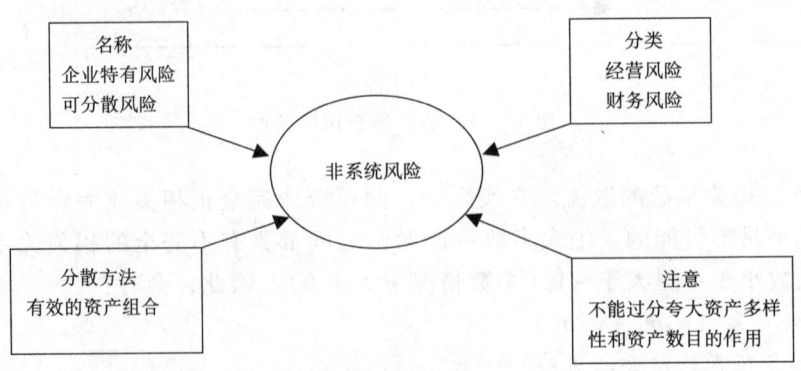

图 7-13 非系统风险及分散

（3）不随着组合中资产数目的增加而消失的始终存在的风险为不可分散风险，称为系统风险。

知识链接

哈里·马科维茨简介

哈里·马科维茨（Harry Markowitz），1927年8月24日生于美国伊利诺伊州芝加哥市的一个俄罗斯移民后代家庭里，父母是副食店店主，中产家庭，不愁吃穿。虽然他出生后不久即逢1929年大萧条，但他的童年生活却无忧无虑。

高中毕业后，马科维茨进入经济学数一数二的芝加哥大学（英文缩写：UC），攻读了两年的学士课程。该校强调尽可能读原著，在他眼里，所有的课程都很有趣，他涉猎广泛，并打下了坚实的数学基础，这对他后来创立证券组合选择理论作用颇大。

1947年，他从芝加哥大学经济系毕业，获得学士学位。出于对经济学的爱好，马科维茨继续在芝加哥大学攻读经济学博士学位。在此期间，马科维茨受到了弗里德曼（Milton Friedman，1912－2006，1976年获诺贝尔经济学奖）、马夏克（Jacob Marschak）以及萨凡奇（L. J. Savage，提出弗里德曼——萨凡奇效用函数）等著名经济学家的影响，并成为芝加哥大学考尔斯经济学研究院——美国企业家、经济学家阿尔弗雷德·考尔斯三世（Alfred Cowles III，1891－1984）于1932年在科罗拉多州斯普林斯创建；1939年，迁移至芝加哥大学；1955年，考尔斯家族再度将它迁移到耶鲁大学，并改名为考尔斯基金会——一名学生会员，考尔斯研究院出了多名诺贝尔奖获得者，研究院的生活为马科维茨打下了坚实的经济学理论基础。

1952年，马科维茨发表了著名论文《资产组合选择》。同年加入兰德公司（Research and Development，简称RAND），任副研究员。兰德公司的经历，使马科维茨有条件与同事一起学习和利用当时最先进的计算机技术，编制复杂的程序对现实投资组合进行模拟，从而得到确切的实证结论。

1955－1956年期间，受詹姆斯·托宾（James Tobin，1918－2002）的邀请，马科维茨向兰德公司请假，在耶鲁大学（英文缩写：Yale）考尔斯基金会学习，这一年他有较充足的时间进行理论上的思考、与朋友交流探讨，并形成了《资产组合：有效的多样化》的框架。该书于1959年出版，引起了理论界和实务界极大的反响，从而奠定了马科维茨在微观金融学中的地位。

1990年，马科维茨获得诺贝尔经济学奖，获奖的缘由是在金融经济学方面做出了开创性工作。

现代投资组合理论的起源

三、系统风险及其衡量

1. 市场组合的含义

市场组合,是指由市场上所有资产组成的组合。

市场组合的收益率就是市场平均收益率,实务中通常使用股票价格指数的收益率来代替。

市场组合的方差代表市场整体的风险。由于在市场组合中包含了所有资产,因此,市场组合中的非系统风险已经被全部消除,所以,市场组合的风险就是系统风险,也称市场风险。

> **知识链接**
>
> 投资分散化原则:
>
> 鸡蛋不要放在同一个篮子里——资产;篮子也不要放在同一个地方——全球;不要一次性把鸡蛋都放进去——定投;也不要在篮子里只是放鸡蛋——商品;概括为两个字:分散。

2. 系统风险及其衡量

(1) 单项资产的贝塔系数。单项资产的贝塔系数,是指可以反映单项资产收益率与市场平均收益率之间变动关系的一个量化指标,它表示单项资产收益率的变动受市场平均收益率变动的影响程度,换句话说,就是相对于市场组合的平均风险而言,单项资产系统风险的大小。贝塔系数的定义式如下:

$$\text{单项资产的贝塔系数} = \frac{\text{某项资产的系统风险}}{\text{市场组合的风险}}$$

即: $\beta_i = r \times \dfrac{\sigma_i}{\sigma_m}$ $(i = 1, 2, \cdots n)$

其中 β_i:第 i 项资产的贝塔系数;

r:第 i 项资产的收益率与市场组合收益率的相关系数;

σ_i:第 i 项资产收益率的标准差,表示该资产的风险大小;

σ_m:市场组合收益率的标准差,表示市场组合的风险。

(2) 贝塔系数的计算。*

①方法一:依据回归方程 $y = a + bx$ 和若干期(n)的历史资料,根据最小二乘法建立回归线性方程组如下:

$$\begin{cases} \sum y = na + b\sum x \\ \sum xy = a\sum x + b\sum x^2 \end{cases}$$

解联立方程得 a、b 值的求解公式如下

$$a = \frac{\sum y - b\sum x}{n}$$

$$b = \frac{n\sum xy - \sum x \sum y}{n\sum x^2 - (\sum x)^2}$$

知识链接

公式的简捷求法：

回归方程：$y = a + bx$

两边求和：$\sum y = na + b\sum x$

每项乘x：$\sum xy = a\sum x + b\sum x^2$

解联立方程：$\begin{cases} \sum y = na + \sum x \\ \sum xy = a\sum x + b\sum x^2 \end{cases}$

即可求得a、b。

b就是β系数。

【例7-8】已知甲股票和市场收益率的资料见表7-9，将资料按a、b值求解公式要求整理见表7-9。

表7-9　　　　　　回归分析工作底稿

年份	市场收益率x	甲股票收益率y	xy	x^2
20×2	11.580	7.99	92.5242	134.0964
20×3	11.530	7.97	91.8941	132.9409
20×4	11.630	8.00	93.0400	135.2569
20×5	11.680	8.06	94.1408	136.4224
20×6	11.900	8.20	97.5800	141.6100
$n=5$	$\sum x = 58.32$	$\sum y = 40.22$	$\sum xy = 469.1791$	$\sum x^2 = 680.3266$
平均值	11.664	8.044		

要求：按回归分析法计算a、b值，列出回归分析方程。

解：将表中数据代入上述a、b值的公式，求得：

$b = 0.65$

$a = 0.46$

得：$y = 0.46 + 0.65x$

这里的b就是β系数。

②方法二：

解：根据表7-9中资料，计算整理见表7-10。

表7-10　　　　　　分析工作底稿

年份	市场收益率x	甲收益率y	$x_i - \bar{x}$	$y_i - \bar{y}$	$(x_i - \bar{x})(y_i - \bar{y})$	$(x_i - \bar{x})^2$	$(y_i - \bar{y})^2$
20×2	11.580	7.99	-0.84	-0.54	0.004536	0.007056	0.002916
20×3	11.530	7.97	-0.134	-0.74	0.009916	0.017956	0.005476

续表

年份	市场收益率 x	甲收益率 y	$x_i - \bar{x}$	$y_i - \bar{y}$	$(x_i - \bar{x})(y_i - \bar{y})$	$(x_i - \bar{x})^2$	$(y_i - \bar{y})^2$
20×4	11.630	8.00	-0.034	-0.44	0.001496	0.001156	0.001936
20×5	11.680	8.06	0.16	0.16	0.000256	0.000256	0.000256
20×6	11.900	8.20	0.236	0.156	0.036816	0.055696	0.024336
$n=5$	$\sum x = 58.32$	$\sum y = 40.22$	-1.084	-1.404	0.05296	0.08212	0.03492
平均值	11.664	8.044					
标准差	0.14328	0.09343					

要求：按照贝塔系数的定义公式，求贝塔系数为多少？

首先，求相关系数 r：

$$r = \sum_{i=1}^{n}(x_i - \bar{x})(y_i - \bar{y}) \div \sqrt{\sum_{i=1}^{n}(x_i - \bar{x})^2 \sum_{i=1}^{n}(y_i - \bar{y})^2}$$

$$= 0.05296 \div \sqrt{0.08212 \times 0.03492}$$

$$= 0.98898$$

其次，求标准差，不知道概率情况下，用估计的方法，即：

$$\sigma_x^2 = \frac{\sum_{i=1}^{n}(x_i - \bar{x})^2}{n-1}$$

$$\sigma_x = \sqrt{\sigma_x^2}$$

σ_y 和 σ_x 见表中计算结果。

最后，求贝塔系数，按定义公式，即：

$$\beta = r\sigma_y \div \sigma_x$$

$$= 0.98898 \times 0.09343 \div 0.14328$$

$$= 0.65$$

知识链接

在实务中，贝塔系数是由证券投资机构等定期计算并发布，供投资者参考。表7-11是美国一些公司以标准普尔500种股票的综合指数为市场组合来估计各个股票的贝塔系数。贝塔系数是度量一种证券对于市场组合变动的反应程度的指标。

表7-11　　　　　　　　　　美国部分公司贝塔系数估计值[①]

类型	股票	贝塔系数
高贝塔值股票	eBay	2.53
	CA 公司	2.03
	戴尔公司	1.64
平均贝塔值股票	家得宝	1.26
	Bed，Bath & Beyond	1.2
	通用电气	0.99
低贝塔值股票	麦格劳-希尔	0.65
	3M	0.53

（3）资产组合的贝塔系数。资产组合的贝塔系数是所有单项资产贝塔系数的加权平均数，权数为各种资产在资产组合中所占的价值比例。计算公式为：

$$\beta_p = \sum_{i=1}^{n} W_i \times \beta_i$$

式中 β_p：资产组合的贝塔系数；

W_i：第 i 项资产在组合中所占的价值比重；

β_i：第 i 项资产的贝塔系数。

第3节　资本资产定价模型

一、风险与收益的一般关系

风险与收益成正比，风险越大，收益也越大；反之亦然。对于每项资产来说，所要求的必要收益率可用以下的模式来度量：

必要收益率＝无风险收益率＋风险收益率

其中，无风险收益率（通常用 R_f 表示）是纯利率与通货膨胀补贴之和，通常用短期国债的收益率来近似替代，而风险收益率表示因承担该项资产的风险而要求的额外补偿，其大小视所承担风险的大小以及投资者对风险的偏好而定。

从理论上来说，风险收益率可以表述为风险价值系数（b）与标准离差率（V）的乘积。即：

风险收益率 $= b \times V$

因此，必要收益率 $R = R_f + b \times V$

[①] ［美］斯蒂芬 A. 罗斯等著．吴世农等译．公司理财（第九版）[M]．机械工业出版社，2012：234．

风险价值系数（b）的大小取决于投资者对风险的偏好，对风险的态度越是回避，风险价值系数（b）的值也就越大；反之b则越小。标准离差率的大小则由该项资产的风险大小所决定。

 知识链接

威廉·夏普简介

威廉·夏普（William Forsyth Sharpe），1934年出生于波士顿，1951年进入加州大学伯克利分校（英文简称：UCB）学习医学，但他觉得自己的爱好不在这方面，因而一年后转学到加州大学洛杉矶分校（英文简称：UCLA）学习会计学和经济学，并主修经济学。在加州大学洛杉矶分校，夏普受到当时商学院金融学教授弗雷德·威斯顿（J. Fred Weston）的影响，开始接触并深刻地理解了马科维茨的证券组合理论。

1956年，夏普在加州大学洛杉矶分校攻读博士学位，并且作为一名经济学家加入兰德公司（Research and Development，简称RAND）。1961年，夏普获得哲学博士学位，在其博士论文中，首先提出了"单因素模型"。同年，他离开兰德公司，在华盛顿大学（英文缩写：UW）商学院任教，在此期间发表了《资本资产价格：一个风险条件下的市场均衡理论》（1964年）。有趣的是，这篇论文第一次投稿《金融》杂志时，被一位审稿人给否定了，后来编辑部改组，又推迟了发表时间，以至于在1964年9月才正式发表。

1970年，已经成名的夏普开始在斯坦福大学（英文简称：Stanford）任教，1973年被斯坦福大学授予铁木根金融学荣誉教授称号，1980年被推选为美国金融学会主席。1989年，夏普与妻子恺赛琳创办了威廉·F.夏普公司，并开始实际的投资生活。

夏普和马科维茨共同获得1990年诺贝尔经济学奖，同年获奖的还有公司金融理论的奠基人之一———默顿·H.米勒（Merton Miller，1923 - 2000）。是因为"他们对现代金融经济学理论的开拓性研究，为投资者、股东及金融专家们提供了衡量不同的金融资产投资的风险和收益的工具，以估计预测股票、债券等证券的价格"。

二、资本资产定价模型

1. 资本资产定价模型的原理

资本资产定价模型（capital asset pricing model，缩写为CAPM），是指财务管理中为揭示单项资产或资产组合的必要收益率与预期所承担的系统风险之间关系而构建的一个数学模型。它是现代金融市场价格理论的支柱，广泛应用于投资决策和公司理财领域；它是财务管理学形成和发展中最重要的里程碑；它第一次使人们可以量化市场的风险程度，并且能够对风险进行具体定价。

资本资产定价模型分析：

（1）根据单项资产贝塔系数的定义公式：

$$\beta = \frac{某项资产的风险收益率}{市场组合的风险收益率}$$

有等式：

某项资产的风险收益率 = β 系数 × 市场组合的风险收益率

其中，市场组合的风险收益率，也称为市场风险溢酬，或者市场风险溢价 = 市场组合的平均收益率 – 无风险收益率

特别提示

因为：利率 = 纯粹利率 + 通货膨胀率 + 风险报酬率

其中：纯粹利率 + 通货膨胀率 = 无风险报酬率

也即：利率 = 无风险报酬率 + 风险报酬率

在一个有效证券市场中，这里的利率就是市场组合的平均收益率，风险报酬率就是市场组合的风险收益率。

所以有：市场组合的平均收益率 = 无风险收益率 + 市场组合的风险收益率

所以：市场组合的风险收益率 = 市场组合的平均收益率 – 无风险收益率

这里有一个假设，就是市场组合的贝塔系数为1。

设：R_f：无风险收益率，通常以短期国债的利率来近似替代；

R_m：市场平均收益率，通常用股票价格指数的收益率来代替；

R_i：某资产的必要收益率；

β_i：该资产的 β 系数。

所以有：

市场组合的风险收益率 = 市场组合的平均收益率 – 无风险收益率 = $R_m - R_f$

某项资产的风险收益率 = β_i 系数 × （市场组合的平均收益率 – 无风险收益率）

$$= \beta_i \times (R_m - R_f)$$

某项资产的必要收益率（R_i） = 无风险收益率 + 风险收益率

= 无风险收益率 + β_i 系数 × （市场组合的平均收益率 – 无风险收益率）

$$= R_f + \beta (R_m - R_f)$$

这个公式：$R_i = R_f + \beta (R_m - R_f)$，就是资本资产定价模型。

（2）对于组合资产，因为有公式：

$$\beta_p = \sum_{i=1}^{n} W_i \times \beta_i$$

所以，也可以计算组合资产的风险报酬率和必要报酬率。

设：R_p 表示资产组合的必要收益率；

则有：资产组合的必要收益率（R_p）

= 无风险收益率 + 资产组合的 β_p 系数 ×（市场组合的平均收益率 – 无风险收益率）

= $R_f + \beta(R_m - R_f)$

知识链接

资本资产定价模型也可以这样理解：

已知直线上一点（x_1，y_1）和斜率 k 的点斜式，直线公式为：

$$k = \frac{y - y_1}{x - x_1}$$

因此，在单项资产和组合资产中，他们有相同的无风险报酬率 R_f，即在以组合资产报酬率为横轴，单项资产报酬率为纵轴的坐标上，有点（R_f，R_f）的直线，如图 7-14 所示：

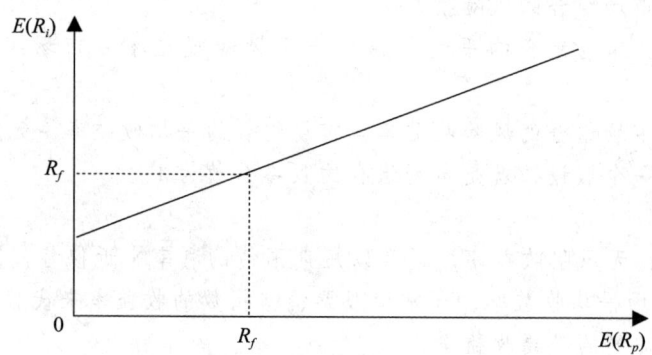

图 7-14 证券与市场投资组合报酬率的关系

已知（R_f，R_f），而斜率就是 β 系数，则有：

$$\beta = \frac{R_i - R_f}{R_p - R_f}$$

在市场里的全部证券组合下，市场组合报酬率会是一个平均值，可记为 R_m。当组合量巨大时，R_p 趋近等于 R_m。

所以，当 β 系数已知的情况下，有：

$$R_i = R_f + \beta_i(R_m - R_f)$$

2. 资本资产定价模型的运用举例

【例 7-9】CG 公司持有 A、B、C 三种股票，在由上述股票组成的证券投资组合中，各股票所占的比重分别为 50%、30% 和 20%，其 β 系数分别为 2.0、1.0、0.5。市场收益率为 15%，无风险收益率为 10%。要求：

（1）计算以下指标：

①CG 公司证券组合的 β 系数；

②CG 公司证券组合的风险收益率（R_P）；
③CG 公司证券组合的必要投资收益率（K）；
④投资 A 股票的必要投资收益率。

（2）CG 公司仍投资 A、B、C 三种股票，B 股票投资比例不变，如果希望该证券组合风险收益率为 8%，计算：
①该证券组合的 β 系数；
②该证券组合中 A、C 的投资比率分别是多少？

解：（1）中第①题，根据组合的贝塔系数公式计算，得：
CG 公司证券组合的 β 系数 = 50% ×2.0 + 30% ×1.0 + 20% ×0.5 = 1.4
②根据上面计算结果，有：
CG 公司证券组合的风险收益率（R_P）= 1.4 × （15% − 10%）= 7%
③代入，计算得：
CG 公司证券组合的必要投资收益率（K）= 10% + 7% = 17%
④根据资本资产定价模型公式：
投资 A 股票的必要投资收益率 = 10% + 2.0 × （15% − 10%）= 20%

（2）计算如下：
①根据公式有：8% = β_p（15% − 10%）
计算得：β_p = 1.6
②组合的 β 系数为 1.4 时，组合的风险收益率为 7%。根据风险报酬原则，风险大，报酬大，现在要使组合的 β 系数为 1.6，组合的风险收益率达到 8%，只有提高风险大、收益率高的股票比例。本题中就是 A 股票。

设 A 股票的投资比率为 x，则有：1.6 = 2.0x + 1.0 × 30% + 0.5 × （70% − x）

解得：x = 63.33%，

所以，A 的投资比率为 63.33%，C 的投资比率为 6.67%。

A、B、C 资产组合的收益率，如图 7 − 15 所示。

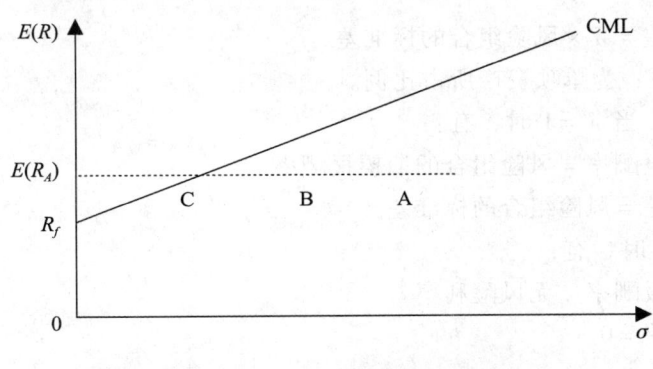

图 7 − 15　资本市场线

A、B、C 三点虽有相同的收益不同的风险，但不可分散风险是一样的。

随堂练习

根据表 7-12 资料，计算填空：

表 7-12 资本资产定价模型关系式

A 股票		B 股票		R_p	β_p	R_m	R_f
比例%	β_A	比例%	β_B				
80	2	20	1.5			10%	4%
50	2	50	1.5			10%	4%
20	2	80	1.5			10%	4%
	2		1.5	12.5%		10%	5%
	2		1.5	14%		10%	5%
	2		1.5	15%		10%	5%

3. 资本市场线

（1）资本市场线的定义。资本资产定价模型（CAPM）是通过资本市场线（capital market line，缩写为 CML）来进行表现。资本市场线，是指表明有效组合的期望收益率和标准差之间的一种简单的线性关系的一条射线。它是沿着投资组合的有效边界，由风险资产和无风险资产构成的投资组合。

在资本资产定价模型假设下，当市场达到均衡时，市场组合成为一个有效组合，而所有有效组合都可视为无风险资产与市场组合的再组合；这些有效组合在期望收益率和标准差的坐标系中刚好构成连接无风险资产与市场组合的射线，这条射线称为资本市场线。如图 7-15 所示。

（2）资本市场线的表达式。在图 7-15 中，资本市场线的纵坐标是总期望报酬率，横坐标是总标准差。

根据：总期望报酬率 = W × 风险组合的期望报酬率 + （1 - W）× 无风险利率

总标准差 = W × 风险组合的标准差

式中 W：为单项资产所占比例。

上式中，当 $W = 1$ 时，有：

总期望报酬率 = 风险组合的期望报酬率

总标准差 = 风险组合的标准差

当 $W = 0$ 时，有：

总期望报酬率 = 无风险利率

总标准差 = 0

所以有：

$$\text{资本市场线的斜率} = \frac{\text{风险组合的期望报酬率} - \text{无风险利率}}{\text{风险组合的标准差}}$$

由于资本市场线中，截距为无风险利率。所以，资本市场线的表达式应该为：

总期望报酬率 = 无风险利率 + $\dfrac{风险组合的期望报酬率 - 无风险利率}{风险组合的标准差}$ × 总标准差

或者，也可以表述为：

投资组合的期望报酬率 = 无风险利率 + $\dfrac{风险组合的期望报酬率 - 无风险利率}{风险组合的标准差}$ × 投资组合的标准差

用符号表示：

$$E(R_P) = R_f + \dfrac{E(R_m - R_f)}{\sigma_m} \times \sigma_p$$

式中　$E(R_P)$：投资组合的期望报酬率；

R_f：无风险收益率；

R_m：市场平均收益率；

σ_m：风险组合的标准差；

σ_P：投资组合的标准差。

(3) 资本市场线的经济意义。资本市场线公式对有效组合的期望收益率和风险之间的关系提供了十分完整的阐述。有效组合的期望收益率由两部分构成：

一部分是无风险利率，它是由时间创造的，是对放弃即期消费的补偿；

另一部分则是 $\dfrac{E(R_m - R_f)}{\sigma_m} \times \sigma_p$，是对承担风险的补偿，通常称为"风险溢价"，与承担风险的大小成正比。其中的系数 $\dfrac{E(R_m - R_f)}{\sigma_m}$ 代表了对单位风险的补偿，通常称之为风险的价格。

(4) 资本市场线运用举例。

【例 7-10】企业有 A 股票，必要收益率为 20%，$\beta = 2$，无风险资产收益率为 10%。现投资 A 股票比例为 50%，同无风险资产进行组合，计算组合期望收益率和贝塔系数。

解：$E(R) = 50\% \times 20\% + 50\% \times 10\% = 15\%$

$\beta = 50\% \times 2 + 50\% \times 0 = 1$

权数之和等于 1，但投资 A 的百分比会大于 100%，为什么？因为可以进行无风险利率借款。

知识图说

根据前面图 7-5 分析，可以有图 7-16。

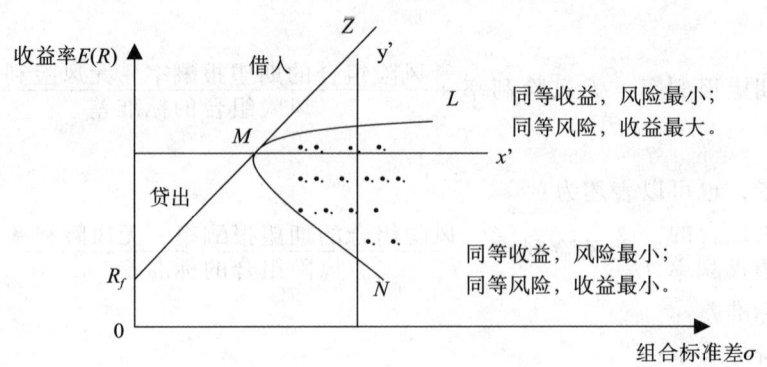

图 7-16 风险资产组合的分布

图中可知，R_fM 线上的投资组合是优于其他组合的，M 是最佳投资组合点，表示全部资金都投入投资组合 M，R_f 为无风险点，表示全部资金都投入无风险资产，在 R_fM 线上表示一部分投资于 M，一部分投资于 R_f。R_fMZ 线是 R_fM 的延长线，在 M 与 Z 之间的点，表示投资者把自己全部的资金投资于 M 以外，还从无风险利率 R_f 处，借入一定的资金再投资于 M，即直线 R_fMZ 上任意一点，都可以看成是 R_f 与 M 的一种组合。

本题中，原有 100 万元，借入 20 万元，对总资产投资 120 万元，占自有财富的 120%，则：

$E(R) = 120\% \times 20\% + (1 - 120\%) \times 10\% = 22\%$

其中，$(1-120\%) \times 10\% = -2\%$，为需要承担的利息而降低的收益率。

$\beta = 120\% \times 2 + (1 - 120\%) \times 0 = 2.4$

以此类推，可得表 7-13。

表 7-13   投资组合

A 股票比重（%）	组合期望报酬率（%）	组合贝塔系数（β）
0	10	0
20	12	0.4
50	15	1
100	20	2
120	22	2.4

表中，组合报酬率和组合贝塔系数成正比例变化，组合报酬率从 10% 到 15% 时，组合贝塔系数从 0 到 1 变化；组合报酬率从 15% 到 20% 时，组合贝塔系数从 1 到 2 变化。

根据表 7-13 作图 7-17。

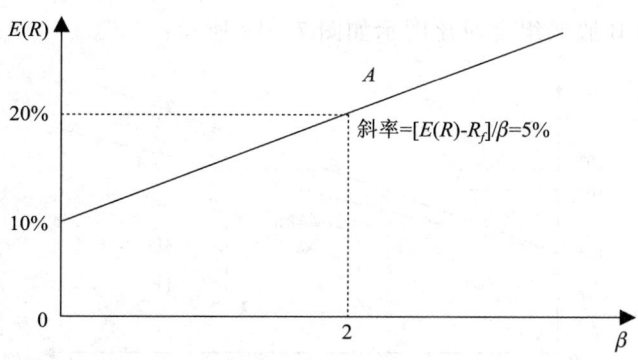

图 7-17 组合的期望报酬率和贝塔系数

看 A 股票比例的变化，对比贝塔系数的变化，变化是成比例的。最关键的点是 A 股票比例为 0 和 100%，其风险对应为 0 和 2。作图也是以这两点相连。所以，这条线上是不同资产比例的组合结果。

【例 7-11】企业有 B 股票，假如必要收益率为 18%，$\beta=1$，无风险资产收益率为 10%。现投资 B 股票，同无风险资产进行组合，计算组合期望收益率和贝塔系数。

解：计算结果见表 7-14。

表 7-14　　　　　　　　　　　投资组合

B 股票比重（%）	组合期望报酬率（%）	组合贝塔系数（β）
0	10	0
100	18	1

根据表 7-14 作图 7-18。

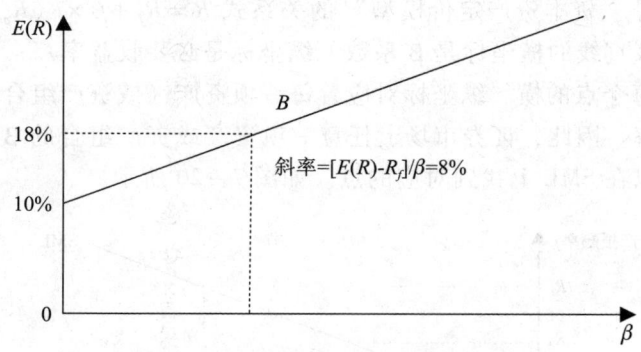

图 7-18 组合的期望报酬率和贝塔系数

根据风险报酬原则，风险大，报酬大。B 股票在贝塔系数为 1 的情况下，报酬率为 18%，A 股票在贝塔系数为 2 的情况下，报酬率为 20%，说明 A 股票没有 B 股票好，风险大，收益却不是很大，在图上是 A 股票线在 B 股票线下。

A 股票和 B 股票组合对比图示如图 7-19 所示：

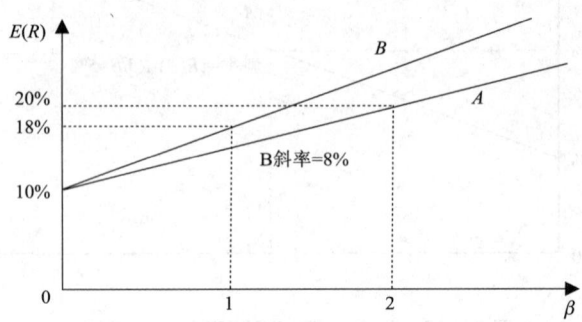

图 7-19　A、B 股票组合风险报酬对比

由于相对风险情况，B 资产的风险小，收益大，在资本市场上，投资者会被 B 资产吸引，B 资产的价格会上升，而 A 资产的价格会下降，价格和收益率的变动相反，A 的收益率会上升，B 的收益率会下降，两者线会重合，斜率相等，即有如下关系：

$$\frac{E(R_A - R_f)}{\beta_A} = \frac{E(R_B - R_f)}{\beta_B}$$

资本市场上，所有的资产回报对风险的比率都是相等的，风险大，收益率大，这就是风险收益原则的体现。

4. 证券市场线

（1）证券市场线的含义和图示。如果把 CAPM 模型核心关系式中的 β 看作自变量，必要收益率 R 作为因变量，无风险利率（R_f）和市场风险溢酬（$R_m - R_f$）作为已知系数，那么这个关系式在数学上就是一个直线方程，叫做证券市场线（security market line，缩写为 SML）。

SML 就是"资本资产定价模型"的关系式 $R = R_f + \beta \times (R_m - R_f)$ 所代表的直线。该直线的横坐标是 β 系数，纵坐标是必要收益率。

SML 上每个点的横、纵坐标对应着每一项资产（或资产组合）的 β 系数和必要收益率。因此，证券市场上任意一项资产或资产组合的 β 系数和必要收益率都可以在 SML 上找到对应的点。如图 7-20 所示。

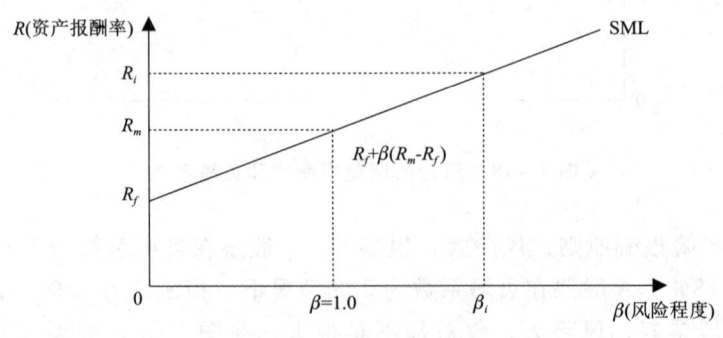

图 7-20　证券市场线

（2）证券市场线运用举例。

【例 7-12】CW 公司无风险报酬率为 10%，证券投资平均报酬率为 16%，如果 CW 公司购有 A 股票，β 系数为 2，则 A 股票的报酬率为多少？

解：代入资本资产定价模型公式，得：

$R_i = R_f + \beta_i (R_m - R_f)$
$= 10\% + 2 (16\% - 10\%)$
$= 22\%$

【例 7-13】【例 7-12】中如 β 系数为 0.5，其他条件不变，A 股票的报酬率应为多少？

解：代入公式，得：

$R_i = R_f + \beta_i (R_m - R_f)$
$= 10\% + 0.5 (16\% - 10\%)$
$= 13\%$

【例 7-14】【例 7-12】中如无风险报酬率为 8%，其他条件不变，A 股票的报酬率应为多少？

解：代入公式，得：

$R_i = R_f + \beta_i (R_m - R_f)$
$= 8\% + 2 (16\% - 8\%)$
$= 24\%$

【例 7-15】【例 7-12】中如无风险报酬率为 8%，证券投资平均报酬率也降为 14%，A 股票的报酬率应为多少？

解：代入公式，得：

$R_i = R_f + \beta_i (R_m - R_f)$
$= 8\% + 2 (14\% - 8\%)$
$= 20\%$

将【例 7-12】【例 7-13】【例 7-14】【例 7-15】分别以 A^1、A^2、A^3、A^4 表示，图示在一个坐标中，有证券与市场投资组合报酬的关系如图 7-21 所示。

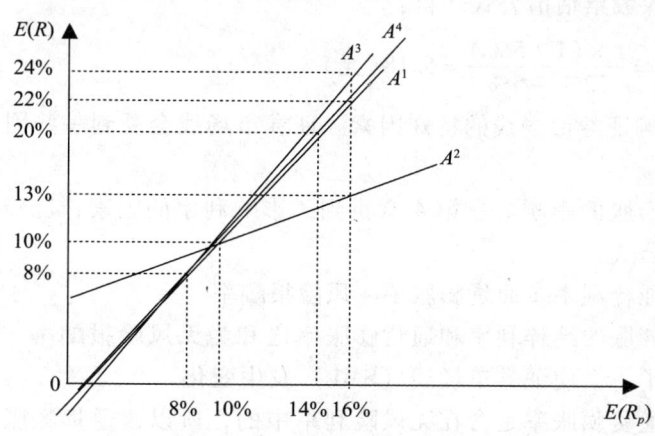

图 7-21 证券与市场投资组合报酬的关系

证券市场线（SML）图示如 7-22 所示。

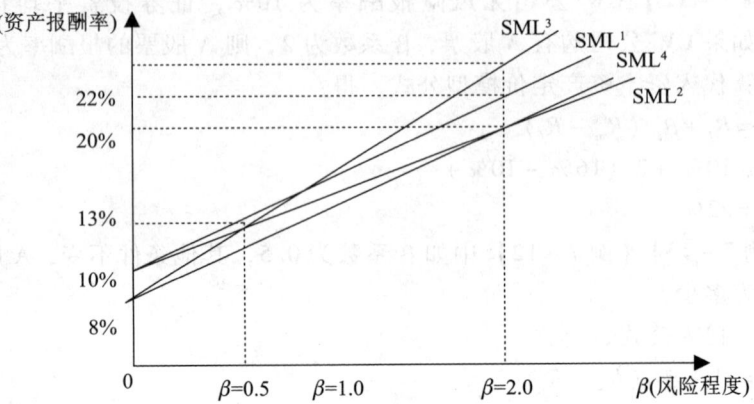

图 7-22　证券市场线

根据表 7-15 资料，计算填空：

表 7-15　　　　　　　　　资本资产定价模型关系式

R_i	R_f	β_i	R_m	R_f
	6%	2	10%	
	6%	1	10%	
15%		2		5%
20%	10%	0.5		

知道了股票的必要报酬率，联系上一章学习的内容，就可以进行财务估值了。

【例 7-16】【例 7-12】中如果 A 股票年初每股股息为 1 元，以后按照 5% 增长，A 股票的估值为多少？

解：代入股票估值公式，得：

$$V = \frac{d_1}{i-g} = \frac{1 \times (1+5\%)}{22\% - 5\%} = 6.18(元)$$

（3）影响证券市场线的特殊因素。证券市场线会受到一些因素的变化而变化：

①通货膨胀的影响。在第 4 章讲到了影响利率的因素，已经提及过通货膨胀率，有公式：

利率 = 纯粹利率 + 通货膨胀率 + 风险报酬率

无通货膨胀的纯粹利率和通货膨胀率之和为无风险报酬率。因此，当通货膨胀发生了，会使证券市场线（SML）发生变化。

又因为通货膨胀率是含在无风险利率中的，所以，通货膨胀率不会改变证券市场线（SML）的斜率，只是使得截距起点升高。

【例 7 – 17】 资料同【例 7 – 12】假如无风险报酬率为 10% 以前是不含通货膨胀率的纯利率，而现在通货膨胀率为 2%。则 A 股票的报酬率为多少？

解：无风险利率 R_f = 纯利率 + 通货膨胀率 = 10% + 2% = 12%

代入资本资产定价模型公式，得：

$$R_i = R_f + \beta_i (R_m - R_f)$$
$$= 12\% + 2(16\% - 10\%)$$
$$= 24\%$$

对比图示如 7 – 23 所示：

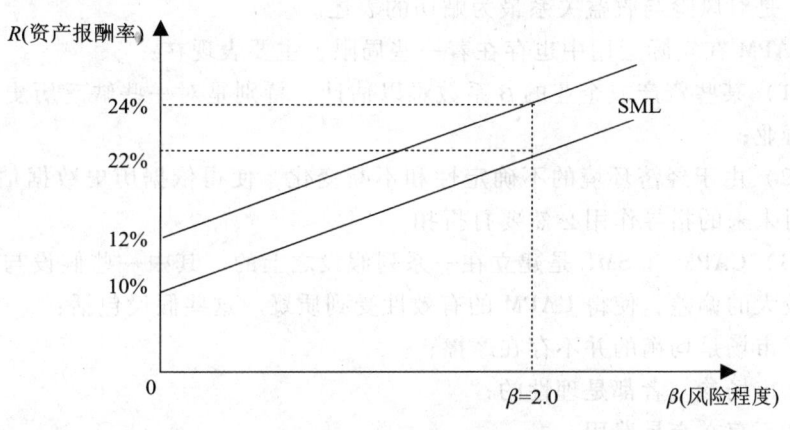

图 7 – 23 证券市场线

② 风险厌恶程度的变化。证券市场线（SML）反映了风险厌恶程度，斜率越陡，越厌恶风险。

若投资者对风险不规避，各个证券的报酬率就会是无风险利率，证券市场线（SML）就是一个水平线，如图 7 – 15 所示。

当风险厌恶增加时，风险报酬率也增加，证券市场线（SML）的斜率也会增加。当风险厌恶减少时，风险报酬率也减少，证券市场线（SML）的斜率也会减小。如图 7 – 22 中 SML^1 和 SML^2，风险报酬从 12%，即 2（16% – 10%）变到 3%，即 0.5（16% – 10%）时，资产报酬率从 22% 降到了 13%。风险越大，影响越明显。

5. 资本市场线与证券市场线的对比

（1）"资本市场线"（CML）的横轴是"标准差"，σ 既包括系统风险，又包括非系统风险；"证券市场线"的横轴是"贝塔系数"，β 只包括系统风险；

（2）"资本市场线"揭示的是"持有不同比例的无风险资产和市场组合情况下"风险和报酬的权衡关系；"证券市场线"揭示的是"证券本身的风险和报酬"之间的对应关系；

（3）"资本市场线"中的"x 轴"σ"不是证券市场线中的"β"，资本市场线中 y 轴 $E(R)$"风险组合的期望报酬率"与证券市场线的 R"期望的资

产报酬率",也即"平均股票的要求收益率"含义不同;

(4)资本市场线表示的是"期望报酬率",即投资"后"期望获得的报酬率;而证券市场线表示的是"要求收益率",即投资"前"要求得到的最低收益率;

(5)证券市场线的作用在于根据"必要报酬率",利用股票估价模型计算股票的内在价值;资本市场线的作用在于确定投资组合的比例。

6. 资本资产定价模型的有效性和局限性

CAPM 和 SML 将"高收益伴随着高风险"的认识,用简单的关系式表达出来,是对风险与收益关系最为贴切的表述。

CAPM 在实际运用中也存在着一些局限,主要表现在:

(1) 某些资产或企业的 β 系数难以估计,特别是对一些缺乏历史数据的新兴行业;

(2) 由于经济环境的不确定性和不断变化,使得依据历史数据估算的 β 系数对未来的指导作用必然要打折扣;

(3) CAPM 和 SML 是建立在一系列假设之上的,其中一些假设与实际情况有较大的偏差,使得 CAPM 的有效性受到质疑。这些假设包括:

①市场是均衡的并不存在摩擦;

②市场参与者都是理性的;

③不存在交易费用;

④税收不影响资产的选择和交易等等。

本 章 小 结

本章主要介绍了:

1. 风险报酬的含义;

2. 单项资产风险的计量:标准差和标准离差率;

3. 资产组合的风险计量:组合期望收益率,协方差,相关系数,标准差,贝塔系数;

4. 资本资产定价模型:必要收益率 = 无风险利率 + 贝塔系数(市场平均收益率 - 无风险利率),原理及其应用分析;

5. 资本市场线的分析;

6. 证券市场线的运用。

名人名言

过去是不可召回的,未来是不可预知的。

第 7 章
风险与报酬

——琼·罗宾逊

一旦有了投资机会和有效的鼓励，农民将把黄沙变成黄金。

——舒尔茨

不是所有可以计算的东西都是重要的，也不是所有重要的东西都可以被计算。

——爱因斯坦

任何数学模拟技术也不可能把傻瓜变成智者。

——丹尼斯·米道斯

预防是解决危机最好的方法。

——危机管理专家迈克尔·里杰斯特

人们说华尔街只有两种情绪——恐惧和贪婪在来回交替。贪婪的时候，人们都在赚钱，然后突然恐惧，觉得什么都没有价值了，于是赶紧跳出去。这就是人性。

——美国金融史学家约翰·戈登

练 习 题

1. 填空题

（1）根据表 7-16 资料，计算填空。

表 7-16　　　　　资本资产定价模型关系式

R_i	R_f	β_i	R_m	R_f
	5%	1.5	10%	
15%	5%		10%	
15%		0.5		5%
15%	10%	0.5		

（2）根据表 7-17 资料，计算填空。

表 7-17　　　　　资本资产定价模型关系式

甲股票		乙股票		R_p	β_p	R_m	R_f
比例%	$\beta_甲$	比例%	$\beta_乙$				
50	1	50	2			10%	5%
40	1	60	2			10%	5%
20	1	80	2			10%	5%
20	0.5	80	2.5			10%	5%
	1		2	10%		10%	5%
	1		2	12%		10%	5%
	1		2	15%		10%	5%

2. 选择题

(1) 扣除风险价值和通货膨胀因素后的利率是（　　）。

A. 货币时间价值率　　　　　　B. 债券利率

C. 股票利率　　　　　　　　　D. 贷款利率

(2) 下列各项中，不能用于单项资产风险计量的是（　　）。

A. 方差　　　　　　　　　　　B. 标准差

C. 标准离差率　　　　　　　　D. 期望收益

(3) 现有甲和乙两个投资项目，已知甲的期望报酬率40%，乙的期望报酬率20%，甲的标准差为40%，乙的标准差为50%，那么（　　）。

A. 甲项目的风险程度大于乙项目的风险程度

B. 甲项目的风险程度小于乙项目的风险程度

C. 甲项目的风险程度等于乙项目的风险程度

D. 不能确定

3. 判断题

(1) 如果某种股票的 β 系数大于1，说明其风险程度大于整个市场的风险程度。（　　）

(2) 在通货膨胀条件下，实行固定利率对债权人不利。（　　）

(3) 利润最大化目标克服了企业短期行为，考虑了风险因素。（　　）

(4) 当债券的票面利率高于市场利率时，债券溢价发行。（　　）

4. 问答题

(1) 什么是风险价值？

(2) 万科王石先生说："万科超过25%的利润不做。"请分析万科的经营策略。

(3) 资本市场上有用动物表示一些含义的习惯，比如牛市、熊市，请查阅资料回答黑天鹅和灰犀牛表示什么意思？

(4) 简述资本资产定价模型的有效性与局限性？

5. 计算题

(1) CG公司资料见表7-18：

表7-18　　　　　　　　股票未来经济情况表

状况	概率（P_i）	A股票报酬率/%	B股票报酬率/%
牛市	0.4	20	25
一般	0.4	10	20
熊市	0.2	5	10
合计	1		

请计算A、B股票的标准差后，评估CG公司A、B股票的风险。

(2) 假如预期的甲、乙、丙股票的投资报酬率和相关概率见表7-19。

第 7 章 风险与报酬

表 7-19　　　各个股票的投资报酬率

概率 P_i	甲股票收益率	乙股票报酬率	丙股票收益率
0.1	5	15	3
0.2	7	13	5
0.4	10	10	10
0.2	13	7	15
0.1	15	5	17
平均报酬率（R）			
标准差（σ）			

要求：

①分别计算甲、乙、丙股票的平均报酬率和标准差；

②分别计算甲乙、甲丙、乙丙组合的协方差；

③分别计算甲乙、甲丙、乙丙组合的相关系数；

④如果甲乙、甲丙两种组合中，甲的比例为60%；而在乙丙组合中，乙的比例为70%，分别计算三种组合的标准差为多少？

⑤甲乙丙三种股票一起组合，甲乙的比例各为40%，丙的比例为20%，其标准差又为多少？*

（3）CG公司的某种证券的β系数为2，无风险利率为6%，市场上所有证券的平均报酬率为10%，则CG公司这种证券的报酬率为多少？

（4）CG公司拟进行股票投资，计划购买A、B、C三种股票，并分别设计了甲、乙两种投资组合。已知三种股票的β系数分别为1.5、1.0和0.5，它们在甲种投资组合下的投资比重为50%、30%和20%；乙种投资组合的风险收益率为3.4%。同期市场上所有股票的平均收益率为12%，无风险收益率为8%。

要求：

①按照资本资产定价模型计算A、B、C股票的必要收益率。

②计算甲种投资组合的β系数和风险收益率。

③计算乙种投资组合的β系数和必要收益率。

④比较甲乙两种投资组合的β系数，评价它们的投资风险大小。

（5）企业有C股票，假如必要收益率为12.5%，$\beta=0.5$，无风险资产收益率为10%。现投资C股票，同无风险资产进行组合。资料见表7-20。

表 7-20　　　投资组合

C股票比重（%）	组合期望报酬率（%）	组合贝塔系数（β）
0		
50		
100		
120		

要求：计算后填制表格，并作组合期望报酬率和贝塔系数的图示。

（6）CG 公司去年支付的每股股利是 2 元，预期股利将永久性地每年增长 5%，该公司股票的贝塔系数为 1.5，无风险利率为 6%，证券市场组合的期望报酬为 10%。

要求：计算公司股票的每股价值。

（7）某投资者拟购买甲公司的股票，预计该股票下一年的每股股利为 2.8 元，现行国库券的利率为 6%，股票市场的平均收益率为 12%，该股票的 β 系数为 2。

问：

①若该股票股利固定增长，增长率为 4%，则该股票的价值为多少？

②若股票在未来时间里股利保持不变，没有增长，当时该股票的市价为每股 15 元，该投资者是否应购买？

6. 辩论题

正方观点："股市有风险，入市需谨慎。十人一赚，所以资本资产定价模型在现实中存在"；反方观点："股市有风险，入市需谨慎。十人九赔，所以资本资产定价模型在现实中不存在"。

7. 分析题

（1）请以当前的上月月末为截止，查阅并绘制近 2 年 24 个月份月末贵州茅台和宝钢股份的股价变动图（时间为横轴，股价为纵轴）。分析、验证股票组合对风险的规避。

要求：

①假如每个月末都买入 1 万元贵州茅台股票，2 年后股票为多少股？价值为多少？

②假如每个月末买入 5 千元贵州茅台股票，5 千元宝钢股份股票，2 年后股票分别为多少股？总价值为多少？

③资产组合是否有效规避了风险？

（2）请以当前的上月月末为截止，查阅贵州茅台近 2 年 24 个月份月末股价资料，并绘制股价变动图（时间为横轴，股价为纵轴），无风险报酬以当年国库券利率计，假定贝塔系数、市场报酬率两个因素中一个因素已定，评价 24 个月份贵州茅台股价在资本资产定价模型的市场报酬率，或者贝塔系数变化情况？

（3）案例应用分析

阅读材料

风险——无限风光在险峰

李白《庐山谣寄卢侍御虚舟》诗曰：

一生好为名山游。

第 7 章
风险与报酬

毛泽东词曰:"风景这边独好。"为什么?越险的地方,风景越好!"无限风光在险峰",风险大,收益也大!

有两个选择方案:A. 一定能赚 1 万元。B. 有 80% 的可能赚 1 万 5 千元,20% 的可能什么也得不到。那么人们会选择哪个方案呢?实证研究发现,大部分人都会选 A 方案。但是,在传统的经济学假设中,人被认为是理性的,在风险决策时,会尽可能多地根据自己所收集到的信息,来估计将来不同结果的各种可能性。人们会根据各种结果及其概率,计算出加权结果,然后选择其中能够获得最大期望效用的选项。如果按此方法计算一下 B 选项中的金额:$15\,000 \times 80\% + 0 = 12\,000$,是高于选项 A 中提供的 1 万元的。也就是说上题中的 B 选项的期望效用大于 A,那么为什么大家没有"理性地"选择 B 呢?如果你心存疑惑,那么,请再看下面的方案选择:A. 你一定会赔 1 万元。B. 你有 80% 的可能赔 1 万 5 千元,20% 的可能不赔钱。此时,人们又会做出何种选择呢?调查显示,大部分人会选择 B。而 B 选项如果赔钱的话,数额也是大于 A 选项的。这和赚钱的方案选择却相反。

对于"赚"和"赔",为什么大家的选择差别这么大呢?2002 年诺贝尔经济学奖获得者卡尼曼教授研究发现,第一种情境中,人们在面对收益的时候,多是偏向"风险规避"的,会选择能够带来确定收益的选项,以便把能够获得的收益紧紧握住。但是人们在面对损失的时候,也就是第二个选择题中"赔钱"的情形时,人们又多是冒险的,愿意为了"能够减少损失"这个可能性,选择勇往直前,挑战一下概率事件,而不是直接承受损失这个结果。这就是卡尼曼和他的合作者提出的"前景理论"(又称预期理论)的主要思想,即在不同的风险预期条件下,人们的行为倾向是可以预测的。而且人们的决策并不是完全从经济学角度出发的。人们在决策时是"有限理性"的,除了金钱数额外,还有更多的"非理性因素",也就是心理因素在左右着我们的决策。卡尼曼之所以获得诺贝尔经济学奖,也主要是因为他"把心理研究的成果与经济学融合到了一起,特别是在有关不确定状态下人们如何作出判断和决策方面的研究"。

问题:

(1) 你认为风险和收益是什么关系?
(2) 你认为风险和成功是什么关系?
(3) 你在第一方案中,会选 A 还是 B 呢?为什么?
(4) 你在第二方案中,会选 A 还是 B 呢?为什么?

第 8 章 企业筹资管理

教学目标

通过本章的学习，了解企业筹资的类型和原则，熟练企业筹资的渠道和方式，理解并掌握不同筹资方式的优缺点。

教学要求

知识要点	能力要求	相关知识
企业筹资	(1) 企业筹资的概括和理解能力 (2) 企业筹资的运用能力	(1) 筹资动机 (2) 筹资原则 (3) 筹资渠道 (4) 筹资分类
企业筹资的来源渠道	(1) 股权性筹资 (2) 债务性筹资	(1) 投入资本筹资 (2) 股票的基本内容 (3) 债券的基本内容 (4) 应付款项的内容

货币是一切权力的权力。

——马克思

基本概念

股权性筹资　股票　普通股　优先股　债务性筹资　银行借款
债券　租赁　经营租赁　融资租赁

 导入案例

筹集资金 G——柳梢听得黄鹂语，此是春来第一声

元杨载《到京师》诗云：

第8章 企业筹资管理

柳梢听得黄鹂语,此是春来第一声。

自然的法则是万物生长靠太阳,市场的法则是人人生活靠金钱!马克思说:"货币是一切权力的权力。"正所谓"长袖善舞,多钱善贾",要办企业,就要有钱,用钱买设备、买材料、支付人员薪酬等,G就是办企业的第一步。

工业企业的资本运动,如图8-1所示:

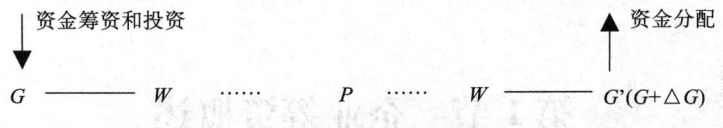

图8-1 工业企业的资本运动

自给自足的小农经济像陶渊明,乐而忘忧尚可,但是在市场经济下绝不然。列宁说:"人们忘记了:对于市场,重要的绝不是生产者的安乐生活,而是生产者拥有货币资金。"

那么,企业的货币资金从那里来呢?企业资金投入的渠道只有两个,一是借入,二是自有资金。借入资金形成债务性筹资,自有资金就是股权性筹资。企业取得资金后要先垫付资金,购买生产三要素:劳动工具、劳动对象和劳动力,完成供应过程;劳动者工人利用劳动工具加工材料进行生产,进入生产过程,产品加工完成入库,完成生产过程;产品销售,收回货款,完成销售过程。收入补偿费用,计算财务成果,分配红利,一部分资金退出企业,完成一次循环,资金周而复始的循环,就是资金周转。这个过程中,G犹如种子,W、P、W'就是发芽、生长、开花,而G'就像花之果实,正是"花开还在花落处"。

资金在循环中表现出四个特性:垫付性、周转性、补偿性和增值性。财务工作中有个岗位叫"出纳",出纳之纳字,为"收入、收进"之意。所以,"出纳"就是管理钱款收支的。"出纳","出"在先,"纳"在后,没有"出",就没有"纳"!所以,没有垫付资金就无法周转;资金不周转无法取得收入;无收入无法补偿垫付资金;无补偿何谈增值?但资金的根本特性是增值性,马克思认为资金循环的共同点是价值增值,这既是动机——"以实在货币为起点和终点的流通形式G…G',最明白地表示出资本主义生产的动机就是赚钱",又是目的——"生产过程只是为了赚钱而不可缺少的中间环节,只是为了赚钱而必须干的倒霉事。"

"路的尽头不是终结,而是超越。"(叔本华)G'也一样,G'中的△G如果全部分配,资本的下一个循环就是简单再生产;△G分配一部分,留存一部分,那么下一个循环就称为扩大的再生产。资金运动只有起点,没有终点;只有逗号,没有句号。

 **点评: 资金决定行动。**

财务管理是处理资金运动过程中各方面关系的,资金决定行动,在市场经济下一切财务活动都要用资金体现出来,货币资金既是起点,也是终点,所以,筹资是企业经营活动的起点。本章主要介绍企业筹资的几种方式,以及各种方式的优缺点等。

第1节 企业筹资概述

一、企业筹资的概念

企业筹资,是指企业根据其生产经营、对外投资以及调整资本结构等需要,通过一定的渠道,采取适当的方式,获取所需资金的一种行为。

财务管理的对象是资金运动及其所体现的经济关系。资金运动即资金的投入与退出,资金的收入与分配,资金的循环与周转。而这一切的初始内容是企业筹资,筹集资金是企业资金运动的起点。从经济学意义上讲,它是一种资金向资本的转化过程,它是决定一个企业生产经营活动能否顺利进行以及生产经营发展速度的重要环节。

企业筹资的动机一般有三种:

(1) 扩张性筹资动机,是企业因扩大生产经营规模或增加对外投资的需要而产生的追加筹资动机。

(2) 调整性筹资动机,是企业因调整现有资本结构的需要而产生的筹资动机。

(3) 混合性筹资动机,既为扩大规模又为调整资本结构而产生的筹资动机。

二、企业筹资的原则

企业筹资是一项重要而复杂的工作。企业为了有效地筹集所需的资金,处理好筹资过程中的财务关系,应当遵循下列基本原则。

1. 合法性原则

合法性原则是企业筹资管理必须遵循的一项首要原则。企业筹资活动是社会资金供求关系中的一个方面,它不仅影响企业自身的生产经营活动,也会影响投资各方的经济利益。因此,为了保护各方的权益,国家通过法律法规对企业的筹资活动进行规范。企业在筹资活动中必须遵循国家的有关法律法规,依法履行约定的责任。

2. 效益性原则

财务筹资的效益性原则,就是要求企业在筹集资金时,应该认真分析资金的投放项目，综合考察各种筹资渠道及筹资方式的资金成本和筹资风险，以尽可能小的代价实现最大的效益。

不同来源的资金，对企业的收益和成本有着不同影响，不同筹资方式下的资金成本也有高有低。企业在考虑效益性原则时应着重以下内容：①认真研究资金来源渠道和资本市场，合理选择资金来源；②对各种筹资方式进行分析、对比，选择经济、可行的筹资方式；③从多种筹资渠道和方式的结合中找到最佳的筹资结构。只有这样才可以降低资金成本，提高筹资效益。

3．合理性原则

筹集资金的目的就是要确保企业生产经营所必需的资金。如果资金不足，就会影响企业的正常生产经营活动，造成生产停工，资金周转困难，影响企业的生存和发展；如果资金过剩，就可能影响企业资金的利用效果，造成资金占用过多，不能充分发挥资金的使用效益。因此，企业筹集资金必须有一个合理的规模，使资金的筹集量和需要量达到平衡。

4．平衡性原则

平衡性原则，也称及时性原则，它要求企业在筹资时，应该根据企业资金的投资时间安排来进行筹划，使筹资与投资在时间上相协调。

遵循平衡性原则可以提高资金的利用效率，即可以保证生产经营活动对资金的需要，又可以避免资金的闲置和浪费。平衡性原则可以使企业通过制定投资计划和筹资计划，准确预测企业的现金流量，使筹资与用资在数量上和时间上都能够协调一致。

三、企业筹资的渠道

筹资渠道，是指筹措资金来源的方向与通道，体现资金的来源与流量。企业的长期筹资渠道主要包括以下几种：

1．政府财政资金

国家财政资金历来是我国国有企业筹集资金最主要的资金来源渠道，特别是国有独资企业，其资金全部由国家投资形成。现有国有企业的资金来源大部分是过去由国家财政以直接拨款方式形成的，还有些是国家对企业实行"税前还贷"或减免各种税款而形成的。在国家财政资金投入改革后，目前国家财政资金除了上述的原有方式外，还包括有权代表国家投资的政府部门向企业新投资的资金，以及经有权代表国家投资的投资企业、资产经营企业、经济实体性企业等机构向企业新投资的资金等。

2．银行信贷资金

银行信贷资金，是指我国各专业银行对企业的各种贷款，它是我国目前各类企业最为重要的资金来源之一。银行贷款方便灵活，能适应企业各种需要。目前，我国的专业银行分为政策性银行和商业银行。政策性银行是不以盈利为目的的银行，是为了贯彻国家产业政策、区域发展政策而给特定企业提供政策性贷款的金融机构。商业银行是以盈利为目的，从事信贷资金投放、为企业提供各种商业贷款的金融机构。可见，与企业财务筹资关系最为密切的是商业银行。

3. 非银行金融机构资金

非银行金融机构资金,是指各级政府及其他经济组织主办的其他金融机构向企业提供的各种资金。非银行金融机构主要有信托投资公司、证券公司、保险公司、租赁公司和企业集团所属的财务公司等。这些机构资金力量虽然不及银行,融通资金的范围也有一定的限制,但是它们所提供的各种金融服务,既包括信贷资金投放、也包括物资的融通,还包括为企业承销证券等,资金供应方式方便、灵活。

4. 其他法人资金

其他企业资金,是指企业在生产经营过程中暂时闲置的,可在企业之间以各种融资的方式加以调剂使用的资金。这些资金可能是为一定的目的而进行相互投资,也可能是在企业间的购销业务中形成商业信用。随着横向联合和企业集团的发展,企业之间资金联合和资金融通得到了广泛而深入的发展,使其他企业资金成为企业资金的重要来源。

5. 民间资金

企业职工和居民个人的结余货币作为"游离"于银行及非银行金融机构等之外的资金,形成民间资金来源渠道并为企业所用。企业可以通过发行债券、股票等方式取得企业内部职工或社会个人的闲置资金。随着股份制和证券市场的发展,民间资金已成为企业极具潜力的又一重要资金来源。

6. 企业内部资金

企业自留资金,是指企业通过提取盈余公积和保留未分配利润而形成的资金。这些资金直接在企业内部形成,故也称企业内部资金(参见前文图6-2)。随着企业财权的扩大和经济效益的提高,企业内部资金将不断增加。

7. 国外和我国港澳台地区资金

境外资金,是指外国投资者和我国香港、澳门、台湾地区的投资者投入的资金,它是我国外商投资企业的重要资金来源。

企业内部筹资

四、企业筹资的分类

企业筹集的资金可按不同的标准进行分类,一般有以下几种分类方法:

1. 按照资金形成来源分类,分为内部筹资与外部筹资

(1) 内部筹资,是指企业在企业内部通过留用利润而形成的资金来源。

(2) 外部筹资,是指企业在内部筹资不能满足需要时,向企业外部筹资而形成的资金来源。主要通过金融市场来实现。

2. 按照是否通过中介分类,分为直接筹资与间接筹资

(1) 直接筹资,是指企业不借助银行等金融机构,直接与资金所有者协商融通资金的一种筹资活动。主要有投入资金、发行股票、发行债券等方式。

(2) 间接筹资,是指企业借助银行等金融机构融通资金的筹资活动。主要有银行借款和融资租赁。

直接筹资与间接筹资的主要区别：一是筹资机制不同；二是筹资范围不同；三是筹资效率和筹资费用高低不同；四是筹资效应不同。

3．按照资金的来源渠道不同分类，分为股权性筹资、债务性筹资与混合性筹资

（1）股权性筹资，也称权益性筹资，形成企业的股权资金，是企业依法取得并长期拥有，可自主调配运用的资金。

（2）债务性筹资，也称负债性筹资，形成企业的债务资金，是企业依法取得并依约运用、按期偿还的资金。

（3）混合性筹资是指兼具股权性筹资和债务性筹资双重属性的长期筹资类型。

股权筹资和债务筹资的优劣是，股权筹资，财务风险小，但资金成本高；债务筹资，则财务风险大，但资金成本低。

4．按照所筹资金使用期限的长短分类，分为短期筹资与长期筹资

（1）短期筹资，是指企业筹资生产经营中短期内（一般指1年以内）所需要的资金。短期筹资主要用于满足企业流动资金周转的需要，如利用短期银行借款和商业信用等方式。

（2）长期筹资，是指企业筹资生产经营中长期（一般指1年以上）所需要的资金。长期筹资是一种较稳定的资金来源，主要用于厂房、设备的更新，新产品的研发，生产规模的扩大等，通常利用吸收直接投资、发行股票、发行债券、长期银行借款、融资租赁和内部留存利润积累等方式。

第2节　股权性筹资

一、注册资本制度

1．注册资本的含义

注册资本，是指企业在工商行政管理部门登记注册的资本总额。

2．注册资本制度的模式

（1）法定资本制，是指公司章程所确定的注册资本须高于或等于法定最低资本标准，在公司成立前由股东一次性足额认购完毕，股东可以全部一次性缴足，或者按照法律规定的期限及比例完成首次缴付，使公司满足法定条件得以成立的资本制度。

（2）授权资本制，是指公司设立时，虽然要在公司章程中确定注册资本总额，但发起人只需认购部分股份，公司就可正式成立，其余的股份，授权董事会根据公司生产经营情况和证券市场行情再随时发行的公司资本制度。

（3）折中资本制，是结合法定资本制和授权资本制的优势，演变而成的资本形成制度。

二、投入资本筹资

吸收直接投资是指企业以协议合同等形式吸收国家、其他企业、个人和外商等直接投入资金，形成企业资本金的一种筹资方式。它不以股票为媒介，适用于非股份制企业，是非股份制企业筹集股权资金的主要方式。

1. 吸收直接投资的形式

（1）现金，是吸收直接投资中最常用最主要的一种形式。由于现金具有很大的灵活性，可以直接用于投资，因而也是企业最乐于接受的一种形式，各国法律都对现金的出资比例作了规定。

（2）实物，是指投资者以房屋、建筑物、机器设备及各种流动资产作为投资的一种形式。这种方式需要对资产进行合理的估价，可以按评估价值，也可根据合同或协议确认的价值作价。

（3）无形资产，是指投资者以专利权、商标权、土地使用权、非专有技术等无形资产作为投资。以无形资产投资，由于其价值的不稳定性，因而要求其出资比例应符合国家规定的出资限额。

2. 吸收直接投资的管理

吸收直接投资的管理主要有以下几方面：

（1）确定合理吸收直接投资的规模。企业要进行科学的分析确定合理的筹资数额，以确保筹资规模与生产经营规模相适应，避免因筹资规模过大而造成资产闲置或因筹资不足而影响企业正常的生产经营。

（2）选择适当的出资形式。由于现金与非现金的变现能力不同，因而对生产经营的影响也不同。要确定合理的结构关系，以满足资产的流动性和收益性。这些结构关系有：现金与非现金的比例关系；实物资产与无形资产的比例关系；流动资产与固定资产的比例关系。

（3）明确产权关系。在吸收直接投资的过程中，需要将企业与投资者、投资者与投资者之间的产权关系明确下来。企业与投资者之间应以办理产权转移手续为前提；各投资者之间要以合同协议等形式确定。此外，投资后形成的国有企业需到国有资产管理部门办理产权登记。

（4）确认投资方的投资比例。企业在吸收直接投资时，不论投资方采用什么投资方式，都必须确认其投资能力。《公司法》规定：投资方对外投资总额不得超过其净资产的 50%。

3. 吸收直接投资的优缺点

（1）吸收直接投资是我国非股份制企业筹集资金所采用的最普遍最主要的形式，它具有以下优点：①直接投资属于企业的主权资金，增强企业信誉和借款能力，有利于降低财务风险；②它可以提升企业对外负债的能力；③直接投资通过筹集现金或直接取得生产技术或设备，突出特点是能尽快形成生产能力；④筹资手续简便且筹资速度快。

（2）吸收直接投资的缺点是：①筹资成本较高；②产权关系有时不够明晰，易产生产权纠纷；③不利于产权交易。

三、股票筹资的内容和分类

1. 股票的含义和种类

(1) 股票的含义。股票（Stock），是股份有限公司为筹措股权资本而发行的，表示股东按其所持股份而享有权益和承担义务的可转让的凭证。

(2) 股票的种类。

①按股东的权利和义务分类，可分为普通股和优先股。

普通股，是股份公司发行的没有特别权利的股份，是最基本、最重要的股份，是标准股票。

优先股是相对于普通股而言的。主要指在利润分红及剩余财产分配的权利方面，优先于普通股。兼优先股虽为公司的权益资金，但却兼有债券的性质。

②按是否记名分类，分为记名股票和不记名股票。

记名股票是在股票票面上记载股东的姓名或名称的股票。记名股票除了股票上记载的股东外，其他人不得行使其股权，且这种股票的转让有严格的法律程序，需办理过户手续。按照我国《公司法》的规定，向发起人、法人、国家授权投资的机构发行的股票应为记名股票。

不记名股票则是在股票票面上不记载股东姓名和名称的股票，其转让自由方便，不需办理过户手续即可实现。

③按股票票面是否标明面额分类，分为面额股票和无面额股票。

面额股票，是在票面上标有金额的股票。持有这种股票的股东，其对公司所享有的权利和所承担的义务的大小，依据其股票面额占公司发行在外的股票总面值之和的比例而定。

无面额股票，是在票面上不标明金额，只载明所占公司股本总额的比例或股份数。无面额股票由于不能反映出股票是否溢价，不利于会计的核算。为规范股票发行，我国《公司法》规定股票必须标明面额。

④按投资主体的不同分类，分为国家股、法人股、个人股等。

国家股，是指有权代表国家投资的部门或机构以国有资产向公司投入而形成的股份。它由国务院授权的部门或机构拥有，并委派代表。

法人股，是指企业法人以其可支配的资产投入公司而形成的股份，或具有法人资格的事业单位和社会团体以国家允许用于经营的资产向公司投入而形成的股份。

个人股，是指社会个人以及公司内部职工以其个人合法财产投入公司所形成的股份。

⑤按上市的地区分类。可分为A股、B股和H股。A股是供我国个人和法人以人民币认购的股票；B股和H股是以人民币标明面值但以外币认购的股票，H股在香港上市。

⑥按股市的规模、作用和层次等综合分类。分为主板（一板）、创业板（二板）和三板。

主板市场，也叫一板市场，是指传统意义上的证券市场（通常指股票市场），是一个国家或地区证券发行、上市及交易的主要场所。

创业板市场，也叫二板市场，是一国证券主板市场之外的证券交易市场，它的明确定位是为具有高成长性的中小企业和高科技企业融资服务，是针对中小企业的资本市场。与主板市场相比，在二板市场上市的企业标准和上市条件相对较低。

三板市场，也叫代办股份转让系统，是证券公司以其自有或租用的业务设施，为非上市股份公司提供股份转让服务，也即常说的股权交易市场。

2. 普通股和优先股

（1）普通股的权利。普通股股东一般具有以下权利：①公司管理权，在股东大会的表决权；②分享盈余权，红利分配权；③出让股份权；④优先认股权，新股发行的优先认股权；⑤剩余财产要求权，分配公司剩余财产的权利。

（2）普通股的优缺点。普通股筹资的优点主要表现在：①没有固定利息负担；②没有固定到期日，不用偿还；③筹资风险小；（吸收直接投资：有利于降低财务风险）；④能增加公司的信誉；⑤筹资限制较少。

普通股筹资的缺点主要表现在：①资金成本较高；②容易分散控制权。

（3）优先股的权利。优先股股东一般具有以下权利：①主要表现在分派股利和分配公司剩余资产的顺序优先于普通股；②优先股的股息固定，不受公司经营状况的影响。一般认为，优先股虽为公司的权益资金，但却兼有债券性质的证券混合体；③没有表决权和管理权；④通常具有可转换特征，即优先股股东可以将其转换为普通股；⑤通常有一个约定的回购或者赎回价格。

一般来说，优先股多选择在以下几种情况下发行：公司初创，急需筹措资金时；公司财政欠佳，不能追加债务时；为避免股权稀释等等。

需要注意的是：①优先认股权不是优先股股东的权利；②剩余财产要求权，在公司破产清算时，是位于债权人、优先股股东之后的。

3. 股票的发行价格

股票的发行价格是指股票发行时所采用的价格。它通常是由股票发行公司综合考虑股票市场行情，股票面额及其他相关因素而决定的。股票的发行价格有以下几种：

（1）平价发行，也称等价或面额发行，即以股票的票面额为发行价格。这种方式简单易行但缺乏灵活性，无法取得股票溢价收入。

（2）时价发行，也称市价发行，是以股票在流通市场上的现行价格为基准来确定的价格。

（3）中间价发行，是指按介于平价和市价之间的价格发行股票的一种方式。

我国《公司法》规定，股票的发行价格可以等于票面金额（平价），也可以超过票面金额（溢价），但不得低于票面金额（折价）。

行走规律

第3节 债务性筹资

负债资金也称借入资本,是指企业依法筹措并依约使用、按期偿还的资金。包括:银行借款、发行债券、融资租赁、商业信用等具体形式。

一、银行借款

银行借款是指企业向银行等金融机构借入的须限期偿还本息的款项。根据借款时间的长短,可分为长期借款和短期借款。借款期限在1年以上的为长期借款,主要用于购建固定资产和满足长期流动资金占用的需要;借款期限在1年以内的为短期借款。

1. 长期借款

(1) 长期借款的种类。

①按提供贷款的机构分类,分为政策性银行贷款、商业银行贷款等。

政策性银行贷款具有政策倾向性,其贷款面较窄。

商业银行以"效益性、安全性、流动性"为经营原则,在产业政策指导下,根据国民经济和社会发展需要,向工商企业提供贷款。

②按是否提供担保分类,分为抵押借款和信用借款。

抵押借款,是以特定的抵押品为担保取得的借款,抵押品可以是不动产及机器设备等实物资产,可以是股票债券等有价证券,也可以是专利权等无形资产。如果企业到期不能偿还借款,银行有权对抵押品进行处置。

信用借款,是凭借借款人的信用而取得的借款,只有资信良好,并且确能偿还借款的企业才能取得借款。信用借款的风险要大于抵押借款,因而借款利率要高于抵押借款利率,而且会附加一些限制条款。

除此之外,还可以按照借款用途分类,分为基本建设、更新改造、科技开发和新产品试制贷款等。

(2) 长期借款的保护性条款。由于长期贷款的期限长,风险大,所以通常银行在与企业签订借款合同时,为保证借款能按时偿还,往往要提出一些保护性的条款,主要包括以下内容:

①一般性保护条款。对借款企业流动资金持有量的规定,其目的在于保持借款企业资金的流动性和偿债能力。如:对现金股利支付的限制和再购入股票的限制,以防止现金流出过多;对资本支出规模的限制,目的在于减少企业日后变卖固定资产以偿还贷款的可能性;限制其他长期债务,目的在于防止其他贷款人对企业资产的优先求偿权。

②例行性保护条款。作为例行性常规,在多数借款合同里都会出现。如:借款企业定期向银行报送财务报表;不能出售较多资产;如期清偿到期债务;不准以任何资产作为其他承诺的担保或抵押;不准贴现应收票据或转让应收

账款;不准过多租赁固定资产;

③特殊性保护条款。主要针对某些特殊情况而出现在某些借款合同中。如:贷款专款专用;不准企业投资于短期内不能收回资金的项目;限制企业高级职员的薪金和奖金总额;要求企业主要领导人在合同有效期间担任领导职务;要求企业主要领导人购买人身保险等。

(3) 长期借款筹资的优缺点。

长期借款筹资的优点主要有:

①筹资速度快,长期借款的手续相对于债券和股票融资的手续简单得多;

②借款弹性较大,企业借款时可以根据自身的要求和能力与银行具体协商有关条件,用款期间若发生变动也可与银行再进行交涉,具有一定的灵活性;

③借款成本较低,由于借款利息在税前支付,且属于直接筹资,所以筹资成本较低;

④可以发挥财务杠杆的作用。

长期借款筹资的缺点主要有:

①筹资风险较高;

②限制性条款比较多,由于限制性条款较多,约束了企业的生产经营和借款的作用;

③筹资数量有限。

2. 短期借款

(1) 短期借款的种类。短期借款按照借款的目的和用途分为若干种:生产周转借款、临时借款、结算借款等;按偿还方式分为一次性偿还借款和分期偿还借款;根据利息支付方式可分为收款法借款、贴现法借款和加息法借款;按有无担保分为抵押借款和信用借款等等。

(2) 短期借款的信用条件。按照国际惯例,银行发放短期借款往往附带一些信用条件,有以下内容:

①信贷限额。是指银行规定的企业无担保借款的最高限额,有效期通常为1年。在信贷限额内企业可随时使用,但银行并不承担必须提供全部信贷限额的义务。

②周转信贷协议。银行具有法律义务承诺提供不超过某一最高限额的贷款协议。在协议期内,银行必须满足企业不超过最高限额的借款要求。在使用周转信贷协议时,银行要对企业未使用部分的贷款按比例收取一定的承诺费。

【例8-1】CG公司向银行签署的周转信贷协议的贷款额度为5 000 000元,承诺费率为0.5%,借款期限内使用了3 000 000元,计算承诺费为多少?

解:公司贷款额度:5 000 000元,使用额度3 000 000元,未用额度2 000 000元。

则,公司需向银行缴纳承诺费为:

2 000 000 元 × 0.5% = 100 000 元

③补偿性余额。是指银行要求借款企业在银行保持一定数额的最低存款余额，以降低银行的贷款风险。最低存款余额按贷款限额或实际借款额的一定百分比计提，通常为 10% ~ 20%。对于借款企业而言，补偿性余额意味着借款的实际利率提高了。

【例 8-2】CG 公司向银行借入款项 1 000 000 元，年利率 10%，银行要求 15% 的补偿性余额，计算实际利率为多少？

解：公司实际的借款额为：1 000 000 × (1 - 15%) = 850 000（元）

公司实际年利息为：1 000 000 × 10% = 100 000（元）

则，该款项的实际利率为：100 000 元 ÷ 850 000 元 = 11.76%

④借款抵押。为降低财务风险，银行往往对那些信誉没有足够把握的企业要求提供必要的担保品来取得借款。短期借款的担保品一般是应收账款、存货、股票、债券等。银行按担保品面值的 30% ~ 90% 提供贷款。

(3) 短期借款利息的支付方法。一般来讲，借款利息可以有三种方法计算：

①收款法。是在借款到期时企业向银行支付利息的方法。

②贴现法。是指银行在给企业发放贷款时，预先从本金中扣除贷款利息，而以扣除利息后的余额贷给企业，借款到期时，企业要偿还全部本金的一种计息方法。使用这种方法，企业实际负担的利率要高于名义利率。

【例 8-3】某公司向银行采用贴现法借款 100 000 元，为期 1 年，年利率 8%。计算名义利率为多少？

解：贴息额为：100 000 元 × 8% = 8 000 元

所以，公司实际借得的款项为：100 000 元 - 8000 元 = 92 000 元

则，实际利率为：8 000 元 ÷ 92 000 元 = 8.7%

③加息法，是银行发放分期等额偿还贷款时采用的利息计算方法。采用这种方法，银行要将按名义利率计算的利息加到本金上，要求企业分期等额偿还本息之和。由于贷款逐期偿还，企业实际上只使用了贷款额度的一半，但是利息却全额支付，因此，实际利率约是名义利率的一倍。

【例 8-4】某公司按加息法向银行借入资金 30 000 元，年利率 10%，分 12 个月偿还，计算名义利率为多少？

解：借款利息为：30 000 元 × 10% = 3 000 元

公司全年实际占用贷款为：30 000 元 ÷ 2 = 15 000 元

则，实际利率为：3 000 ÷ 15 000 = 20%

(4) 短期借款的优缺点。短期借款使用灵活，取得方便，是短期负债融资中仅次于商业信用的一种融资方式；其缺点是成本较高，限制条件较多，会使企业的筹资风险加大。

二、发行债券

1. 债券的含义和构成要素

债券（bonds），是债务人依照法定程序发行，承诺按约定的利率和日期支付利息，并在特定日期偿还本金的书面债务凭证。

债券的基本要素包括面值、期限、票面利率和债券的价格四个方面。

2. 债券的种类

（1）按债券是否记名分类，分为记名债券和无记名债券。

记名债券，是指券面上记载有公司债券持有人的姓名或者名称的债券。可以挂失和补发，安全性好。

无记名债券，指在券面上不需注明债权人姓名，也不在公司名册上登记。流动性较好；缺点是债券遗失或被毁损时，不能挂失和补发，安全性较差。

（2）按债券能否转换为公司股票分类，分为可转换债券和不可转换债券。

可转换债券，是指持有者可以在一定时期内按一定比例或价格将之转换成一定数量的另一种证券（股票）的债券。

不可转换债券，是指债券发行时没有约定可在一定条件下转换成普通股这一特定条件的债券。

（3）按有无特定的财产担保分类，分为信用债券和抵押债券。

信用债券，是指没有抵押品，完全靠公司良好的信誉而发行的债券。

抵押债券，是指债券发行人在发行一笔债券时，通过法律上的适当手续将债券发行人的部分财产作为抵押，一旦债券发行人出现偿债困难，则出卖这部分财产以清偿债务。

3. 债券的发行

债券的发行价格，是指债券发行时所使用的价格。它要受几方面因素的影响，如债券面值、票面利率、市场利率和债券期限等，其中最主要的是市场利率和票面利率，当二者不相一致时为了协调买卖双方的利益，就需要调整债券的价格：当票面利率高于市场利率时，则按高于面值的价格发售，即溢价发行；当票面利率低于市场利率，则按低于面值的价格发售，即折价发行；当两者相等时则按票面价格发售即平价发行。债券发行价格的公式为：

债券发行价格 = 本金现值 + 各期利息现值

 知识链接

在我国，国债的发行方式几经变迁。时至今日，已演变为四种发行方式并存，它们分别是：直接发行，代销发行，承购包销发行，招标拍卖发行。

（1）直接发行方式，指的是财政部面向全国，直接销售国债。这种发行方式，共包含三种情况：

一是各级财政部门或代理机构销售国债，单位和个人自行认购。

二是20世纪80年代的摊派方式,带有强制性的认购。

三是所谓的"私募定向方式",财政部直接对特定投资者发行国债。例如,对银行,保险公司,养老保险基金等,定向发行特种国债,专项国债等。

(2)代销发行与直接发行正好相反,财政部委托代销者,负责国债的销售。我国曾经在20世纪80年代后期和90年代初期,运用过这种方式。

(3)至于承购包销发行,顾名思义,就是指大宗机构投资者,先承购国债,只有包销出去,才能够获利。自20世纪90年代中后期,承购包销成为我国国债发行的主要方式。

(4)国债的招标拍卖发行,有两种具体方式,竞争性招标和非竞争性招标。

①前者既然冠名为竞争性,自然就暗含了非它意味,在竞争性招标条件下,投标者把认购价格和数量提交招标人,招标人据此开标。决定中标的依据,就是发行价格的高低。投标者认购价格高,招标者受益就大,所以出价高者胜出。

②而非竞争性招标,乍一看与竞争性招标相似,实则差异巨大。说它们相似,是因为,非竞争性招标沿用竞争性招标的方式开标;说它们不同,是指它们结果不同。实行竞争性招标,只有出价最高的投资者,获得国债发行权。而采取非竞争性招标,却类似于吃大锅饭,参加投标的投资者人人有份。

通过非竞争性的方式,招标拍卖方式发行国债,在中标价格确定上,有两种有代表的招标规则:"荷兰式"招标和"美国式"招标。

所谓"荷兰式"招标。指的是中标价格是单一价格,这个单一价格通常是投标人报出的最低价,所有投资者按照这个价格,分得各自的国债发行份额。

而"美国式"招标,中标价格为投标方各自报出的价格。比如在一场招标中,有三个投标人A,B,C,他们投标价格分别为85元,80元,75元,那么按照"荷兰式"招标,中标价格为75元。倘若按照"美国式"招标,则ABC三者的中标价格分别是85元,80元和75元。

我国从1996年开始,将竞争机制引入国债发行,而且从2003年起,财政部对国债发行招标规则进行了重大调整,即在原来单一式"荷兰式"招标基础上,增加"美国式"招标方式,招标的标的确定为三种,依次是利率,利差和价格。

4. 债券筹资的优缺点

(1)债券筹资的优点。

①筹资成本较低。由于债券利息在税前支付,因而可使企业获得节税利益。

②保障控制权。债券的持有人无权参与发行公司的管理决策,不会影响企业所有者对企业的控制权。

③可发挥财务杠杆的作用。债券的利息不随企业盈利的增加而增加,因

此,能为企业带来财务杠杆作用。

(2) 债券筹资的缺点。

①财务风险较高。债券到期需还本付息,当企业经营状况不佳时会给企业带来较大的财务困难。

②约束条件多。发行债券的限制条件要比股票、借款等方式的限制条件多,从而限制了企业的筹资能力。

③筹资数量有限。利用债券筹资的数量通常要受一定数额的限制。

三、融资租赁

1. 租赁的含义和分类

租赁,出租人在承租人给予租金的条件下,在契约或合同规定的期限内,将财产租让给承租人使用的一种经济行为。租赁是企业筹资的又一种特殊方式。

从承租人的角度看,租赁分为经营租赁和融资租赁两种形式。经营租赁是传统意义上的租赁,它的租赁期短,承租人租赁的目的主要是通过租入设备获得设备的短期使用权,租赁期满,资产的所有权仍归出租方所有,不发生转移,因此,它不属于借贷关系的范畴。

融资租赁,又称财务租赁,是由出租人按照承租人的要求融资购买设备,并在合同或契约规定的较长时期内提供给承租人使用的信用业务。融资租赁租期较长,一般为租赁财产寿命的一半以上。在租期内,出租人一般不提供设备维修和保养方面的服务。期满后,承租人在交付一定的转让费后,可取得设备的所有权。融资租赁的租金较经营租赁的租金高,租金总额大致等于设备买价减残值加贷款利息加出租人的管理费,一般都高于设备价款的 30% ~40%。

 **知识链接**

租赁——把跳高改为跨栏

改革开放初期,我国流传这样一句话:"造船不如买船,买船不如租船。"为什么呢?如果单从经济上讲,租船成本最低,而且租船的租金是慢慢支付的。买船和造船的钱是一次性支付,如把买船比做撑杆跳、造船比做跳高的话,那么租船就如同跨栏,租赁就如同把难逾越的撑杆跳和跳高变成了一步而过的跨栏。财务理论认为租赁是债务的完美替代。

租赁从性质上分为经营性租赁和融资性租赁。经营性租赁是一种为满足企业生产经营临时需要而进行的租赁。其特点是租赁期较短,租赁期满,租赁的物品要交还出租人。融资性租赁是指在实质上转移与一项资产所有权有关的全部风险和报酬的一种租赁。其同经营性租赁相比,特点为:

(1) 租期较长(一般达到租赁资产使用年限的75%以上);

(2) 租约一般不能取消；

(3) 支付的租金包括物品的价款、租赁费和借款利息等；

(4) 租赁期满，承租人有优先选择廉价购买租赁资产的权利。

现代租赁理论认为，融资租赁具有巨大功能，即融资、促销、促进投资和资产管理。融资租赁因其具有融资和融物相结合、金融和贸易相结合的特征，已成为市场体系一个重要组成部分和资源配置的一种重要方式，是吸引外资、引进外资、引进技术、促进投资及推动出口的重要手段，是发达国家继银行信贷之后又一种重要的融资渠道。

1952 年，现代融资租赁在美国出现。目前，发达国家融资租赁业的市场渗透率（融资租赁在固定资产投资中所占比例）已达到 15% ~ 30%。在我国，这个比例还较低，仅有约为 1.5%，融资租赁市场前景光明无限，蕴育无数商机。

（资料来源：杨尚军. 会计物语 [M]. 西南交通大学出版社 . 2008.）

2. 融资租赁的形式

融资租赁包括售后租回、直接租赁和杠杆租赁三种形式。

(1) 售后租回。售后租回，即根据协议，企业将某资产卖给出租人，再将其租回使用。

(2) 直接租赁。直接租赁，即承租人直接向出租人租入所需要的资产，并付出租金。

(3) 杠杆租赁。杠杆租赁要涉及承租人、出租人和资金出借者三方当事人。从承租人的角度来看，这种租赁与其他租赁形式并无区别，同样是按合同的规定，在基本租赁期内定期支付定额租金，取得资产的使用权。但对出租人却不同，出租人只出购买资产所需的部分资金作为自己的投资；另外以该资产作为担保向资金出借者借入其余资金。因此，它既是出租人又是贷款人，同时拥有对资产的所有权，既收取租金又要偿付债务。如果出租人不能按期偿还借款，资产的所有权就要转归资金的出借者。如图 8-2 所示。

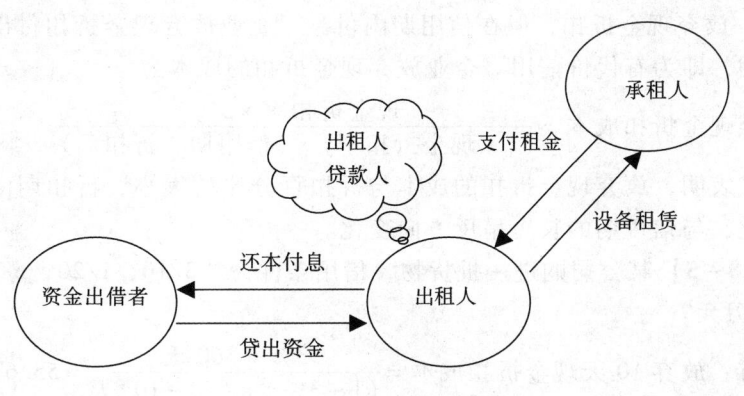

图 8-2 杠杆租赁示意图

3. 融资租赁筹资的优缺点

融资租赁筹资的优点主要有：

（1）筹资速度快，租赁手续简便，能迅速获得企业所需资产，形成生产能力；

（2）限制条款少；

（3）设备淘汰风险小；

（4）财务风险小，租金可以分期支付，减轻了企业的资金负担；

（5）税收负担轻，租金是通过折旧的方式计提的，可减少企业应纳税所得额而获得节税利益。

融资租赁筹资的主要缺点就是资金成本较高。一般来说，其租金要比举借银行借款或发行债券所负担的利息高得多，企业要支付远高于设备价款的租金，过高的租金费用有时也会成为企业的负担。

四、商业信用

商业信用（commercial credit），是指在商品交易中由于延期付款或预收货款所形成的企业间的借贷关系。商业信用属于企业短期的融资行为，是在商品交易中产生的，是自发性的融资。具体形式主要有：应付账款、应付票据和预收账款等。

1. 应付账款

应付账款，是指企业购买货物后暂不付款，而是在卖方规定的付款期限内付款，买方利用这种形式来获得短期的融资。

一般情况下，卖方为了鼓励买方尽快付款，会提出信用条件，如"3/10，1/20，n/30"表示在 10 天内付款，可以获得 3% 的折扣优惠，超过 10 天在 20 天内付款，可以获得 1% 的折扣优惠，超过 20 天没有折扣，但必须在 30 天内付款。在此情况下，买方企业有三种决策：

（1）享有现金折扣。如企业在折扣期内付款，则可获得免费信用，信用额度为净购价扣减现金折扣后的款项，信用期最长为折扣期。

（2）放弃现金折扣，但在信用期内付款。企业放弃现金折扣付出代价而获得信用，即为有代价信用。企业放弃现金折扣的成本为：

$$放弃现金折扣成本 = \frac{现金折扣率 \times 360}{(1 - 现金折扣率) \times (信用期 - 折扣期)}$$

公式表明，放弃现金折扣的成本与折扣百分比的大小、折扣期的长短同方向变化，与信用期的长短呈反方向变化。

【例 8-5】某公司购进一批货物，信用条件为"3/10，1/20，n/30"，货款为 35 万元。

则有：$$放弃10天现金折扣成本 = \frac{3\% \times 360 \text{天}}{(1 - 3\%) \times (30 - 10)\text{天}} = 55.67\%$$

$$放弃20天现金折扣成本 = \frac{1\% \times 360 \text{天}}{(1 - 1\%) \times (30 - 10)\text{天}} = 36.36\%$$

若企业能以低于放弃现金折扣成本的利率借得款项,便应在折扣期内付款;而如果企业在折扣期内将款项用于短期投资可获得高于放弃现金折扣成本的收益率,则应放弃折扣,但也应将付款期推迟到信用期的最后一天,以降低放弃现金折扣的成本。

(3) 逾期支付。即企业拖延付款期,超过了信用期,如上例,企业50天付款。在这种情况下,企业可由于时间的延长而降低放弃现金折扣的成本,但同时也会带来信誉上的损失,这对企业是非常不利的。

【例8-6】上例【例8-5】企业50天付款,则:

$$放弃现金折扣成本 = \frac{3\% \times 360 \text{天}}{(1-3\%) \times (50-10) \text{天}} = 27.84\%$$

2. 应付票据

应付票据,是企业进行延期付款商品交易时开具的反映债权债务关系的票据。利用票据融资的方法也称票据融资。根据承兑人的不同,应付票据可分为商业承兑汇票和银行承兑汇票,支付期一般为1~6个月,最长不超过6个月。应付票据可以带息,也可以不带息,利率通常比银行借款利率低,所以其融资成本低于银行借款成本。但是票据到期必须归还,所以财务风险较大。

3. 预收货款

预收货款,是指根据合同,卖方在交付货物前向买方预先收取部分或全部货款的信用形式。这种方式相当于卖方向买方借用资金后用货物抵偿,常见于紧俏商品,或生产周期长、资金需要量大的商品,企业需要预收货款以补充资金。

除了上述三种形式外,企业在日常的非商品交易中也会自发地产生一些短期的融资行为,如:应付职工薪酬、应交税费、其他应付款等等,通常不需要花费代价。

第4节 资本结构

一、资本结构的含义和作用

资本结构(capital structure),是指企业各种资本的价值构成及其比例关系,是企业一定时期筹资组合的结果。广义的资本结构是指企业全部资本的构成及其比例关系。企业一定时期的资本可分为债务资本和股权资本,即负债和所有者权益,也可分为短期资本和长期资本。狭义的资本结构是指企业各种长期资本的构成及其比例关系,尤其是指长期债务资本与股权资本之间的构成及其比例关系。

研究证明,资本结构与公司治理结构密切相关。在市场经济条件下

资本结构与资产负债表

的企业中，债务和股权不仅应看作是可替代的融资工具，而且还应看作是可替代的治理结构。资本结构是公司治理结构最重要的一个方面，公司治理结构的有效性在很大程度上取决于资本结构。现代公司组织中存在三个基本治理：治理结构（关于控制权的配置），资本构成或财务结构（关于债务和股本比例），激励结构（关于监督和奖惩经营者的机制和形式）。在这三个基本机构中，不仅控制权和配置直接跟治理结构相关，而且资本构成和激励结构也会对公司控制权产生影响，从而也跟治理结构相关。资本结构的选择在很大程度上决定着企业治理结构的效率的高低。

反之，公司治理结构的不同也影响资本结构的选择，即不同的公司治理模式下，资本结构的选择是不同的。如在内部人控制的公司中，内部人完全能够控制公司，基本上可以按照自己的意志和价值取向选择融资方式和资本结构，使上市公司大量低成本的套取股东的钱，却不必高效地使用这些钱，不受股东的约束，不受市场的约束，这必然导致股权融资的强烈偏好。

二、几种常用的结构名词

1. 财务结构

财务结构，是指企业全部资金来源（短期负债，长期负债和股东权益）之间的比例关系，反映了债权人提供资金和企业自有资金来源的相对关系。财务结构和资本结构都是从资金来源的角度划分，绝大多数文献都把资本结构和财务结构当作是可以"相互替代"的两个词，如果二者可以替代的话，财务结构可以理解成是广义的资本结构。

2. 融资结构

融资结构，是从融资方式的角度来划分的，分为内部融资和外部融资，直接融资和间接融资，债券融资与股票融资。

3. 资产结构

资产结构，是指资产的结构，主要包括流动资产与长期资产之间的比例关系，流动资产内部速动资产与非速动资产以及各项目之间的比例关系，长期资产内部各项目之间的比例关系，无形资产和有形资产，对外投资和生产经营所用资产的比例关系。

4. 资金结构

资金结构，亦称资本结构，是指企业各种资金的构成及其比例关系。资金是企业再生产过程中所拥有的各种财产物资的货币表现，其分布就是资产结构，其来源就是资本结构。

第 8 章 企业筹资管理

本 章 小 结

本章主要介绍了企业筹资的几种方式；重点是股票的含义、分类和股票筹资的优缺点；重点是债券的含义、分类，以及债券筹资的优缺点；融资租赁、应付款项等的基本内容。

 名人名言

没有资金支援的构想，终究只是构想而已。

——麦克罗斯基

凡权力行使的地方，就有责任。

——法国管理学家亨利·法约尔

《安娜·卡列尼娜》开篇讲，幸福的家庭都是相似的，不幸的家庭各有各的不幸。我告诉你们，静态模型都是相似的，随机模型各有各的不幸。

——经济学教授萨金特

我愿股市永不走低，但若永不走低，钱将没有了价值。

——印度诗人萨姆尔

期货等衍生品好比一个巨大的"保险公司"，能比其他方式更快速、准确、低成本地调整金融市场的风险。

——金融期货之父利奥·梅拉梅德

练 习 题

1. 选择题

（1）相对于发行股票而言，发行公司债券筹资的优点为（　　）。
A. 筹资风险小　　　　　　　　B. 限制条款少
C. 资金成本低　　　　　　　　D. 筹资额度大

（2）下列不属于权益类筹资方式的是（　　）。
A. 长期借款　　　　　　　　　B. 普通股
C. 吸收直接投资　　　　　　　D. 留存收益

（3）相对于发行债券而言，发行公司股票筹资的优点为（　　）。
A. 筹资风险大　　　　　　　　B. 不用偿还
C. 保障控制权　　　　　　　　D. 资金成本低

（4）下列企业债务资金筹资方式有（　　）。

A. 发行股票　　　　　　　　　B. 长期借款
C. 购买债券　　　　　　　　　D. 购买优先股

2. 问答题

(1) 简述普通股筹资的优缺点。

(2) 发行债券筹资有哪些优缺点？

3. 辩论题

根据资本结构的观点，为了提升公司治理结构，提出股票筹资方案。

正方观点：股票筹资提升公司治理结构利大于弊；

反方观点：股票筹资提升公司治理结构弊大于利。

4. 分析题

(1) 查阅雷士照明控制权资料，分析其资本结构和公司治理情况。

(2) 案例应用分析。

 阅读材料

杠杆与成本收益原则

杠杆（Leverage）是一个物理名词，是指在力的作用下能绕固定支点转动的杆，改变支点和力点间的距离，可以产生大小不同的力矩，这就是杠杆原理。人们借助杠杆，只要给予一个较小的力便撑起较重的物体，使用同样的力，举起物体的重量取决于杠杆支点到力点的长度。在经济学等学科中也都广泛应用了杠杆理论。经济学所指的杠杆是有形的，通常指的杠杆作用，反映的是不同经济变量之间的相互关系。

小时候，老师给我们讲过古代文彦博树洞取球的故事，文彦博曾居洛阳，任西京留守，并将自己在伊川房子让给程颐开办"伊皋书院"。他小时候和小朋友玩球时，球掉进了树洞，文彦博用水灌洞取出了球。你一定还记得这个故事，好，现在笔者再来讲述一个乒乓球故事：在球场上，有一个老鼠洞，有人在旁边打乒乓球，球滚进了洞里。问怎么把球取出来？有人说，用水灌；有人讲，挖出来，对否？从财务会计学的角度来考虑，回答都有疏漏。准确的回答，应该是看所用的成本同乒乓球价格相比，值不值？如乒乓球价格大于取球成本，就灌水或努力挖，挖地三尺也要把它挖出来；反之，就不要了。

阿基米德曾说："给我一个支点，我能把整个地球撬起来。"这个支点就是杠杆的支点。在经济上，我们考虑问题时也有一个支点，就是成本——收益的平衡点，即我们决策可行性正确与否的转换点，这就是成本——收益原则。成本收益原则（principle of benefit over cost）是经济学中一个最基本的理性概念，理性经济人的行为均受此限制，其一向被认为是经济决策的"黄金定律"，且无时不在，无处不有。所谓成本——收益原则是某项目的所费同所得，即投入产出之比或之差，是否合乎我们的评价标准的原则。正如我们所谓的获取洞中的乒乓球是否值得的价值判断。

再举个简单实例。如果你有100万元，原收益率15%，那么，你一年赚的钱为100万元×15%＝15万元；如借款年利率为10%，你再借1 000万元，那么，除去付的借款利息后，你一年赚的钱就是100万元×15%＋1 000（15%－10%）万元＝65万元；如果你没一分钱，但能借来1 000万元，借款年利率还是10%，你一年赚的钱为1 000（15%－10%）万元＝50万元，这种动力会计上称为杠杆效益，这就是推动企业从外部借助的动力。当然杠杆是把双刃剑，因为利润率是在利率调节之后形成的，如利润率低于利率，就会血本无归。因此，足够长的杠杆既可以带来"撬起地球"般的胜利，也可能是毁灭性的灾难。

国际会计准则认为：效益和成本之间的平衡，与其说是一个质量特征，倒不如说是一个普遍存在的约束因素。①

问题：

（1）有人说现在上大学不划算，不如打工，因为大学四年不仅没有收入，还有较大的支出，请问如何分析上学和打工的成本和效益？

（2）如果上大学的四年，还要申请借款，请再分析一下上学和打工的成本和效益？

---

① 国际会计准则2002. 中国财政经济出版社，2003：35.

第 9 章 企业投资管理

教学目标

通过本章的学习，了解企业投资的分类、特点，掌握投资管理的原则与投资依据，了解现金流量的分析计算方法，以及项目投资评价的基本指标。

教学要求

知识要点	能力要求	相关知识
投资的概述	(1) 企业投资的概括和理解能力 (2) 投资的运用能力	(1) 投资的含义 (2) 投资的功能 (3) 投资的分类 (4) 投资的特征 (5) 投资的原则
投资决策的依据	(1) 投资的具体内容 (2) 具体投资的决策依据	(1) 投资的程序 (2) 固定资产投资 (3) 无形资产投资 (4) 流动资产投资 (5) 债券投资 (6) 股票投资
投资的评价	(1) 深入理解现金流量的内涵 (2) 投资评价的方法	(1) 现金流量的含义 (2) 现金流量的计算 (3) 投资评价指标及计算

> 人应该在实践中证明自己思维的真理性，即自己思维的现实性和力量，亦即自己思维的此岸性。
>
> ——马克思

 基本概念

投资	直接投资	间接投资	投资决策	现金
付现成本	非付现成本	现金流量	现金流入量	现金流出量
净现金流量	建设期	营运期	原始投资	净现值
静态回收期	动态回收期	内含报酬率		

第 9 章 企业投资管理

 **导入案例**

中国对外投资

中国的对外投资,从 2008 年的 260 亿美元、2013 年的 1 078.4600 亿美元,到 2016 年的 1 961.5 亿美元,对外投资存量已到达 1.36 万亿美元,规模越来越大。

对全球对外直接投资(FDI)市场的控制程度往往显示一个国家的经济实力;英国 1914 年曾经拥有对外直接投资的 45%,美国 1967 年顶峰期为 67%,而当今中国仅仅拥有 6%,多数为国有企业的中国上市公司目前大部仍为非跨国性质,其成长空间显而易见。

就业情况是一个国家经济运行状态的重要晴雨表。据美国经济学家分析计算,每投资 10 亿美元将产生 1.7 万个就业机会。

 **点评:投资决策正确是成功的一半。**

投资决策是根据企业内外环境的各个因素下确定的工作方案,决策决定着行动,一切管理活动都要按照决策的方案执行,所以,好的投资决策是投资成功的一半。本章主要介绍投资的含义、分类,以及投资决策分析的基础内容:现金流量的含义、计算和评价指标等。

第 1 节 企业投资概述

一、企业投资的内涵与功能

1. 企业投资的内涵

投资(investment),是指特定经济主体(包括国家、企业和个人)为了在未来可预见的时期内获得收益或使资金增值,在一定时期向一定领域的标的物投放足够数额的资金或实物等货币等价物的经济行为。从特定企业角度看,投资就是企业为获取收益而向一定对象投放资金的经济行为。

企业投资,是指企业为了在未来获取收益而向一定对象投放资本的经济行为。这种行为具有目的性、时间性、收益性和风险性的特征。投资按照包括的内容有广义和狭义之分,广义投资既包括购置生产设备、兴建工厂、建造生产线、改造设备等生产性资产投资,也包括购买政府公债、企业股票、公司债券等金融性资产投资。狭义投资仅指金融性资产投资。

2. 企业投资的功能

企业投资是企业生产经营活动中极为重要的资本支出活动,它直接关系到企业未来物质技术基础的正常形成和经济资源的合理配置,直接影响企业未来生产经营的持续性发展和经济效益的长远性提高。能否正确地制定和实施企业投资决策,在很大层面上制约着企业未来的发展前途和命运。具体来讲,企业投资具有以下几方面的功能。

(1)企业投资是实现财务管理目标的基本前提。企业财务管理目标是不断提高企业的价值。为此,企业在发展的过程中必须采取各种措施增加利润,同时降低风险。企业要想获得利润,必须进行投资,在投资中获取效益。

(2)企业投资是发展生产的必要手段。在科学技术、社会经济迅速发展的今天,企业无论是维持简单再生产还是实现扩大再生产,都必须进行一定的投资。要维持简单再生产的顺利进行,就必须及时对所需要使用的机器设备进行更新,对产品和生产工艺进行改革,不断提高职工的科学技术水平等;要实现扩大再生产,就必须新建、扩建厂房,增添机器设备,增加职工人数,提高人员素质等。企业只有通过一系列的投资活动,才能创造增强实力、广开财源的不可缺少的条件。

(3)企业投资是降低风险的重要方法。企业如果把资金投向生产经营的关键环节或者薄弱环节,就可以使企业各种生产经营活动能力配套、平衡,形成更大的综合生产能力。企业如果把资金投入上下游,则可以控制企业供应、销售渠道,增加企业的一元化控制能力。企业如果把资金投向多个行业,实行多元化经营,则可能增加企业销售和盈余的稳定性。这些都是降低企业经营风险的重要方法。

(4)企业投资是价值创造的重要途径。企业进行财务管理活动的最终目标是实现企业价值最大化。要想实现这一目标,企业既要设法降低风险,又要尽可能实现价值增值,其最有效的方法就是进行投资。只有进行投资,才能使企业在生产经营中规避一定的风险,同时获取较大的效益,为企业创造价值。

二、企业投资的分类与特征

1. 企业投资的分类

不同的投资项目,其决策的标准及评价方法会有差异,因此,应该对投资进行科学的分类。根据不同的分类标准,企业投资可分为不同的种类。

(1)按照投资行为介入的程度分类,分为直接投资和间接投资。

①直接投资(direct investment),是指由投资人直接介入的投资行为,即投资者把资本直接投入投资项目,形成生产经营性实物资产或购买企业现有资产,以获取收益的投资。通过直接投资,投资者可以拥有企业全部或部分资产及经营所有权,资本的所有者与资本的使用者相统一,直接进行或参与企业的经营管理,对被投资企业具有较大的控制力。

②间接投资(indirect investment),是指投资者不直接介入的投资行为,即投资者以其资本购买政府债券、公司债券、金融债券或公司股票等,来获取收益的投资。间接投资也称证券投资,资本的所有者与资本的使用者是相

分离的，投资者一般不直接参与企业的经营管理决策。间接投资的资本运用比较灵活，可以随时调用或更换其他资产。

（2）按照投资的对象分类，分为生产性资产投资和金融性资产投资。

①生产性资产投资，是指将资本投向企业生产经营活动所需资产的投资，例如投资厂房、机器设备、存货等。这种投资属于直接投资，在企业内部进行，投资后不改变资本的控制权归属，只是指定了企业资本的用途。生产性资产投资又可进一步分为长期资产投资和流动资产投资。

②金融性资产投资，是指将资本投向金融资产（金融产品）的投资，例如投资债券、股票等。这种投资属于间接投资，投资人把资本交给别人支配并换取某种所有权凭证，同时也失去了对资产的实际控制权。

（3）按照投资的方向分类，分为对内投资和对外投资。

①对内投资（internal investment），是指把资本投放在企业内部，取得供本企业生产经营用的各种资产的投资。对内投资都是直接投资。

②对外投资（external investment），是指以现金、实物、无形资产等方式或者以购买股票、债券等有价证券方式向其他单位的投资。对外投资主要是间接投资，也可以是直接投资。

（4）按照投资的回收时间分类，分为短期投资和长期投资。

①短期投资（short – term investment），又称流动资产投资，是指在1年内可收回的投资，主要包括对现金、应收账款、存货、短期有价证券等的投资。长期有价证券如准备随时变现也属于短期投资。

②长期投资（long – term investment），是指1年以上才能收回的投资，主要包括对厂房、机器设备等固定资产的投资，也包括对无形资产和长期有价证券的投资。

（5）按照投资在再生产过程中的作用分类，分为初始投资和后续投资。

①初始投资，是指在建立新企业时所进行的各种投资。它的特点是投入的资本通过建设形成企业的原始投资，为企业的生产、经营创造必要的条件。

②后续投资，是指为巩固和发展企业再生产所进行的各种投资，主要包括为维持企业简单再生产所进行的更新性投资，为实现扩大再生产所进行的追加性投资，为调整生产经营方向所进行的转移性投资等。

（6）按照投资的风险程度分类，分为确定性投资和风险性投资。

①确定性投资，是指未来情况可以较为准确地予以预测的投资。由于未来的结果较为确定，风险比较小，因此企业在进行此类投资的决策时，可以不考虑风险问题。

②风险性投资，是指未来情况不确定、难以准确预测的投资。由于未来结果难以预测，风险比较大，企业在进行此类投资的决策时，应该充分考虑到投资的风险问题，采用科学的投资分析方法，以做出正确的投资决策。企业的大多数战略性投资都属于风险性投资。

（7）按照投资项目的相互关系进行分类，分为独立型投资和互斥型投资。

①独立型投资，是指某一投资项目是否应予选择，完全不受其他任何投资项目是否应予选择的影响，只需考虑其自身是否可行的投资。在这类投资中，各有关备选投资项目或方案可以同时并存，它们之间既不相互冲突，也不彼此依赖。就独立型投资方案的决策分析而言，其所要解决的问题是如何在筛选出若干可行性方案的基础上，根据某种特定决策标准对它们进行排序，继而确定投资顺序。

②互斥型投资，是指在两个或两个以上不能同时并存、相互排斥的投资项目中做出最终抉择的投资。在这类投资中，必须按照"非此即彼"的原则，经过与之相联系的至少1个以上的备选投资项目进行比较和筛选之后才可决定。比如，在可以生产同种产品的两种不同型号的机器设备中做出购买何种型号生产设备的选择。就互斥型投资方案的决策分析而言，其要解决的问题是如何在计算、分析有关备选方案的预期效益的基础上，根据某种特定的决策标准对它们进行比较、鉴别，继而选定一个最优的决策行动方案。

除了上述几种分类方法之外，按照投资的内容不同分类，分为固定资产投资、无形资产投资、开办费投资、流动资金投资、房地产投资、有价证券投资、期货与期权投资、信托投资、保险投资等多种形式；按照对未来的影响程度分类，分为战略性投资和战术性投资；按照投资的效果分为有效投资和无效投资等。

2. 企业投资的特征

从财务管理上说，投资具有以下几个特征：

（1）财力上的预付性。投资是在实际的经营活动进行之前发生的，具有预付的性质，这种预付的投资只有在投资形成生产经营能力或投资实际运转后才能收回。

（2）时间上的选择性。投资并非随时进行的，只有客观上存在投资的条件即投资的可能和必要时，投资时机才真正到来。

（3）空间上的流动性。在投资的过程中，投出的资本不仅会在空间上流动，而且投出资本转化成的实物和证券等也会产生形态上的流动。

（4）目标上的收益性。尽管各个具体的投资在目的上不尽相同，但是这些投资的终极和长远目标都是取得投资收益。

（5）收益的不确定性。投资是为了获取收益，但这些收益是在未来才能获得的，最终收益是多少事先难以知晓，它具有不确定性，也就是风险性。

（6）回收上的时限性。任何投资都必须收回，否则无人愿意投资。由于资本时间价值的存在，投资不仅要收回，而且应及时收回。

（7）效果上的综合性。在市场经济条件下，企业能否把财务资源投放到收益高、回收快、风险小的项目上去，对企业的生存和发展都是十分重要的。企业进行投资是取得利润的基本前提，是发展生产和经营的必要手段，也是降低风险的重要途径。因此，投资是最综合的财务行为。

3. 企业投资的基本原则

企业为实现获利、增加企业价值的投资目标，应确立以下几个投资的基本原则：

（1）安全性原则。安全性原则，是指投资活动应做到保全资本，保证收益，避免过高的投资风险。安全性高低往往与投资风险成反比，企业要追求安全性较高的投资，就需要以放弃一定的风险收益为代价。

（2）流动性原则。流动性原则，是指投资应在资产不发生损失的情况下，争取可以随时变换成现金。流动性往往与收益成反比，企业追求投资的流动性，可能要以降低收益为代价。

（3）收益性原则。收益性原则，是指投资应以获得股息、利息和经营收益等为目标。投资收益的大小往往与投资风险的高低有着密切的联系，一般情况是风险越高，要求取得的报酬也越高。

以上三个原则之间有一致的地方：安全性高，就保障了一定的收益性；收益性和安全性高，易于随时变现，也就有很高的流动性。但是，不同的资产投资，其收益性、安全性和流动性也不一样，同一种资产通常又不会同时兼备高收益性、高安全性和高流动性。因此，在选择对象、安排资产组合时，就会遇到三个原则要求相互矛盾的情况。这就要在收益性、安全性和流动性之间寻求一种动态平衡，即在保证资产安全和流动的前提下，追求最大限度的收益。

第2节　企业投资的决策依据

一、企业投资决策的一般程序

投资决策，是指在充分考虑影响投资的各种因素的基础上，运用专门的方法，经过科学测算和比较分析，提出若干可行方案，并从中选择最优方案的过程。

投资决策按备选方案数量分类，可分为单项投资方案决策和多项投资方案决策两种。单项投资方案决策是指确定某项方案是否可行的决策；而多项投资方案决策则是指在确定多项方案的可行性后，从中选择最佳方案的决策。

正确的投资方案，不仅会给企业带来良好的经济效益，而且还会为企业将来的发展创造良好的条件，使企业在市场竞争中立于不败之地；错误的投资决策，不仅会给企业带来投资损失，还会使企业在经营上陷入困境，甚至导致企业倒闭。因此企业在实施投资行为之前，一定要作好投资的可行性研究和决策工作，确保投资决策的正确性。

投资决策的程序：

1. 明确投资目的，确定投资方向

在企业经营总目标下，每一项投资都有其具体的投资目标，即该项投资要解决什么问题，达到什么目的。这个目标是投资方案选择和投资效果评价的依据，是投资决策要解决的首要问题。

2. 选择投资项目，提出备选方案

确定了投资目标后，就要决定投资项目，如进行证券投资还是其他投资，并提出若干备选方案，以供挑选。

3. 收集相关信息，进行可行性研究

收集备选投资方案在政策、技术、经济、社会等各方面适宜性、完善性的信息，对备选投资方案进行全面分析、研究，充分考虑决策成本、资金的时间价值、资金成本、现金流量等因素，提出研究结果。

4. 考虑风险因素，比较、分析和决策

对可供选择的方案，在对照、分析了计量因素和非计量因素之后，从技术上、经济上、管理要求上加以评价，选出最符合期望目标的方案。

二、具体投资决策的内容和依据

如前所述，企业投资从不同的角度可以有不同的分类。而对投资决策分析评价有显著影响差异的是生产性资产投资和金融性资产投资两大类。此外，生产性资产投资中的固定资产投资、流动资产投资，金融性资产投资中的股票投资、债券投资等投资品种以及企业投资的期限也会对投资评价与决策产生影响。

1. 固定资产投资

（1）固定资产投资的特点。固定资产投资（fixed assets investment），是指将资本投向企业生产经营活动所需的厂房、机器设备等方面的投资。相对于其他投资，固定资产投资具有如下几方面的特点。

①投资额大。固定资产投资，尤其是战略性扩大生产能力的投资，一般都需要比较多的资本，在资产总额中占有非常大的比重。因此，固定资产投资对企业未来的现金流量和财务状况都会产生重大的影响。

②影响时间长。固定资产投资一般投资期及发挥作用的时间都比较长，对企业未来的生产经营活动，甚至长期的经营活动都将产生深远的影响。

③变现能力差。固定资产投资一般不准备在一年或一个营业周期内变现，而且投资一旦完成，要想改变就比较困难，要么是无法实现，要么就是代价很大。可见，固定资产投资的变现能力较差。

④投资风险大。固定资产投资额大、时间长和变现能力差，影响未来收益的因素也多，必然造成其投资风险较大。一旦决策失误，就会给企业带来无法逆转的损失。

（2）固定资产投资的决策程序。固定资产投资管理在企业财务管理活动中占有十分重要的地位。由于这类投资具有很大的风险，一旦决策失误，会严重影响企业的财务状况和现金流量，甚至导致企业破产。因此，企业决策者必须在认真调查研究的基础上，依照特定的程序，运用科学的方法，对每一项投资做出分析，以确保投资决策的正确性和可行性。固定资产投资的决策程序如下：

①确定投资目标。在进行固定资产投资决策时，首先必须遵循统筹规划的原则，按照企业长期经营目标的要求，明确规定某一特定固定资产投资在未来特定时间的投资报酬水平，为其确定一个明确的、具体的奋斗目标。就某一特定的投资项目而言，其决策目标的确立是企业未来总体奋斗目标的分解和落实，是企业长期经营目标的阶段化、对象化和数量化。这也就是说，企业管理当局必须通盘考虑某一投资决策项目面临的主客观环境，为其确立一个经过努力可以实现的最高投资报酬水平，从而既为投资决策实施指明方向，也为投资决策评价提供依据。

②提出投资建议。提出投资建议是固定资产投资决策步骤中的重要一步。能否根据企业外部市场条件和企业内部经营需要提出合理的投资建议，对于能否正确确定投资方向、能否如愿取得预期投资效益、能否最终实现投资目标关系极大。在实际工作中，企业最高管理当局必须全心全意地发动和依靠企业内部各部门、生产经营各领域、企业管理各层次的主管人员和全体员工，充分调动他们的积极性和创造性，最大限度地发挥他们的聪明才智，在调查研究、集思广益的基础上，提出投资建议，确定投资项目，为企业可预见的未来寻求新的投资机会，并拓展新的发展空间。

③拟定投资方案。固定资产投资项目确定之后，就应该为其拟定两个或两个以上的可行或者备选投资方案。某个投资项目具有可行性必须具备以下条件：

一是，该能保证最终实现有关投资的特定决策目标；

二是，应该能同企业当时所面临的环境保持高度的适应；

三是，应具有排他性。

显然，要使有关固定资产投资的可行性完全达到上述条件，必须经过某种特殊的设想、分析、探索过程，确切掌握该方案的基本结构、约束条件、预期结果和应对措施等。

④评价投资效益。在可行性投资方案拟订之后，就可以按照特定的评价标准、采用特定的评价方法，经过系列的计量、分析、筛选、评价之后，从中选定在现实条件下让决策者满意的投资方案。也就是说，投资效益的评价过程也是若干备选方案之间明确差异、权衡利弊、比较优劣的过程。评价的直接目的是选定技术上最先进、经济上最合理的投资方案，然后交由企业管理当局进行最终决断，据以选定最佳的固定资产投资行动方案。

⑤决策行动方案的贯彻实施。投资决策行动方案一经选定以后，就可以按照与之相应的专项资本预算所限定的现金流量计划，具体组织方案的贯彻实施，将有关预算指标予以逐项分解、层层落实，在企业内部有关责任部门或责任个人之间形成针对特定投资项目的任务执行网络。能否科学、合理地组织投资的实施工作，是投资决策行动方案能否顺利进行并取得预期成效的重要保证。

⑥方案实施结果的考核评价。在组织实施投资方案的整个过程中，应该适时、适当地进行有针对性的计量、分析、监测和追踪工作，努力做好有关

信息的收集、加工和反馈,准确把握决策方案的实施进度与质量。

在这方面的工作重点应该是:通过特定固定资产投资的实际现金流量与其预计现金流量的比较,揭露矛盾,发现差异,分析形成原因,制定改进措施。只有这样,才能进一步加强固定资产投资管理,不断提高投资收益。

(3) 固定资产投资的决策依据。

①固定资产投资评价指标。固定资产投资决策需要依据各种指标进行计算判断。常用的指标有投资回收期、投资报酬率以及现金流量等。投资回收期是指由于投资引起的现金流入累积到与原始投资额相等所需要的时间;投资报酬率是指项目投资所带来的年平均回报;现金流量是指与投资决策相关的现金流入和现金流出的数量。企业在具体进行固定资产投资决策时,可以采用考虑货币时间价值的现金流量,也可以采用不考虑货币时间价值的现金流量。前者叫做贴现的现金流量,后者叫做非贴现的现金流量。常用的贴现现金流量指标有净现值、内含报酬率、现值指数等。

②固定资产投资决策依据。固定资产投资决策的依据是,一项固定资产投资的结果应该能够增加企业的价值。一般而言,当项目投资的报酬率超过企业的资本成本时,企业的价值将会增加;当项目投资的净现值大于零时,企业的价值将会增加;关于资本成本、现金流量、净现值的内容将会在后续章节进行详细讨论。

2. 无形资产投资

(1) 无形资产的含义。无形资产(intangible assets),是指企业拥有或者控制的没有实物形态的可辨认非货币性资产。它代表着企业拥有的一项法定的特殊经济权利,或者获取超额收益的能力。随着科学技术的进步和市场竞争的加剧,无形资产对企业越来越重要,已经被公认为是企业的一种无形财富,是企业进行价值创造的重要工具之一。

(2) 无形资产的内容。无形资产是一个整体性的概念,它由很多性质相同但却相互独立的项目组成。无形资产的内容很多,但是总的来看,主要包括以下几项:

①专利权,是一种技术使用权,经国家专利机关审核合格后授予发明人的专有权利。例如,某种产品的配方、造型、结构、制造工艺等方面都可以形成专利权。专利权具有排他性、时间性和地域性的特点。专利发明者可以自行使用专利权,也可以出售给他人使用。

②商标权,是指商标所有者对自己的商品使用某种标志的特殊权利,它是用来辨认商品的标记。在我国,企业所使用的商标必须经过工商行政管理部门核准注册后才具有法律效力。商标权可以转让、继承和交易。

③著作权,是国家版权管理部门依法授予著作作者于一定年限内发表、再版和发行其作品的权利。著作权也可以进行出售或转让。

④土地使用权,是指企业根据有关规定依法享有在土地上进行生产经营等活动的权利。根据《中华人民共和国土地管理法》,我国实行土地的社会主义公有制,任何单位和个人不得侵占、买卖或以其他形式将土地非法转让

给单位、个人使用。土地使用权可以依法转让和收取收益。

⑤非专利技术，也称专有技术，是指企业所采用的先进的、未公开的、不受法律保护的、依靠保密手段所拥有的技术和诀窍。专有技术能给企业带来超额利润，但只能采用保密的方式进行保护，不受国家法律保护，也不具有有效期。专有技术可以自制、购买或转让。

需要注意的是，作为投资性房地产的土地使用权和企业合并中形成的商誉，不包括在无形资产的范围之内。

（3）无形资产的特点。虽然企业的无形资产投资和固定资产投资都属于长期投资，但是两者的特点却不完全相同。无形资产投资除了具有固定资产投资所具有的特点外，还具有其他一些比较明显的特点。

①不具实物形态。无形资产不具有实物形态，不能被人们的感官所感触，是隐形存在的资产，这是区别于有形资产的主要特点。

②计价评估不明晰。无形资产在计价评估上不明晰。有些无形资产与企业整体的存在相关，用公认的会计准则核算其发生的费用比较困难，如自创的商标权和专有技术等。

③效益不确定。无形资产所带来的经济效益具有不确定性。这是由其成本和盈利水平的不确定性因素造成的。有的无形资产只有在特定情况下才能存在并发挥作用，有的无形资产的收益期不易确定。

④垄断性和排他性。无形资产投资具有一定的垄断性和排他性。有些无形资产受到法律保护，有些不公开，有些是企业的特殊条件形成的。因此，不是所有的企业都能用某种无形资产进行投资。

⑤时间性。无形资产具有一定的时间性。一般来说，无形资产是和企业结合在一起使用的，如果该企业因为某种原因不存在了，无形资产亦随之消失，除非企业在此之前已经将无形资产出售出去。

（4）无形资产投资的决策程序。作为与固定资产投资具有相同属性的无形资产投资，在投资管理程序方面也是一致的，包括五个步骤：投资项目的提出——投资项目的评价——投资项目的决策——投资项目的执行——投资项目的再评价。

（5）无形资产投资的决策依据。无形资产投资所涉及的金额一般较大、时间一般较长，所以投资决策所考虑的因素基本上与固定资产投资决策所要考虑的因素相同，即一项无形资产投资的结果应该能够增加企业的价值。需要注意的是，在采用投资报酬率、现金流量等指标进行无形资产投资评价时，要根据无形资产的固有特点，特别考虑风险因素。关于风险与报酬的关系，将在后续章节进行详细讨论。

3. 流动资产投资

（1）流动资产的含义。流动资产（current assets），是指可以在1年以内或者超过1年的一个营业周期内变现或者运用的资产，包括现金、交易性金融资产、应收账款和存货等。流动资产投资管理的好，不仅可以减少企业对资金的需求，而且可以提高整个企业的资产报酬率，降低企业所面临的风险。

(2) 流动资产投资的特点。流动资产投资，是指将资本投向企业生产经营活动所需的流动资产的投资。相对于固定资产投资而言，流动资产投资具有以下几方面的特点：

①回收期短。流动资产投资一般在1年或超过1年的1个营业周期内收回，对企业影响的时间比较短。

②流动性强。流动资产在循环周转过程中，要经过供、产、销三个阶段，其占用形态不断地由一种形态转变为另一种形态，即按"现金——原材料——在产品——产成品——应收账款——现金"的顺序转化。这种转化在企业再生产过程中循环往复，其占用形态也不断变化。这种变动性也就是流动资产的流动性。流动性与变现能力相关，如遇意外情况，可迅速变卖流动资产，以获取现金，用于偿还债务。

③投资具有并存性。在流动资产循环周转过程中，不断有资本流入，也不断有资本流出，流入和流出总要占用一定的时间。但从供、产、销的某一瞬间看，各种不同形态的流动资产（储备资本形态、生产资本形态、成品资本形态）是同时并存的。否则，全部资本都处在其中的任何一个阶段上，企业的生产经营过程就会中断。

因此，保证各种资本形态的合理配置和资本周转的畅通无阻，是生产经营活动顺利进行的必要条件。

④投资具有波动性。流动资产在企业再生产过程中的投资并非是一个常数，随着供、产、销的变化，资本占用的数量有大有小，起伏不定，具有波动性。季节性生产企业如此，非季节性生产企业也是如此。

(3) 流动资产投资管理的基本要求。在流动资产投资过程中，应注意以下两点：

①既要保证满足生产经营需要，又要合理节约使用资本。流动资产投资管理应服务于生产经营，做好资本供应，保证满足企业生产经营的合理需要量。但同时也要注意控制和节约资本，因为过多的资本投放在流动资产上，要付出较多的资本成本代价，从而影响投资的收益性。

②保证资本使用与物资运动相结合。资本是物资的货币表现，资本使用同物资运动有密切的联系。在流动资产投资管理中，必须把资本使用同物资运动结合起来，尽量做到钱出去、货进来，货出去、钱进来。但由于市场的竞争，企业不可避免地会给客户提供商业信用，这就需要控制好应收账款投资，尽快收回货款，降低坏账损失比率。

(4) 流动资产投资的决策依据。由于流动资产投资有一个不断投入和收回的循环过程，这一过程没有终止的日期，因此，难以直接用投资报酬率和现金流量来评价其投资效果。一种普遍的流动资产投资的决策依据是：以最低的管理成本满足生产经营周转的需要。

4. 债券投资

债券投资（debt investment），是指企业以现金或其他形式购买另一家企业的债券的一种投资，其投资对象是各种债券，债券投资可以分为短期债券投资和长期债券投资。

（1）债券投资的目的。企业进行短期债券投资主要是为了配合企业对资本的需求，调节现金余额，使现金余额达到合理水平。当企业现金余额太多时，便投资于债券，使现金余额降低；当现金余额太少时，则出售原来投资的债券，收回现金，使现金余额提高。

企业进行长期债券投资主要是为了获得稳定的收益。

（2）债券投资的决策依据。企业决定是否购买某一种债券，其主要依据是评价其收益和风险。债券投资的决策标准应该是高收益、低风险。

①债券投资的收益评价。评价债券收益水平的指标是债券价值和债券到期收益率。

债券作为一种投资，现金流出是其购买价格，现金流入是利息和偿还的本金，或者出售时得到的现金。债券未来现金流入量的现值就是债券价值。在不考虑风险的情况下，只有债券价值大于其购买价格时才值得购买。债券价值是债券投资决策时应该考虑的重要因素。

债券的到期收益率，是指购买债券后，一直持有该债券至到期日可以获得的收益率。该收益率是指按复利计算的收益率，它是能使未来现金流入量现值等于购买债券时的现金流出量的折现率。债券的票面利率通常不能作为评价收益的标准。因为，票面利率相同的两种债券，如果一种每年付息，而另一种到期一次还本付息，那么这两种债券实际的经济价值就会有很大的差别。因此，要考虑货币的时间价值。一般情况下，不考虑货币时间价值的各种计算收益的方法，不能作为债券投资决策的依据。

②债券投资的风险评价。尽管债券的利率一般固定，但是债券投资仍然与其他投资一样，存在风险。债券投资的风险主要包括：利率风险、购买力风险、再投资风险、违约风险和流动性风险。

利率风险，是指由于利率变动而使投资者遭受损失的风险。由于债券价格会随着利率变动，即使没有违约风险也会存在利率风险。一般来说，债券的到期时间越长，利率风险越大。长期债券的利率一般比短期债券要高。减少利率风险的方法是分散债券的到期日。

购买力风险，是指由于通货膨胀而使债券到期或出售时所获得的货币资本的购买力下降的风险。一般而言，在通货膨胀时，变动性收益的债券比固定性收益的债券能更好地避免购买力风险。

再投资风险，是指购买短期债券而没有购买长期债券，无法通过再投资而实现预期收益的风险。例如，长期债券的利率为10%，短期债券的利率为8%。为了减少利率风险，投资者购买了短期债券。在短期债券到期收回现金之后，如果市场利率降低到6%，投资者只能找到收益率为6%的投资机会。这样，就不如当初购买长期债券，现在仍然可以得到10%的收益率。

违约风险，是指借款人无法按期支付债券利息和偿还本金的风险。避免违约风险的方法是不购买质量差的债券。

流动性风险，是指债券无法在短期内以合理价格出售的风险。减少流动性风险的方法是购买上市的国库券或大公司的债券。

上述的利率风险、购买力风险和再投资风险属于系统风险，即不可分散风险，它是由于外部经济环境因素变化引起整个金融市场不确定性增强，从而对市场上所有债券都产生影响的风险。而违约风险和流动性风险属于非系统性风险，即可分散风险，它是由于特定经营环境或特定事件变化引起的不确定性，从而对个别债券产生影响的风险。后者可以通过投资组合将风险分散。

③债券投资的流动性考虑。企业投资于债券有时是为了购置未来设备或者偿还未来负债作资金储备。这时债券到期日必须与未来用款日相适应。到期日是考虑债券利率风险时的一个重要因素。债券购买日离到期日越远，其承受的利率风险越大，也就越有可能受市场利率的影响导致债券价格的下降；反之，利率风险越小。另外，债券的变现能力也是投资者应该注意的因素，有的债券有较为发达的流通市场，投资者转让时能够及时变现，这样的债券投资风险较小。

（3）债券投资的优缺点。

债券投资是企业证券投资的一种重要形式，但是，对于投资者来说，债券投资有优点，也有缺点。

债券投资的优点主要有：

①投资风险较小。投资风险较小是相对于股票投资而言的。债券投资的本金有法律保护，到期能够收回，也就是说对方具有法定的义务到期偿还这笔债务及其利息，所以债券投资风险相对较小。即使对方破产清算，债券投资者也能优先于股东收回其投资。

②收入比较稳定。收入比较稳定是指债券投资者每年能收到的利息收入在购买债券时就已经明确，在购买的债券票面上已经注明，不像股票的股利收入是不确定的，有无股利都不清楚。收入的稳定性是指债券投资者既知道每年能分回债券利息，又知道应分的数额，这一数额是稳定不变的。而股利分配则既不知道是否有，更不知道有多少。

债券投资的缺点主要有：

①购买力风险较大。在通货膨胀率上升的情况下，企业拥有货币资产会产生购买力损失，承担货币性负债会产生购买力利得。债券投资属于债权性货币性资产，在通货膨胀率较高时，其本金和利息的购买力将不同程度地受到侵蚀，从而产生购买力损失。

②没有对被投资企业的控制权。债券投资者是被投资企业的债权人，不是所有者，他只有按约定分得利息、到期收回本金的权利，不能对被投资企业实施控制。当企业购买债券后，资本已投入被投资企业，不论被投资企业对其资本的使用是否得当，经营管理效果是好是坏，债券投资者都无权干涉。因此，债券投资者也就无法保证其资本的安全合理使用。

③债券投资的收益率一般较低。债券投资的收益比较稳定且明确，风险较小，但是，其收益率较低且固定不变也是债券投资的不足。企业经营的目的是获得较高的收益，企业如果把大量的资本用于债券投资，不可能产生较

高的收益,难以实现财务管理中股东财富最大化的目标。

5. 股票投资

股票投资(stock investment),是指企业以现金或其他形式买另一家企业的股票的一种投资。对股票投资者来说,股票只是一张有价证券,凭着这张证券,他可以分享一定的权利,或者可以将其出售并期望售价高于买价,以获取收益。

(1) 股票投资的目的。企业进行股票投资的目的主要有两种:一是获利,即作为一般的证券投资,以获取股利收入及股票买卖差价。在这种情况下,企业仅将某种股票作为证券组合的一个组成部分,不会冒险将大量资本投资于某一企业的股票上。二是控股,即通过购买某一企业的大量股票达到控制该企业的目的。在这种情况下,企业集中资本投资于被控企业的股票上,这时考虑更多的不是目前利益,即股票投资收益的高低,而是长远利益,即占有多少股权才能达到控制的目的。

(2) 股票投资的决策依据。企业决定是否购买某一种股票,其主要依据是评价其收益和风险。股票投资的决策标准应该是高收益、低风险。

①股票投资的收益评价。评价股票收益水平的指标是股票价值和股票的预期收益率。而股票的面值和股票过去的实际收益率都不能作为评价股票收益的标准。

股票价值,是指其预期的未来现金流入量的现值,它是股票的真实价值或内在价值。股票的未来现金流入包括每期预期的股利和出售时的价格收入两部分。股票价格,是指股票在市场上买卖的价格股票的价格主要由预期的股利和当时的金融市场利率所决定,同时还受整个经济环境变化和投资者心理等复杂因素的影响。评价股票的主要方法是计算其价值,然后与股票市价比较,视其低于、高于或者等于市价,决定买入、卖出或者继续持有。

股票的预期收益率,是评价股票价值使用的收益率,它是预期未来的收益率。具体包括两部分:预期股利收益率和预期资本利得收益率。只有股票的预期收益率高于投资者要求的最低收益率,他才愿意投资。这里的最低收益率是该投资的机会成本,即其他投资机会可获得的收益率,通常也可以用市场利率来衡量。

②股票投资的风险评价。一般来说,普通股投资的收益与风险都会高于优先股投资和债券投资。在企业经济效益较好时,债券和优先股投资者只能分得规定的、固定的利息和股息,更多的企业净收益都为普通股投资者获得;但当企业经济效益恶化时,债券投资者最先获得报酬,其次是优先股投资者,普通股投资者可能没有任何可分的利润了。此外,股票投资所支付的本金是不能收回的,如果企业清算,其分配也是按债券投资者、优先股投资者、普通股投资者顺序进行。所以,股票投资,特别是普通股股票投资的收益和风险都是较大的。对付风险的最普遍方法就是投资的分散化,即选择若干种证券加以搭配,建立证券投资组合。通过多种证券的收益高低、风险大小的相互抵消,使证券投资组合在保持特定收益水平的条件下把总风险减少到最低

限度，或者在将风险限制在愿意承担的特定水平条件下尽可能使收益最大化。

（3）股票投资的优缺点。随着我国股票市场的发展，股票投资在企业证券投资中变得越来越重要，它是一种具有挑战性的投资，既有优点，也有缺点。股票投资的优点主要有：

①投资收益高。普通股票的价格虽然变动频繁，但从长期看，优质股票的价格总是上涨的居多，只要选择得当，都能取得丰厚的投资收益。

②购买力风险低。普通股的股利不固定，在通货膨胀率比较高时，由于物价普遍上涨，股份公司盈利增加，股利的支付也随之增加，因此，与固定收益证券（如债券）相比，普通股能有效地降低购买力风险。

③拥有经营控制权。普通股股东属于股份公司的所有者，有权监督和控制企业的生产经营情况，因此，要控制一家企业，最好是收购这家企业的股票。

股票投资的风险比较大，这是其主要的缺点。除此之外，股票投资的缺点还有：

①求偿权居后。普通股对企业资产和盈利的求偿权均居于最后。企业破产时，股东原来的投资可能得不到全额补偿，甚至一无所有。

②价格不稳定。普通股的价格受众多因素影响，很不稳定。政治因素、经济因素、投资人心理因素、企业的盈利情况、风险情况等都会影响股票价格，这也使股票投资具有较高的风险。

③收入不稳定。普通股股利的多少视企业经营状况和财务状况而定，其有无、多寡均无法律上的保证，其收入的风险也远远大于固定收益证券。

第3节 项目投资的现金流量分析

一、项目投资的特点与项目计算期的构成

1. 项目投资的含义

项目投资（project investment），是一种以特定建设项目为对象，直接与新建项目或更新改造项目有关的长期投资行为。

项目投资包含于直接投资、对内投资之中。一般也包含于生产性投资之中。如图9-1所示。

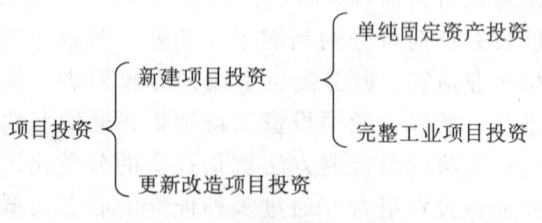

图9-1 项目投资的分类

2. 项目投资的特点

项目投资的主要特点有：

（1）投资内容独特。每个项目都至少涉及一项固定资产投资；

（2）投资数额多；

（3）影响时间长。至少1年或1个营业周期以上；

（4）发生频率低；

（5）变现能力差；

（6）投资风险大。

3. 项目计算期的构成

项目计算期，是指投资项目从投资建设开始到最终清理结束整个过程的全部时间。

项目计算期(n) = 建设期(s) + 运营期(p)

运营期 = 投产期 + 达产期

项目计算期的有关时间，如图9-2所示。

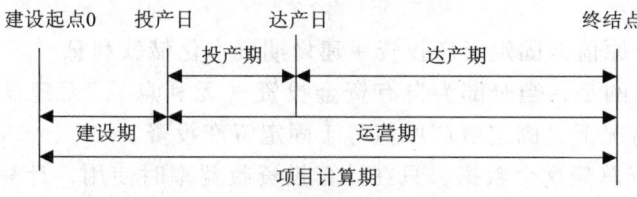

图9-2 项目计算期示意图

二、项目投资的内容与资金投入方式

1. 项目投资的内容

从项目投资的角度看，原始投资（又称初始投资）等于企业为使该项目完全达到设计生产能力、开展正常经营而投入的全部现实资金，即有：

原始投资 = 建设投资 + 流动资金投资

而项目投资还要考虑借款利率，即：

项目总投资 = 原始投资 + 建设期资本化利息

投资总额的构成，如图9-3所示。

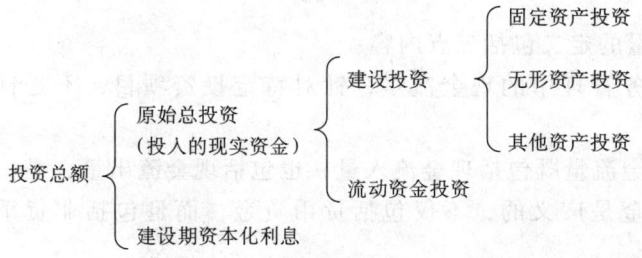

图9-3 项目投资的内容

需要注意的是:

(1) 原始投资不受企业投资资金来源的影响,但投资总额受企业投资资金来源的影响。

【例 9-1】 如 CW 公司原始投资 100 万,全部来自银行借款,利率 10%,建设期 1 年;而 CG 公司原始投资也为 100 万元,自有资金 50 万,银行借款 50 万,利率 10%,建设期 1 年。分别计算其投资总额为多少?

解:CW 公司原始投资为 100 万元,1 年建设期的借款利息为:100 万元 × 10% = 10 万元。

则,投资总额为:100 + 10 = 110(万元)

CG 公司原始投资为 100 万元,1 年建设期的借款利息为:50 × 10% = 5(万元)

则,投资总额就是:100 + 5 = 105(万元)

(2) 固定资产投资中不包括资本化利息费用,但是,固定资产投入使用后,需要计提折旧,计提折旧的依据是固定资产原值,而不是固定资产投资。二者的关系是:

固定资产原值 = 固定资产投资 + 建设期资本化借款利息

需要说明的是,当全部为自有资金投资(无利息),无建设期(无长期待摊费用)情况下,固定资产原值等于固定资产投资。

(3) 投资总额这个数据,只在计算投资收益率时使用,计算其他投资评价指标时不使用。

2. 资金投入方式

资金投入方式有两种:一次投入和分次投入。

一次投入,是指投资行为集中一次发生在项目计算期第一年年初或年末。

分次投入,是指投资行为涉及两个或两个以上年度,或虽只涉及一个年度但同时在该年年初和年末发生。

三、现金流量的含义

1. 现金流量的定义

现金流量(cash flows),是指投资项目在其计算期内各项现金流入量与现金流出量的统称,它是评价投资方案是否可行时必须事先计算的一个基础性数据。

现金流量的定义包括三点内容:

(1) 财务管理中的现金流量,针对特定投资项目,不是针对特定会计期间。

(2) 现金流量既包括现金流入量,也包括现金流出量,是一个统称。

(3) 现金是广义的,不仅包括货币资金,而且包括非货币资源的变现价值。

【例 9-2】 企业投产新产品,新产品的生产可以利用企业原来的旧设备,假设旧设备目前的变现价值为 5 万元,计算现金流量为多少?

解：由于投产该新产品企业丧失了卖旧设备的变现收入，现金流入为5万元。

2. 现金流量的构成

（1）初始现金流量，包括建设投资、流动资金投资等。

（2）营业现金流量，由于生产经营带来的现金流入和流出的数量。

（3）终结现金流量，包括回收的残值和回收的流动资金投资。

3. 确定现金流量的假设

（1）投资项目的类型假设。假设投资项目只包括单纯固定资产投资项目、完整工业投资项目和更新改造投资项目三种类型。

（2）财务可行性分析假设。在实际工作中，评价一个项目是否可行，不仅仅要考虑财务可行性，也要考虑环境（是否产生污染）、技术上是否可行，人力能否跟上等各方面。在财务管理中，评价一个项目是否可行只考虑财务可行性问题。

（3）全投资假设。全投资假设，是指即使实际存在借入资金，也将其作为自有资金对待。不区分自有资金或借入资金，而将所需资金都视为自有资金。

（4）经营期与折旧年限一致假设。

（5）时点指标假设。为便于利用资金时间价值的形式，不论现金流量具体内容所涉及的价值指标实际上是时点指标还是时期指标，均假设按照年初或年末的时点指标处理。一般来说：

建设投资：建设期每期期初；

流动投资：在建设期的最后一期期末；

收入、成本、利润、税金：形成现金流入量 = 净利润 + 折旧，在生产经营期的每一年的年末；

回收残值、回收流动资金：在终结点回收。

时点指标假设，如图9-4所示。

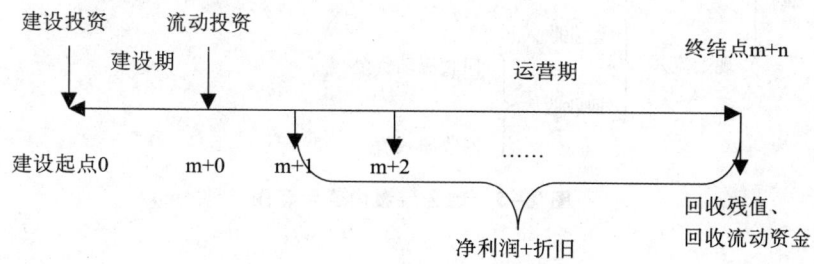

图9-4　时点指标假设

四、现金流量的内容与估算

1. 单纯固定资产投资项目的现金流量

（1）现金流入量的内容：①增加的营业收入；②回收固定资产余值。

(2) 现金流出量的内容：①固定资产投资；②新增经营成本；③增加的各项税款。

经营成本是指在经营期内，为开展生产经营活动而动用的现实货币资金所支付的费用。有公式：

经营成本 = 总成本 - 折旧 - 无形资产和开办费等的摊销额

2. 完整工业投资项目的现金流量

(1) 现金流入量的内容：①营业收入；②回收固定资产余值；③回收流动资金（回收流动资金和回收固定资产余值统称为回收额）。

(2) 现金流出量的内容：①建设投资；②流动资金投资；③经营成本；④各项税款。

3. 固定资产更新改造投资项目的现金流量

(1) 现金流入量的内容：①因使用新固定资产而增加的营业收入；②处置旧固定资产变现净收入；③回收新旧固定资产余值差额。

(2) 现金流出量的内容：①购置新固定资产的投资；②因使用新固定资产而增加的经营成本；③因使用新固定资产而增加的流动资金投资；④增加的各项税款。

上述内容如图 9-5 所示。

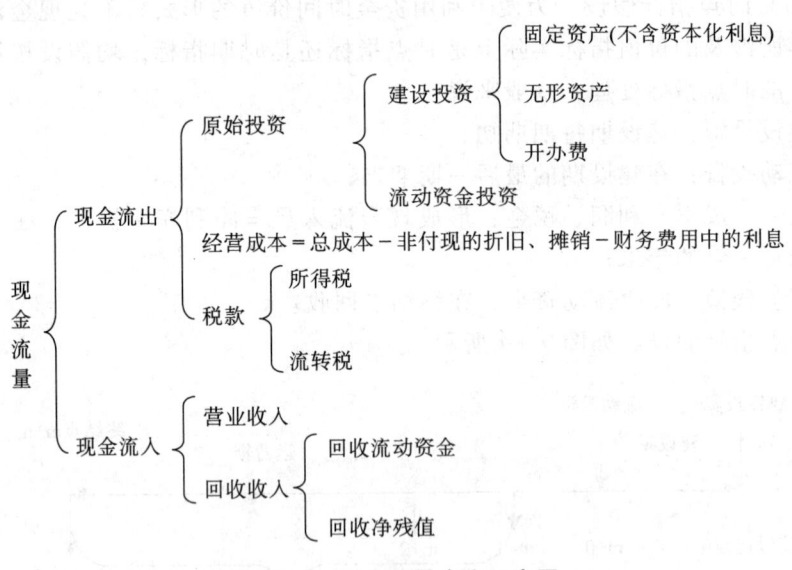

图 9-5　现金流量内容示意图

4. 估算现金流量时应注意的问题

(1) 必须考虑现金流量的增量。净增效益原则是以一个项目相关的净增效益为原则，在投资决策时，净增效益是指相关的现金流量。所谓相关现金流量，是指与某一特定项目相关联的现金流量，如果决定投资于某一项目，则会发生，如果不投资于某一项目，则不会发生。

【例 9-3】CW 公司在投资某一项目之前，每年有营业收入 100 万元，投资某一项目后，营业收入为150万元，如其他条件不变。试分析现金流量的净增量。

分析：相关现金流量表现为增量现金流量，在其他条件不变情况下，则现金流量净增量为：

150－100＝50（万元）

（2）尽量利用现有的会计利润数据。企业在项目论证时，一般要编制预计会计报表。尽管报表中的利润并不等于项目评价中的现金流量，但由于利润指标比较容易获得，因此，我们可以以利润指标为基础，经过适当的调整，使之转化为现金流量。

（3）不能考虑沉没成本因素。净增效益原则对沉没成本是不考虑的，因为沉没成本已经发生，与未来决策的投资项目无关。

（4）充分关注机会成本。机会成本，是指在决策过程中选择某个方案而放弃其他方案所丧失的潜在收益。这是自利原则的具体运用，与投资项目相关。

（5）考虑项目对企业其他部门的影响。净增效益原则也是全面的净增效益，投资项目引起其他部门现金流量的变化，也是与投资项目相关的内容。

五、净现金流量的确定*

1. 净现金流量的含义

净现金流量（net cash flow，缩写为 NCF），是现金流入量（cash inflows）减现金流出量（cash outflows）的差量。某年的净现金流量公式：

某年净现金流量＝该年现金流入量－该年现金流出量

2. 净现金流量的特点

财务管理的现金流量表与会计的现金流量表之间的不同，见表9－1。

表9－1　　　　　　　　现金流量对比表

区　别	项目现金流量表	财务会计的现金流量表
反映对象不同	反映特定投资项目的现金流量	反映某一企业的现金流量
期间特征不同	包括整个项目计算期	只包括一个会计年度
勾稽关系不同	各年现金流量的具体项目与现金流量合计项目的对应关系	通过主、辅表分别按直接法与间接法确定的净现金流量进行勾稽
信息属性不同	未来数据	真实的历史数据

3. 净现金流量的简算公式

（1）新建项目的净现金流量。新建项目（以完整工业投资项目为例）建设期 NCF 的简化公式，如图9－6所示：

$$\text{建设期NCF} = -\text{原始总投资} \begin{cases} \left. \begin{array}{l} \text{固定资产投资} \\ \text{无形资产投资} \\ \text{开办费} \end{array} \right\} \text{建设投资} \\ \text{流动资金投资（建设期末）} \end{cases}$$

图 9-6　新建项目建设期净现金流量的内容

（2）经营期的净现金流量。

经营期 NCF = 营业收入 – 付现经营成本 – 所得税

因为：付现经营成本（operating cost）= 总成本 – 折旧、摊销 – 财务费用中的利息

又有：

经营期 NCF = 营业收入 – 营业成本 + 折旧、摊销 + 财务费用中的利息 – 所得税

= 净利 + 折旧、摊销 + 财务费用中的利息

假如营业收入都为现销收入，并不计摊销、财务费用中的利息等非付现部分。

则有：

经营期 NCF = 净利润 + 折旧

= 营业收入 – 营业成本 + 折旧 – 所得税

=（营业收入 – 营业成本）(1 – 所得税税率) + 折旧

=（营业收入 – 付现经营成本 – 折旧）(1 – 所得税税率) + 折旧

=（营业收入 – 付现经营成本）(1 – 所得税税率) + 折旧 × 所得税税率

 知识图说

现金流量的计算原理，可用资金运动和资产负债表、利润表的关系即财务会计的观点表现出来，如图 9-7 所示。

从图中可知，在资金周转中，有：

本期现金流入量累计——现销收入

本期现金流出量累计——付现费用

所以，有：

净现金流量 = 现金流量期末结余 – 现金流量期初结余

=（本期现金流入量累计 – 本期现金流出量累计 + 现金流量期初结余）– 现金流量期初结余

= 现销收入 – 付现费用

= 净利润 + 非付现费用

= 净利润 + 折旧

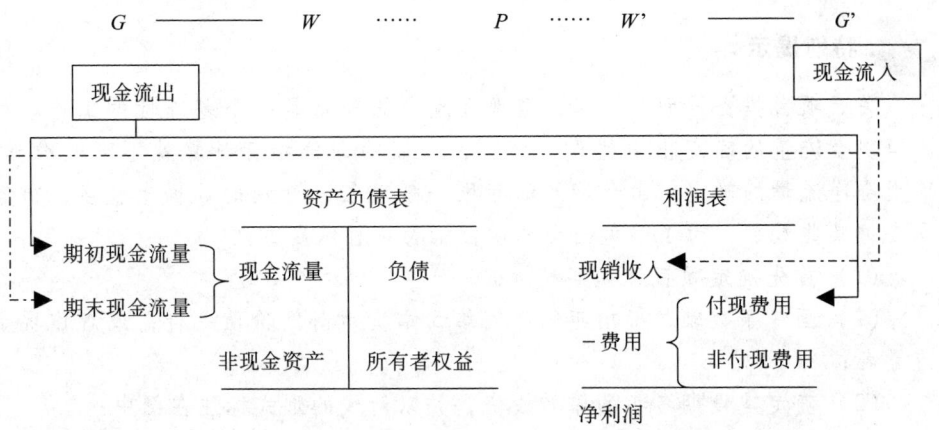

图 9-7 现金流量与资产负债表、利润表的关系图

现金流量的计算原理，也可用本量利图即管理会计的观点直观地表现出来，具体如图 9-8 所示。

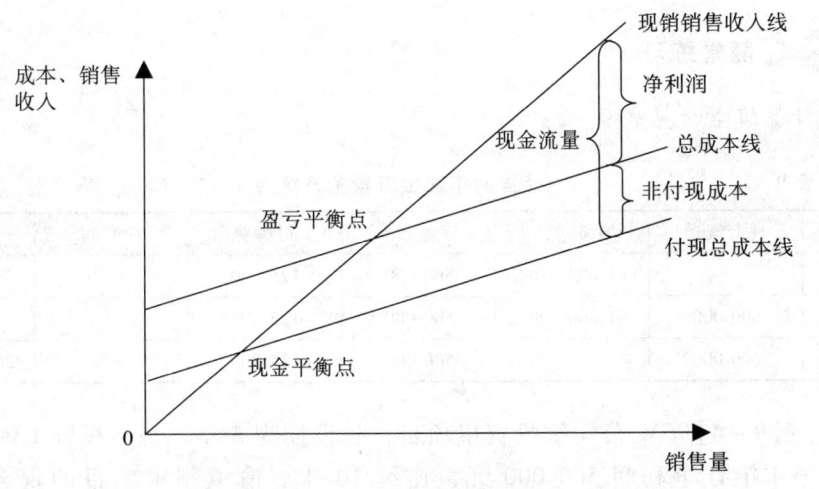

图 9-8 简化现金式本量利图

从图中可知：总成本 = 付现总成本 + 非付现成本
因此有：净利润 = 现销销售收入 - 总成本
　　　　　　　= 现销销售收入 - (付现总成本 + 非付现成本)
　　　　　　　= 现金净流量 - 非付现成本
所以有：净现金流量 = 净利润 + 非付现成本
这也是会计上编制现金流量表间接法的基本原理。

(3) 终结点的净现金流量。

终结点 NCF = 营业收入 - 付现经营成本 - 所得税 + 回收额
　　　　　　= 净利 + 折旧、摊销 + 利息 + 回收额

特别提示

关于项目投资方面的计算,净现金流量的确定是一个基础性的工作。如果净现金流量的确定出现错误,那么,后面的评价指标计算就不可能准确。而现金净流量的确定,由于涉及的年限一般较长,涉及的数据也较多,很容易丢掉某些数据。为了避免出现错误,推荐一种做题方法。

(1) 首先确定项目计算期和折旧;

(2) 画一条数轴,标出年限,同第5章货币时间价值一样,或者作现金流量表;

(3) 确定建设期各年的原始投资,并以箭线的形式标注在图中;

(4) 判断经营期净现金流量的构成并分项确定经营期各年的净现金流量。一般包括净利润、折旧、摊销和终结点的回收额。题目中已经给出的直接标注在图中,没有直接给出的,分项计算,计算后标注在图中;

(5) 分年确定各年的净现金流量。"先两头,后中间"。

 **随堂练习**

计算填空,见表9-2:

表9-2　　　　　　　　经营期年现金流量关系练习

序号	现金流量	营业收入	营业成本	所得税费用	净利润	折旧
1		1 000 000	500 000	125 000		200 000
2	600 000	1 000 000	500 000	125 000		
3	500 000		500 000	125 000		200 000

【例9-4】CW公司欲投资甲项目,建设期为3年,每年投资1 000 000元,第4年有净利润500 000元,连续10年。请填制甲项目的现金流量简表。

分析,甲项目折旧每年300 000元,则第4年末开始连续10年的现金流量为800 000元,编制现金流量表见表9-3。

表9-3　　　　　　　　甲项目现金流量表

期数	现金流量
0	-1 000 000
1	-1 000 000
2	-1 000 000
3	
4	800 000
5	800 000

续表

期数	现金流量
6	800 000
7	800 000
8	800 000
9	800 000
10	800 000
11	800 000
12	800 000
13	800 000

【例 9-5】CG 公司欲投资乙项目，建设期为 1 年，投资 1 000 000 元，第 1 年末垫付流动资金 400 000 元，在最后一年收回。第 2 年有净利润 500 000 元，连续 10 年。请填制甲项目的现金流量简表。

分析，甲项目折旧每年 100 000 元，则第 2 年末开始连续 10 年的现金流量为 600 000 元，编制现金流量表见表 9-4。

表 9-4　　　　　　　　　　甲项目现金流量表

期数	现金流量
0	-1 000 000
1	-400 000
2	600 000
3	600 000
4	600 000
5	600 000
6	600 000
7	600 000
8	600 000
9	600 000
10	600 000
11	1 000 000

4. 投资决策基本评价指标

在学习货币时间价值时，可以根据现金流量的资料，分别求现值、求年限、求利率，这些内容在投资方案中的运用就是有关的评价指标。在对方案评价时，在考虑货币时间价值的情况下的动态评价指标：

（1）已知利率、期限，求的现值，就是净现值（net present value，缩写为 NPV）评价指标，评价标准是净现值（NPV）大于 0；

（2）已知利率，求期限，就是动态回收期（payback period，缩写为 PP）

评价指标,评价标准是动态回收期(PP)要小于总年限的一半;

(3)已知期限,求利率,就是内含报酬率(internal rate of return,缩写为 IRR)评价指标,评价标准是内含报酬率(IRR)大于市场利率。

【例 9-6】CW 公司欲投资丙项目,投资 1 000 000 元,当年有净利润 500 000 元,连续 10 年。求该项目的净现值、回收期和内含报酬率。

编制现金流量表见表 9-5。

表 9-5　　　　　　　　　甲项目现金流量表

期数	现金流量
0	-1 000 000
1	600 000
2	600 000
3	600 000
4	600 000
5	600 000
6	600 000
7	600 000
8	600 000
9	600 000
10	600 000

根据本书的基本知识,可以计算的基本指标有:

①净现值(NPV) = 600 000 × (P/A,10%,10) - 1 000 000
　　　　　　　　 = 600 000 × 6.144 - 1 000 000 = 2 686.4(元)

对比评价标准,NPV>0,方案可行。

②计算动态回收期:

因为:1 000 000 = 600 000 (P/A,10%,PP)

有:(P/A,10%,PP) = 1.667

查普通年金系数表,在利率为 10% 时,1 年的系数为 0.909;2 年的系数为 1.735。

用插值法计算,得:

动态回收期(PP) = 1.9(年)

对比评价标准,PP<总年限的一半 10÷2=5,方案可行。

③内含报酬率:

因为:1 000 000 = 600 000 (P/A,IRR,10)

有:(P/A,IRR,10) = 1.667

查普通年金系数表,在表 10 年期时,最大利率为 50% 的系数为 1.965。

所以,内含报酬率(IRR)>50%

对比评价标准,IRR>市场利率 10%,方案可行。

根据计算和运用情况,三个评价指标对比见表 9-6。

表 9-6　　　　　　　　　　　　评价指标的比较

项目	净现值（NPV）	回收期（PP）	内含报酬率（IRR）
货币时间价值应用	已知 i, n, 求 P	已知 P, i, 求 n	已知 P, n, 求 i
关注	现金流入量现值与初始投资现值的差异	收回投资的时间	资金投资回报率
评价标准	大于 0	小于 $n/2$	大于 i
记账基础	收付实现制	收付实现制	收付实现制
优点	考虑了全周期，表明最低期望报酬率	计算简单，表明回收期长风险大	考虑了全周期，表明项目的报酬率
缺点	初始投资不同的方案无法评价	回收期后的现金流量无法反映	计算复杂

项目评价是《中级财务管理》课程的主要内容，也就是货币时间价值的有关运用，还需要深入的学习掌握，这里仅为基本知识介绍。

本 章 小 结

本章主要介绍了企业投资的含义、分类和程序；固定资产、无形资产、流动资产、债券和股票投资的基本知识和依据；重点是现金流量的含义、计算和运用；了解投资评价方法的含义和运用等，了解货币时间价值和投资评价指标的本质关系。

名人名言

分散投资对无知的投资人来说是一种保护。

——沃伦·巴菲特

在对世界的各式各样观察方式中，最有趣的方式之一是被设想为由模式组成的那个方式。

——诺伯特·维纳

模型不论是采用有形形式还是采用数学术语，都可以成为问题基本组成部分的形式表示。

——J. N. R. 杰弗斯

练 习 题

1. 选择题

（1）某公司正在开会讨论投产一种新产品，对下列收支发生争论，你认

为应否列入该项目评价的现金流量？（　　）

A. 该项目利用现有未充分利用的设备，如将该设备出租可获收益 500 万元，但公司规定不得将生产设备出租，以防止对本公司产品形成竞争

B. 新产品销售会使本公司同类产品减少收益 100 万元；如果本公司不经营此产品，竞争对手也会推出新产品

C. 拟采用借债方式为本项目筹资，新债务的利息支出每年 50 万元

D. 该项目利用现有未利用的库存材料，如果将该材料出售可获收入 60 万元

（2）某公司下属两个分厂，一分厂从事生物医药产品生产和销售，年销售收入 4 000 万元，现在二分厂准备投资一项目从事生物医药产品生产和销售，预计该项目投产后每年可为二分厂带来 2 500 万元的销售收入。但由于和一分厂形成竞争，每年使得一分厂销售收入减少 400 万元，那么，从公司的角度出发，二分厂投资该项目预计的年现金流入为（　　）万元。

A. 6 500　　　　　　B. 2 500
C. 1 500　　　　　　D. 2 100

（3）某投资项目前 3 年的累计净现金流量为 –30，前 4 年的累计净现金流量为 30，则静态投资回收期为（　　）年。

A. 3　　　　　　　　B. 4
C. 7　　　　　　　　D. 3.5

2. 判断题

（1）投资主体将原始投资注入具体项目的投入方式包括一次投入和分次投入，如果投资行为只涉及一个年度属于一次投入，若投资行为涉及两个或两个以上年度则属于分次投入。（　　）

（2）CG 公司购入一批价值 30 万元的专用材料，因规格不符无法投入使用，拟以 18 万元变价处理，有单位需要购买。此时，技术部门完成一项新产品开发，并准备支出 100 万元购入设备当年投产。经技术检验拟处理专用材料完全符合新产品使用，故不再对外处理，可使企业避免损失 12 万元，并且不需要再为新项目垫支流动资金。因此，在评价该项目时第一年的现金流出应按 118 万元计算。（　　）

3. 问答题

（1）投资主要有哪几种分类？

（2）现金流量如何计算？

4. 计算题

（1）某公司拟购置一台设备，购价为 80 000 元，可使用 8 年，期满无残值。购置该设备后每年可带来净现金流量 16 000 元。画出项目现金流量表，如折现率为 10%，试判断应否购置该设备？

（2）红星公司计划购置一套全自动化设备，需投资 128 万元，预计使用年限为 5 年，到期残值收入 8 万元，按直线法计提折旧。另需垫支流动资金 52 万元。固定资产投资和流动资金垫支均于建设起点一次投入。该项目投产后预计年营业收入 174 万元，年付现成本 80 万元。全部流动资金于终结点一

次回收,假设公司的所得税税率为25%。

要求:计算该项目投资的各年净现金流量,并画出项目现金流量表。

(3) 金明公司准备购入一设备以扩充生产能力,需投资120 000元,项目当年投入运营,使用寿命为8年,直线法计提折旧,期末无残值。8年中每年销售收入为50 000元,每年的付现成本为20 000元。假定所得税税率为25%。

要求:计算方案各年的净现金流量,并画出项目现金流量表。

(4) ABC企业计划利用一笔长期资金投资购买股票。现有甲公司股票和乙公司股票可供选择,已知甲公司股票现行市价为每股20元,上年每股股利为0.6元,预计以后每年以3%的增长率增长。乙公司股票现行市价为每股8元,上年每股股利为0.4元,股利分配政策将一贯坚持固定股利政策。ABC公司所要求的投资必要报酬率为8%。

要求计算:
①利用股票估价模型,分别计算甲、乙公司股票价值;
②请分析做出股票投资决策。

(5) 某公司现有一个投资项目,预计期初一次性投资固定资产1 000万元,项目计算期为10年,预计该项目每年产生的现金净流量为350万元,要求的必要报酬率为8%。

要求计算:
①项目动态投资回收期;
②净现值。

(6) 某公司最近准备借款新投资一个项目,借款的资金成本率为10%。现有甲、乙两个项目可供选择,有关情况见表9-7。

表9-7　　　　　　　　投资项目净现金流量表　　　　　　　　单位:元

年份	0	1	2	3	4	5
甲项目净现金流量	-2 000 000	540 000	540 000	540 000	540 000	540 000
乙项目净现金流量	-2 900 000	750 000	715 000	666 000	6 38000	1 510 000

要求:
①分别计算两个项目的动态投资回收期。
②分别计算两个项目的净现值,并做出决策。

5. 案例应用分析

阅读材料

资金运动——农商苦乐原不同,淮南不熟贩江东

宋章甫《田家苦》诗曰:
农商苦乐原不同,淮南不熟贩江东。

这只是个现象,而本质上确是资金运动形式的问题,不同行业的资金运动是不一样的。农民资金投入是:冬种夏收,夏种秋收,一年资金周转两次,一笔资金获利两次。而商业就不一样了,买进卖出,只要买对了,就能卖出去,资金周转一次获一次利。商业企业的资本运动,如图9-9所示:

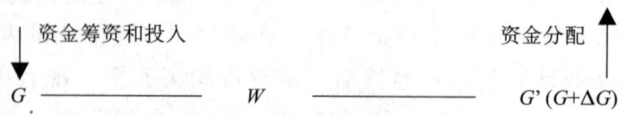

图9-9 商业企业的资本运动

商业,简言曰:互通有无。孟子论商业曰:"子不通功易事,以羡补不足,则农有余粟,女有余布;子如通之,则梓匠轮舆皆得食于子。"而亚当·斯密对商业的认识却有些诙谐:没有人看到过两只狗用两根骨头彼此进行公平的有意识的交换。没有人看到过,一只动物用姿势或自然嗥叫向另一只动物表示:这是我的,那是你的;我愿意用这个交换那个。① 有人调侃商业是:一种不时带有血腥的交易,它是人类特有的——没有哪两条狗会彼此交换骨头。历史上对从商之人重利轻义嗤之以鼻,汉高祖曾诏令:"贾人无得衣锦绣绮縠絺紵②,操兵骑马。"③ 甚至规定"侩卖者……一足白履,一足黑履"④。在西方早期的教会中也认为,商业是一种贱买贵卖的行为,其罪恶甚至超过盗窃。所以,司马迁在《史记·货殖列传》中说:"行贾,丈夫贱行也。"

《史记·项羽本纪》中项羽曾说,富贵不归故里,如穿锦衣夜行,谁人知之者。"不信行人不忆家"(明·杨慎《大堤曲》),"江南虽好是他乡"(明·王恭《春雁》)。"肠断年年大堤路,南商行过北商行"(明·高启《襄阳乐》)。

正是:人生最苦为行商,抛妻弃子离家乡。

太史公在《货殖列传》曰:"以贫求富,农不如工,工不如商,刺绣文不如倚市门,此言末业,贫者之资也。"意思是说,由贫穷而变为富裕的最为快速的办法,从事农业生产不如从事手工业制作,从事手工业制作不如从事商业经营,依靠刺绣文采,不如依靠在市场上做买卖。也就是说,手工业制作和商业经营,是穷人们迅速致富的最佳捷径。再看看工业企业的资本运动,如图9-10所示:

---

① [英]亚当·斯密著. 孙善春,李春长译. 国富论[M]. 北京:万卷出版公司,2008:10.
② 縠[hú],有皱纹的纱。絺[zhī],刺绣。紵[jì],毛织物。
③ 《太平御览》(卷八二九)。
④ 《太平御览》(卷八二八)。

第 9 章
企业投资管理

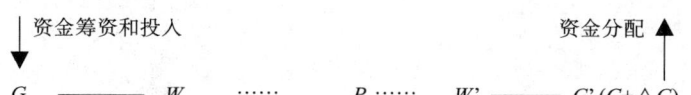

图 9-10　工业企业的资本运动

对比一下工业和商业的资金运动，工业资本的运动要比商业资本复杂，所以致富没有商业快。但是赚钱最快的是什么呢？《史记·佞①幸列传》中讲：

文帝时时如邓通家游戏。然邓通无他能，不能有所荐士，独自谨其身以媚上而已。上使善相者相通，曰"当贫饿死"。文帝曰："能富通者在我也。何谓贫乎？"于是赐邓通蜀严道铜山，得自铸钱，"邓氏钱"布天下。其富如此。并且是同大汉央行一样具有发行货币功能的银行，能不富吗？这里不说早在汉文帝刘恒时，汉朝就实行了哈耶克理想的"货币的非国家化"②，单说银行的资本运动，就是钱变钱，公式如图 9-11 所示：

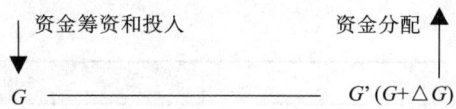

图 9-11　银行资本运动

司马迁只讲了赚钱的快慢，但没有说哪些行业的经营风险大小，赚钱快慢是和风险成正比的，经营风险，"农不如工，工不如商"，为什么？商业如果完不成资金循环，除商品外什么也没有；工业如果产品卖不出去，还有设备等可以变现；而粮食总会有人要，所以《圣经·旧约》中有谚语："贸易之利，可以失之于俄顷之间，故不应对买田之事有疑惑。"

威廉·配第曰："土地是财富之母。"

（资料来源：杨尚军. 会计混搭［M］. 西南交通大学出版社. 2014.）

问题：

(1) 谈谈你对工业、商业、银行资金运动的理解。

(2) 从风险角度看，那个行业资金运动的风险最大？为什么？

---

① 佞［nìng］，巧言谄媚。～幸（以谄媚而得宠幸）。

② 《货币的非国家化》是诺贝尔经济学奖获得者、英国经济学家弗里德里希·冯·哈耶克最后一本经济学专著（1976 年）。书中提出一个革命性建议：废除中央银行制度，允许私人发行货币。书中引用有中国非"法币"使用的情况，但终没读过《史记》，不知中国汉朝时已经有"货币的非国家化"的存在。

第10章　资金营运与分配管理

教学目标

通过本章的学习，了解企业营运资金的含义、特点、营运资金管理的原则和策略，了解资金分配的含义、分配原则、分配的基本程序、影响分配的因素和分配的政策。

教学要求

知识要点	能力要求	相关知识
营运资金管理	(1) 企业营运的概括和理解能力 (2) 营运资金管理策略运用能力	(1) 营运资金的含义、特点 (2) 营运资金管理的原则 (3) 营运资金持有策略 (4) 营运资金筹集策略
资金分配管理	(1) 资金分配的理解能力 (2) 股利分配理论的理解能力 (3) 股利分配政策的运用能力	(1) 资金分配的含义 (2) 利润分配原则 (3) 利润分配程序 (4) 股利分配理论 (5) 股利分配政策

> 一定的参与生产的方式决定分配的形式。
>
> ——马克思

基本概念

营运资金　　　流动资产　　　流动负债　　　流动资金
临时性流动资产　永久性流动资产　临时性流动负债　自发性负债
配合型筹资策略　激进型筹资策略　稳健型筹资策略　股利无关
股利有关　　　资本保全　　　股利分配理论　　股利分配政策
剩余股利政策　　固定股利或稳定增长股利政策
低正常股利加额外股利政策

第 10 章

资金营运与分配管理

 **导入案例**

MM 的无关理论

MM 的无关理论包括股利无关论和资本结构无关论。

股利无关论是由美国经济学家弗兰科·莫迪利安尼（Franco Modigliani）和财务学家默顿·米勒（Merton Miller）于 1961 年提出。MM 两人立足于完善的资本市场，从不确定性角度提出了股利政策和企业价值不相关理论，这是因为公司的盈利和价值的增加与否完全视其投资政策而定，企业市场价值与它的资本结构无关，而是取决于它所在行业的平均资本成本及其未来的期望报酬，在公司投资政策给定的条件下，股利政策不会对企业价值产生任何影响。

资本结构无关论，即最初的 MM 理论，是 MM 两人于 1958 年 6 月份发表于《美国经济评论》的"资本结构、公司财务与资本"一文中所阐述的基本思想。该理论认为，在不考虑公司所得税，且企业经营风险相同而只有资本结构不同时，公司的资本结构与公司的市场价值无关。或者说，当公司的债务比率由零增加到 100% 时，企业的资本总成本及总价值不会发生任何变动，即企业价值与企业是否负债无关，不存在最佳资本结构问题。

 **点评： 股利分配真的无关吗？**

投资者投资就是为了获得收益，在企业资金营运良好的情况下，企业有利润，对于利润的分配势必会影响到投资者的投资吸引力，影响到企业内生资金——留存收益的多少，这是财务管理理论和工作实践中需要研究的问题。

第 1 节　营运资金管理

一、营运资金的含义

1. 营运资金的含义

营运资金（working capital），是指在企业生产经营活动中占用在流动资产减流动负债上的资金。企业的流动资产一般包括现金、应收账款、存货等。在企业生产经营活动中占用在流动资产上的资金，或者说是企业投资在流动资产上的资金，称为流动资金。

营运资金其公式为：

营运资金 = 流动资产 - 流动负债
         = (总资产 - 非流动资产) - (总资产 - 所有者权益 - 长期负债)
         = (所有者权益 + 长期负债) - 非流动资产

具体参见第 1 章图 1-3 所示内容。

如果流动资产 - 流动负债 >0，则与此相对应的"净流动资产"是以长期负债和所有者权益的一定份额为资金来源；如果流动资产 - 流动负债 =0，则占用在流动资产上的资金都是流动负债融资；如果流动资产 - 流动负债 <0，则流动负债融资，由流动资产和固定资产等长期资产共同占用，偿债能力差。

营运资金过大，变现能力强，说明资产利用率不高；反之，营运资金过小，变现能力差，说明流动资产问题多，潜在的偿债压力大。所以，营运资金既不能是"韩信将兵，多多益善"，也不能是"无源之水，死水一潭"，而应该是控制在一个适合的范围内。这就是营运资金管理的目的。

营运资金与资产负债表

2. 营运资金占用的特点

营运资金具有以下几方面的特点。

（1）占用时间短。占用在流动资产上的流动资金通常会在 1 年或者超过 1 年的一个营业周期内收回，对企业的影响时间较短。流动负债是在 1 年或者超过 1 年的一个营业周期内需要偿还的债务。

（2）占用形态具有并存性。流动资产的实物形态是经常变化的，一般在现金、原材料、库存商品、应收账款、现金之间顺序转化，相对应的流动资金形态依次为货币资金、储备资金、生产资金、成品资金、结算资金、货币资金。参见第 1 章图 1-1 所示。

企业筹集的资金最初以现金形式存在，为了保证生产的正常进行，必须拿出部分现金去购买原材料，这样有部分现金就转化为原材料；原材料投入生产后，在加工完之前形成在产品和自制半成品；进一步加工完成后成为产成品；产成品经销售可获得现金或应收账款，应收账款经过一段时间又转化为现金。

在企业生产经营过程中，流动资产的各种不同的实物形态在空间上表现为同时并存，在时间上表现为依次继起。具体见第 1 章资金运动的介绍。

（3）占用数量具有波动性。占用在流动资产上的流动资金往往不是一成不变的，随着企业供产销的变化，资金占用时高时低，起伏不定。尤其对于供产销具有季节性的企业，更是如此。

（4）资金占用与资金来源具有互补性。流动资产来源也称流动负债。流动负债中有些是企业在生产经营中自然形成的，如应付账款、应付票据、预收账款、应付职工薪酬、应交税费等，这些短期资金来源与企业的短期资金占用同相存，共消长，具有互补作用。

资金运动

二、营运资金管理原则

鉴于营运资金的上述特点，企业在进行财务资本管理时，应遵循如下几方面的原则：

1. 合理确定流动资金的需要量

企业营运资金的需要量与企业的生产经营活动状况密切相关。当企业产销两旺时，流动资产不断增加，流动负债也会相应增加；当企业产销量不断减少时，流动资产和流动负债会相应减少。因此，应认真分析企业的生产经营状况，采用一定的方法，合理预测营运资金的需要量，以便合理使用营运资金。

2. 加速营运资金的周转，提高资金使用效率

企业营运资金周转是指企业的营运资金从现金形态转化为存货、应收账款等形态，最终又转化为现金形态的过程。"资金是企业的血液"，血是需要流动的，凝固的血价值会不断下降，最终成为废品。在其他条件不变的情况下，营运资金的周转速度越快，整个资金的使用效率就越高；在相同的业务量条件下，营运资金的周转速度越快，营运资金的占用量就越少。因此，企业要采取措施加速流动资产的周转，以便用有限的资金，取得最优的经济效益。

3. 在保证生产经营需要的前提下，节约资金的使用量

在营运资金管理过程中，应正确处理生产经营需要和资金使用之间的关系，在保证生产经营需要的前提下，力求节约资金的使用，以减少资金的占用成本。

4. 合理安排流动资产与流动负债的比例关系，确保企业的短期偿债能力

流动资产、流动负债以及两者之间的关系能较好地反映企业短期偿债能力。流动负债是在短期内需要偿还的债务，而流动资产是在短期内可以转化为现金的资产。因此，如果一个企业的流动资产比较多，流动负债比较少，说明企业的短期偿债能力较强；反之，则说明短期偿债能力较弱。但如果企业的流动资产太多，流动负债太少，也并不是正常现象，这可能是因为流动资产闲置或流动负债利用不足所致，正所谓："纵有亿万财产，不如日进分文。"根据惯例，流动资产是流动负债的两倍是比较合理的，称为流动比率标准。因此，在营运资金管理中，要合理安排流动资产和流动负债的比例关系，以便既节约使用资金，又保证企业有足够的偿债能力。

流动资产、流动负债以及两者的关系表现为企业的营运资金状况。从财务的角度讲，营运资金是流动资产与流动负债关系的总和，这个"总和"不是数额的加总，而是关系的反映。

三、营运资金管理策略

营运资金管理策略包括营运资金持有策略和营运资金筹集策略两个方面。

1. 营运资金持有策略

（1）营运资金持有策略的含义和意义。营运资金持有策略主要研究如何把握营运资金持有量的问题。营运资金持有量的高低，影响着企业的收益和风险。较高的营运资金持有量，意味着在固定资产、流动负债和业务量一定的情况下，流动资产额较高，即企业拥有较多的现金、有价证券和保险储备

量较高的存货。这会使企业有较大的把握按时支付到期债务,及时供应生产用材料和准时向客户提供产品,从而保证经营活动平稳地进行,风险性较小。但是,流动资产的收益性一般低于固定资产,所以较高的总资产拥有量和较高的流动资产比重会降低企业的收益性。而较低的营运资金持有量带来的后果正好相反。因此,营运资金持有策略,就是在营运资金收益和营运资金风险之间进行权衡,从而确定一个最佳营运资金持有量。

(2) 营运资金持有的策略。营运资金持有策略一般有三种:宽松的、紧缩的和适中的营运资金持有政策。

宽松的营运资金持有政策,是指在财务上持有较高的营运资金。这种政策结果是收益和风险均较低。

紧缩的营运资金持有政策,是指持有较低的营运资金。这种政策是收益和风险均较高。

适中的营运资金持有政策,是指介于宽松的、紧缩的两者之间的营运资金持有政策。在适中的营运资金持有政策下,营运资金的持有量不能过高也不能过低,恰好是现金足够满足支付之需,存货足够满足生产和销售所用,除非利息高于资本成本,一般企业不保留有价证券。然而,现实中很难量化地描述适中政策的营运资金持有量。因为营运资金水平是由多种因素共同作用的结果,包括销售水平、存货和应收账款的周转速度等。所以,各企业应当根据自身的具体情况和环境条件,按照适中营运资金持有政策的原则,确定适当的营运资金持有量。

2. 营运资金筹集策略

营运资金筹集策略也就是如何筹集营运资金的问题,它是营运资金管理策略的研究重点。事实上,它研究的是构成营运资金的两要素——流动资产和流动负债的匹配问题。

(1) 流动资产按照用途分类。分为临时性流动资产和永久性流动资产。

临时性流动资产,是指那些受季节性、周期性影响的流动资产,如季节性存货、销售和经营旺季(如零售业的销售旺季和春节期间等)的应收账款。

永久性流动资产,则指那些即使企业处于低谷也仍然需要保留的、用于满足企业长期稳定需要的流动资产。

(2) 流动负债与流动资产按照用途相对应的分类。与流动资产按照用途划分的方法相对应,流动负债分为临时性流动负债和自发性负债。

临时性流动负债,是指为了满足临时性流动资金需要所发生的负债,如商业零售企业春节前为满足节日销售需要,超量购入货物而举借的债务;食品制造企业为赶制季节性食品,大量购入某种原料而发生的借款等。

自发性负债,是指直接产生于企业持续经营中的负债,如商业信用和日常运营中产生的其他应付款及应付职工薪酬、应付利息、应付税费等。

(3) 营运资金筹集的策略。营运资金筹集策略主要是研究如何安排临时性流动资产和永久性流动资产的资金来源,一般有三种,即配合型筹资策略、激进型筹资策略和稳健型筹资策略。

①配合型筹资策略。配合型筹资策略，是指对于临时性流动资产的资金需要，运用临时性流动负债筹集；对于永久性流动资产和固定资产（也称为永久性资产）的资金需要，运用长期负债、自发性负债和权益资本筹集。如图 10-1 所示：

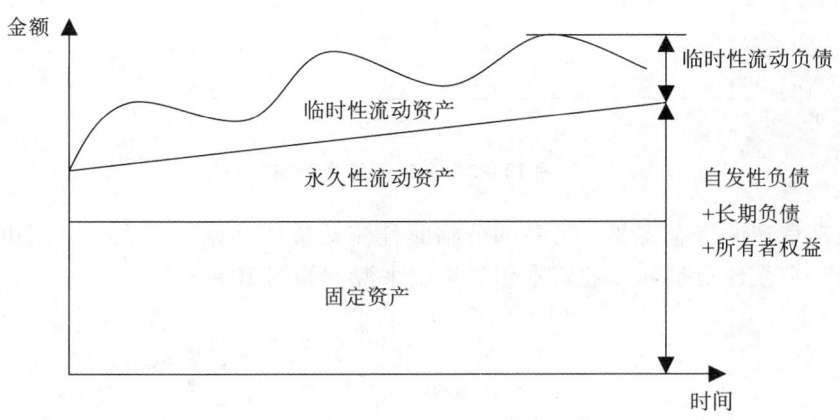

图 10-1　配合型筹资策略

配合型筹资策略要求企业临时性负债筹资计划严密，实现资金流动与预期安排相一致。在季节性低谷时，企业应当除了自发性负债外没有其他流动负债；只有在临时性流动资产的需求达到高峰期时，企业才举借各种临时性负债。

这种筹资策略的基本思想是将资产和负债的期间相配合，以降低企业不能偿还到期债务的风险和尽可能降低债务的资本成本。但是，事实上，由于资产使用寿命的不确定性，往往达不到资产和负债的完全配合。例如，在企业生产高峰时，如果销售不理想，未能取得销售现金收入，便会发生偿还临时性负债的困难。因此，配合型筹资策略是一种理想的、对企业有着较高的资金使用要求的营运资金筹集策略。

②激进型筹资策略。激进型筹资策略，是指临时性负债不仅融通临时性流动资产的资金需要，还解决部分永久性资产的资金需要。如图 10-2 所示：

激进型筹资策略下，临时性负债在企业全部资金来源中所占比重大于配合型筹资策略。一方面，由于临时性负债的资本成本一般低于长期负债和权益资本的资本成本，所以该策略下企业的资本成本较低。但另一方面，为了满足永久性资产的长期资金需要，企业必然要在临时性负债到期后重新举债或申请债务展期，这样企业便会经常地举债还债，从而加大筹资困难和财务风险，还可能面临由于短期负债利率的变动而增加企业资本成本的风险。所以，激进型筹资策略是一种收益性和风险性均较高的营运资金筹资策略。

③稳健型筹资策略。稳健型筹资策略，是指临时性负债只融通部分临时

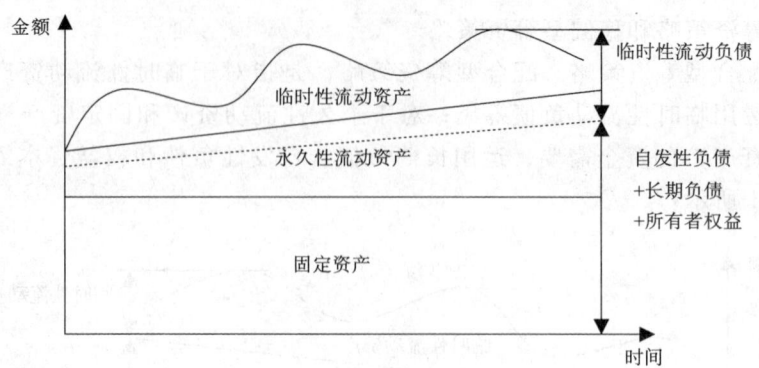

图 10-2 激进型筹资策略

性流动资产的资金需要，另一部分临时性流动资产和永久性资产，则由长期负债、自发性负债和权益资本作为资金来源。如图 10-3 所示：

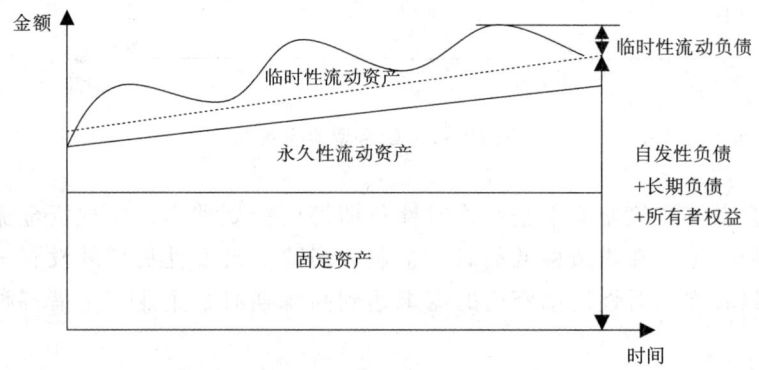

图 10-3 稳健型筹资策略

与配合型筹资策略相比，一方面，稳健型筹资策略下临时性流动负债占企业全部资金来源的比重较小，所以企业无法偿还到期债务的风险较低，同时蒙受短期利率变动损失的风险也较低。然而，另一方面，由于长期负债资本成本高于临时性负债资本成本，以及经营淡季时仍需负担长期负债利息，从而降低了企业的收益。所以，稳健型筹资策略是一种风险性和收益性均较低的营运资金筹集策略。

一般地说，如果企业能够驾驭资金的使用，采用收益和风险均较为适中的配合型筹资策略是有利的。

第 2 节　资金分配管理

一、资金分配的含义

资金分配，是指企业将投资经营所获得的收益分给相关利益者的行为。

资金分配有广义和狭义之分,广义的资金分配是指对企业收入的分配;狭义的资金分配则只是指对企业净利润的分配。本节所讨论的是狭义的资金分配,也称利润分配(profit distribution)。

 知识链接

利润是指企业在一定时期内进行经营活动取得的经营成果。工业企业的利润总额包括营业利润、投资净收益和营业外收支净额等部分。企业利润总额扣除应负担的所得税后的利润就是企业的净利润。利润形成就是广义资金分配的过程,计算公式如下:

1. 营业利润 = 营业收入 − 营业成本 − 税金及附加 − 销售费用 − 管理费用 − 研发费用 − 财务费用 − 资产减值损失 − 信用减值损失 + 其他收益 + 投资收益 + 净敞口套期收益 + 公允价值变动收益 + 资产处置收益
2. 利润总额 = 营业利润 + 营业外收入 − 营业外支出
3. 净利润 = 利润总额 − 所得税费用

狭义资金的分配:
1. 提取10%的法定盈余公积。
2. 提取任意盈余公积。
3. 分配现金股利或利润。

二、利润分配的原则

利润分配涉及企业、投资者、职工等多方面的利益关系,涉及企业长远利益与近期利益、整体利益与局部利益等关系,从而影响企业的价值。因此,企业在进行利润分配应遵循下列原则。

1. 依法分配原则

依法分配原则,是指企业在分配利润时应遵守国家的法律法规。为规范企业利润分配行为,国家制定和颁布了一系列法律法规,如《公司法》等,对企业利润分配的基本要求、一般程序和重大比例等都作了规定。企业应依法进行利润分配,这是正确处理好各方面利益关系的关键。

2. 兼顾各方面利益原则

兼顾各方面利益原则,是指企业在利润分配时要坚持全局观念,兼顾各方利益。利润分配是利用价值形式对社会产品的分配,直接关系到有关各方的切身利益。投资者作为资本投入者、企业所有者,依法享有利润分配权。企业的净利润归投资者所有,是企业的基本制度,也是企业所有者投资于企业的根本动力所在。但投资者的收益离不开企业的持续发展,离不开全体职工的辛勤工作,职工希望保证工作的持续性、稳定性,所以企业还要以适当的方式参与净利润的分配——提取公积金,保证企业发展,保证职工工作和劳动报酬的逐步提升。可见,企业进行利润分配时,应统筹兼顾,合理安排,维护投资者、企业与职工的合法权益。

3. 投资与收益对等原则

投资与收益对等原则，是指企业在分配利润时应当体现"谁投资，谁受益""投资大，受益大"受益大小与投资比例相适应。投资与受益对等原则是正确处理投资者利益关系的关键。投资者因其投资行为而享有收益权，且收益权应同其投资的比例相适应。这就要求企业在向投资者分配利润时，应本着平等一致的原则，按照各方投入资本的多少来进行，而决不允许发生任何一方随意多分多占的现象。这样才能从根本上保护投资者的利益，鼓励投资者投资。

4. 分配与积累并重原则

分配与积累并重原则，是指企业在进行利润分配时，应正确处理长远利益和近期利益的辩证关系，将两者有机结合起来。坚持分配与积累并重原则，就是要考虑未来发展需要，企业除按规定提取法定盈余公积金以外，还应适当留存一部分利润作为积累。这部分留存收益虽暂时没有分配，但仍归企业所有者所有。这部分积累不仅为企业扩大再生产筹措了资本，同时也增强了企业抵抗风险的能力，提高了企业经营的安全系数和稳定性，从而有利于增加所有者的回报。此外，通过留存一部分利润以供未来分配之需，还可以达到以丰补歉，平抑利润分配数额波动幅度，以达到稳定投资报酬率的效果。因而，企业在进行利润分配时应当正确处理分配与积累的关系。

三、利润分配的基本内容与程序

1. 利润分配的基本内容

广义的利润应是企业的利润总额，但由于税法具有强制性和严肃性，缴纳税款是企业必须履行的义务，因此，本章主要讨论狭义的利润分配，即企业业务成果的分配。

按照我国《公司法》的规定，利润分配项目主要包括两项内容：一是盈余公积金。盈余公积金是从净利润中提取形成的，主要用于弥补公司亏损、扩大公司生产经营规模或者转为增加公司资本。盈余公积金分为法定盈余公积金和任意盈余公积金。法定盈余公积金根据《公司法》要求按税后利润10%的比例提取，当盈余公积金累计额达到公司注册资本的50%时，可不再继续提取。任意盈余公积金的提取由股东大会根据需要决定。二是股利（或利润）。股利（或利润）的分配应以各股东（投资者）持有股份（投资额）的数额为依据，一般每一股东（投资者）取得的股利（分得的利润）与其持有的股份数（投资额）成正比。

2. 利润分配的程序

按照我国《公司法》的有关规定，企业缴纳所得税后的利润，应按如下顺序进行分配。

（1）弥补以前年度亏损，计算可供分配的利润。将本年净利润与年初未分配利润（或亏损）合并，计算出可供分配的利润。也就是说，如果以前年度发生了亏损，就需要用以后年度的盈利来弥补。如果计算出来的可供分配的利润为正数（即本年累计盈利），则进行后续分配。如果可供分配的利润为负数（亏损），则不能进行后续分配。

（2）计提法定公积金。法定公积金按抵减年初累计亏损后的本年净利润计提，比例为10%。公积金已达注册资本50%时可不再提取。法定公积金用于弥补企业亏损，扩大企业生产经营或转增企业资本金。但转增资本金后，企业的法定公积金一般不得低于注册资本的25%。

需要注意的是，提取公积金的基数不是可供分配的利润，也不一定是本年的税后利润。只有不存在年初累计亏损时，才能按本年税后利润计算应提取数。这种"补亏"是按账面数字进行的，与所得税法的亏损后转无关，关键在于不能用资本发放股利，也不能在没有累计盈余的情况下提取公积金。

（3）计提任意公积金。任意公积金按照公司章程或股东大会决议提取和使用，其目的是控制向股东分派股利的水平以及调整各年利润分配的波动。

（4）向投资者（股东）分配利润（股利）。包括支付优先股股利和普通股股利。

首先按照公司章程的规定和事先规定的比率支付优先股股利。然后是向普通股股东支付股利。企业按照股东出资的比例或按照股东持有的股份的比例进行股利分配。企业向股东分配股利的多少取决于企业所采用的股利政策。

需要注意的是，企业弥补亏损和计提法定公积金后所剩的利润才是可以用来分配给投资者的利润。股份有限公司原则上应从累计利润中分派股利，无盈利不得分派股利，即所谓"无利不分"的原则。但若公司用盈余公积金抵补亏损以后，为维护其股票信誉，经股东大会特别决议，也可用盈余公积金支付股利，不过支付股利后留存的法定公积金不得低于注册资本的25%。

公司股东大会或董事会违反上述利润分配顺序，在抵补亏损或提取法定盈余公积金之前向股东分配股利的，必须将违反规定发放的股利退还公司。

四、股利分配理论与政策

股利分配（dividend distribution）是公司资金运动链中的最后一个环节，是资金运动的结束以及下一次循环的开始，同时也是投资者享受资金运动成果的环节。股利政策（dividend policy）不仅决定了公司分配给投资者和留存在公司中以图再投资的现金流量，同时也影响着企业的价值。

1. 股利分配理论

关于股利政策对企业价值的影响，存在着不同的观点，形成了不同的股利分配理论。

（1）股利无关论。股利无关论认为股利分配对企业的价值（或股票价格）不会产生影响。股利无关论建立在一系列严格假设的基础之上。这些假设是：

第一，不存在个人或公司所得税；

第二，不存在股票的发行和交易费用（即不存在股票筹资费用）；

第三，公司的投资决策与股利决策彼此独立（即投资决策不受股利分配

的影响);

第四,公司的投资者和管理当局可同等地获得关于未来投资机会的信息(即信息对称)。

可以看出,上述假设描述的是一种完美无缺的资本市场,因而股利无关论又被称为完全市场理论。

股利无关论的主要论点是:

第一,投资者并不关心公司股利的分配。因为若企业留存较多的利润用于再投资,会导致企业股票价格上升,尽管此时股利较低,但需用现金的投资者可以出售股票换取现金。若企业发放较多的股利,投资者又可以用现金再买入一些股票以扩大投资。也就是说,投资者对股利和资本利得并无偏好。

第二,股利的支付比率不影响企业的价值。既然投资者不关心股利的分配,企业的价值就完全由其投资的获利能力所决定,企业的盈余在股利和留存收益之间的分配不影响企业的价值。

(2) 股利相关论。股利相关论认为企业股利分配与企业的价值大小或股价高低具有一定的相关性。认同这种理论观点的流派很多,其中比较有代表性的主要有:

① "在手之鸟"理论,也称不确定感消除论,理论称谓来源于英国一句名言:"双鸟在林,不如一鸟在手。"是指投资者对股利收入和资本利得具有不同的偏好,股利收入比股票价格上涨产生的资本利得更为可靠。这是因为,用留存收益再投资带给投资者的收益具有很大的不确定性,投资风险随着时间的推移将进一步增大,况且股票价格的升降并不完全由公司决定。对于投资者来说,股利收入是现实可得的,可视为投资者的既得利益,好比在手之鸟;企业留利获取将来更大收益,犹如林中之鸟,随时都可能飞走,不一定能得到。因此,从收益的确定性或低风险考虑,投资者更愿意购买派发高股利的股票,从而导致该类股票股价的上涨,进而使公司价值上升。

② 信号传递理论,是指股利会给投资者传播企业收益状况的信息。如果企业改变过去较长时期的稳定的股利支付率,投资者会认为这是企业管理层发出的改变企业未来收益的信号。股利提高表明企业创造未来现金的能力增强,该企业股票会受到投资者的青睐;反之,则意味着企业经营出了问题,投资者将会抛出股票。另外,相当一部分投资者认为,企业的财务报表可能被管理层巧妙地加以粉饰,而股利所传播的信息是无法粉饰的。

③ 税收差异理论,是指是否发放股利存在着税收上的效应。在美国,资本利得的税率要低于现金股利的税率。因此,投资者可能会偏好资本利得而非派发现金股利。

特别是适用税率较高的高收入投资者更会偏好资本利得,从而购买当期股利支付率低但成长性好的股票。不过,对于较低收入的投资者,可能会在两类公司之间没有偏好或者偏好高股利分配的公司,他们也许更希望获得当期的股利收入。这也就是所谓的投资者偏好理论。

在许多国家的税法中,长期资本利得所得税税率都要低于普通个人所得税税率。因此，投资者自然喜欢公司少支付股利而将较多的收益保留下来以作为再投资用，以期提高股票价格，把股利转化为资本利得。由此看来，在存在差别税赋的前提下，公司选择不同的股利支付方式，不仅会对公司的市场价值产生不同的影响，而且也会使公司（及个人）的税收负担出现差异。即使在税率相同的情况下，由于资本利得只有在实现之时才缴纳资本增值税，因此，相对于现金股利课税来说，其仍然具有延迟纳税的好处。从逻辑上来讲，一个好的股利政策除了应使融资成本和代理成本最小化之外，还应使税收成本最小化。

一般而言，税赋对股利政策的影响是反向的，由于股利的税率比资本利得的税率高，而且资本利得税可以递延到股东实际出售股票为止。因此，投资者可能更喜欢公司少支付股利，而将几年的盈余留下来用于再投资，而为了获得较高的预期资本利得，投资人可能愿意接受较低的普通股必要报酬率。

以上股利相关论的几种观点从某一角度解释了股利政策和股价的相关性。需要注意的是，这些观点并没有同时考虑多种因素的影响。在现实生活中，公司股利政策要受许多因素的影响，如所得税负担、筹资成本、市场效率、公司本身因素等等。因此，制定一个科学合理的股利政策，对公司的股价、投资、融资等财务活动至关重要。

2. 影响股利分配的因素

一般来说，影响股利分配政策的因素有以下几个方面。

（1）法律因素。法律因素，对股利分配的影响主要体现为法律对企业发放股利的限制。这些限制主要包括：

①资本保全。这是防止资本侵蚀的限制。规定公司分派股利必须以保护资本的完整为前提，公司只能从赚取的盈利中支付股利，不能用资本（包括股本和资本公积）发放股利。

②公司积累。企业股利的发放必须以保留必要的积累为前提，即必须按一定比例和基数提取各种公积金后方可向股东发放股利。股利只能从当期的利润和过去累计的留存盈余中支付。也就是说公司的股利不能超过当期和过去的留存收益之和。另外，如果以前年度有亏损，当期取得的利润应先用于弥补前期的亏损，只有当全部的累计亏损弥补完之后，才能派发股利。

有些国家的法律还规定了禁止公司过分保留盈余，规定了上市公司分配股利的底线条件，如果公司盈余的保留大大超过目前及未来的投资，则被认为是过分保留，会受到法律的约束，这主要是为了防止公司通过过分保留盈余为股东避税。但我国目前还没有此限制。

③偿债能力。企业股利的支付必须以保持偿债能力为前提。也就是说，当现金有限时，公司不得因发放股利而危及债权人的利益。由于在公司的经营活动中，偿付债务的能力是由流动性决定而不是由资本决定，所以偿债能力的限制对债权人起到了保护作用。

（2）公司因素。公司因素，主要是指企业在股利分配时受自身投资需要与筹资能力等方面限制的具体情况。包括：

①盈利的稳定性。公司盈利的稳定性直接影响公司的股利分配政策。如果公司盈利稳定,能够较好地把握自己,则经营和财务风险相对较少,就会愿意分配较多的股利,如果公司盈利波动较大,未来的发展前景不太理想,则可能更愿意采用低股利政策以减少因盈利下降造成的股利无法支付的风险。

②资产的流动性。发放现金股利必然引起公司的现金流出,进而影响公司资产的流动性状况,如果公司资产的流动性较强,现金的来源较充裕,就可以多发放现金股利,否则就不宜多发放现金股利。有些公司虽然有充裕的流动资金,但由于管理不善,理财不好,导致资产的变现能力不强,如果企业发放股利,显然是不符合公司发展的。当然,如果公司有较强的筹资能力,筹资资源广泛,也可以根据自身情况发放一定的现金股利。

③投资机会。股利分配与企业的资本需要量密切相关。如果企业的投资机会较多,企业筹资需求增大,往往就会少发放股利;如果企业的投资机会较少,保留大量现金会造成资本浪费,往往就倾向支付较高的股利。

④举债能力。如果一个公司的举债能力强,当现金出现缺口时,可以及时从资本市场上筹措资金,那么在收益分配时,就可以多发放股利少留存利润。但如果公司的举债能力不强,则应该采取多留存利润少发放股利的政策。

⑤资本成本。企业一般都喜欢保持一个合适的资本结构,即保持债务性资本与权益性资本在一个适当的比例,以期使企业的综合资本成本最低。因此,如果企业有扩大资金的需求,在举债筹资的情况下,为了保持既定的资本结构,也愿意保留一定的利润而不发放现金股利。因为与发行新股相比,保留盈余不需花费筹资费用,是一种比较经济的筹资渠道。所以,从资本成本考虑,企业可能愿意采取低股利政策。

(3) 股东因素。股东的要求也是公司在制定股利政策时必须要考虑的因素。股东从自身利益出发,对公司的股利分配也有一定的影响。

①控制权的稀释。企业支付大量现金股利,就会导致留存收益减少,这就意味着将来再发行新股的可能性增大,而发行新股有可能使现有股东的控制权被稀释。控制企业的大股东们往往是不愿意看到自己的持股比例降低的,当他们拿不出更多的资本购买新股以满足企业的需要时,宁肯不分配股利也反对募集新股,以防止控制权旁落他人。

②稳定的收入。依靠企业发放股利维持生活的股东,通常要求企业支付稳定的股利,如果企业留用较多的利润,将会遭到这部分股东的反对。

③税负的考虑。企业的利润在上缴企业所得税后,如分配给股东个人,则股东还要缴纳个人所得税。在许多国家,就股利征收的个人所得税一般要高于资本利得税,并且个人所得税采用累进税制,收入越高,税负越重,因此,高收入的股东为减轻税负而会宁愿将利润留在企业里。

④风险的考虑。公司多留存利润虽然可以通过股价上扬而使股东获得资本利得,但比起现金股利来说,肯定要存在不确定性,所以从规避风险的角度,有些股东可能更愿意公司多支付现金股利。

(4) 其他因素。债务合同、通货膨胀等因素经常也会对公司支付现金股利产生一定的影响。公司的长期债务合同中常常有限制公司现金支付程度的条款，从而使得公司只能采取低股利政策。例如，规定如果公司的营运资金低于某一特定金额时，不得发放现金股利；利息保障倍数低于一定水平时不得支付现金股利等。另外，在通货膨胀的情况下，由于货币购买力水平下降，就会导致企业没有足够的资金来源重置固定资产。这时，盈余就会被当做弥补折旧基金购买力水平下降的资金来源，从而引起通货膨胀条件下的股利分配减少。

此外，股利分配还会受国家经济政策、企业股票价格走势以及市场上股份公司股利分配平均水平等因素影响。

3. 股利分配政策

股利分配政策，是指在法律允许的范围内，企业确定税后净利如何在现金股利与公司留存之间进行分配的方针与对策。股利分配政策的确定决定了股东分得红利的多少，也决定了留存在公司的当期净利的多少。多分股利，留存在公司的净利就减少，就会增加公司的外部筹集需求；少分股利，公司的留存收益便会增多，公司便有更多的资金来经营以及投资。

在实务中，有四种基本的股利分配政策类型，公司可根据自己未来发展战略，考虑影响股利分配政策的各项因素，进行股利分配政策的设计与选择。

（1）剩余股利政策。剩余股利政策，是指企业的留存收益，首先用于满足按投资额和目标资本结构确定的对权益资本的需求，然后若有剩余才用于分配股利的股利分配政策。

这是一种投资优先的股利分配政策。其依据是如果企业将留存收益再投资后所得的报酬率超过投资者要求的必要报酬率时，多数投资者愿意将留存收益保留下来并进行再投资，而不愿意企业分配现金股利。

①剩余股利政策的优点：能够将股利分配政策与企业投资的机会和资本结构决策合理配合，降低企业的资本成本，实现企业价值最大化目标。

②剩余股利政策的缺点：股利波动不定，容易造成股票价格大幅度变化，给普通股股东造成较大风险。

（2）固定股利或稳定增长股利政策。固定股利或稳定增长股利政策，是指企业在较长的时期内将每年发放的股利额固定在某一特定水平上不变，只有当企业对未来利润的增长确有把握，且认为增长是显著的、不可逆转时才增加股利的发放额，即制定一个合理的股利增长率提高股利的股利分配政策。如图10-4所示：

这是一种稳定的股利分配政策。不论企业各期盈利状况如何（除非显著不可逆转增长），向股东支付的每期股利是相同的，即保持稳定水平；股利增长也是稳定增长。其依据在于企业的股利分配政策会对企业价值产生影响，股利发放向股东传递着企业的信息，而稳定的股利分配政策传递的是比较正面有利的信息。

①稳定股利分配政策的优点：向市场传递企业经营财务状况良好的积极信号，有利于企业树立良好形象，增强投资者信心，稳定股票价格；有利于

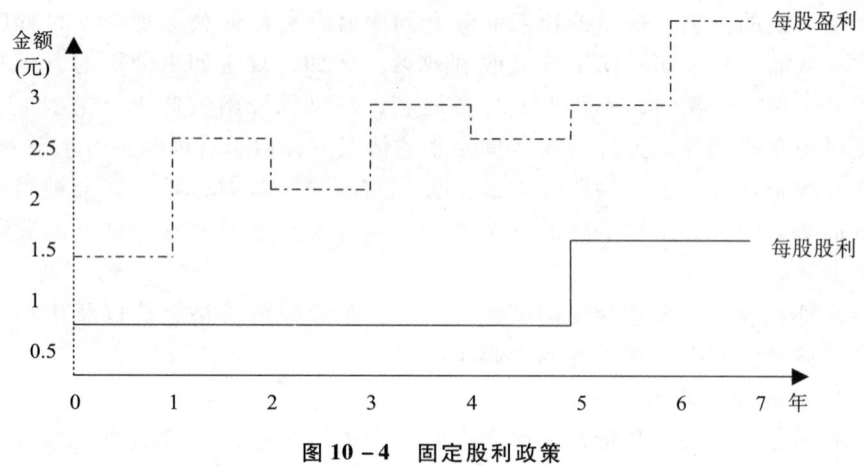

图 10-4　固定股利政策

投资者安排收入与支出，尤其是对股利有比较强依赖性的股东。

②稳定股利分配政策的缺点：股利的支付与盈余相脱节，当盈余较低时仍要支付固定的股利，这可能导致资本短缺，财务状况恶化。

（3）固定股利支付率政策。固定股利支付率政策，是指企业确定一个股利与税后净利的比例即所谓的股利支付率，并长期按此比例支付股利的政策。如图 10-5 所示：

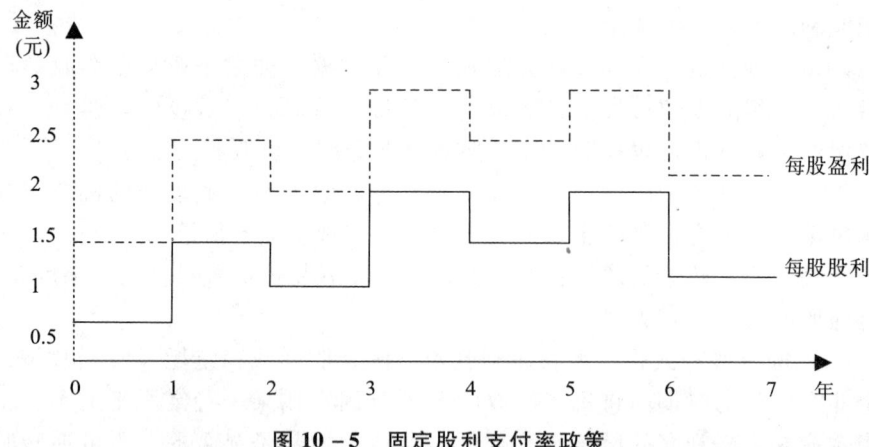

图 10-5　固定股利支付率政策

如图中所示，这是一种变动的股利分配政策。每年股利的多少会随着经营好坏、净利润的变化而变化。在这一股利分配政策下，公司股利的支付与当年的净利润结合起来，获得较多净利润的年份股利较高，获得较低净利润的年份股利较低。因此，这一政策又称为变动股利额政策。

从公司盈利与投资者收益的关系来说，这是一种真正稳定的股利政策，因为它使公司股利支付与盈利状况保持着稳定的关系，能使股利支付与公司盈利很好地配合。不过，在这种股利政策下股东所得具有易变性，股利随着经营状况的变动波动较大，但也体现了多盈多分、少盈少分、无盈不分的原则,股利额随盈利额的变动而"水涨船高",也算是真正公平地对待了每一位股东。

①固定股利支付率政策的优点:股利与企业的盈余结合,体现多盈多分、少盈少分、不盈不分的原则,不会给企业造成较大的财务负担;体现了投资风险与收益的对称性。

②固定股利支付率政策的缺点:各年股利额随企业盈利水平上下波动,容易传递企业经营不稳定的信息,从而会对股价产生不利的影响。

(4)低正常股利加额外股利政策。低正常股利加额外股利政策,是指企业一般每年都支付固定的、数额较低的正常股利,当企业盈利较多时,再根据实际情况发放额外股利的股利分配政策。这是一种介于稳定股利政策和变动股利政策之间的折中股利政策。如图10-6所示:

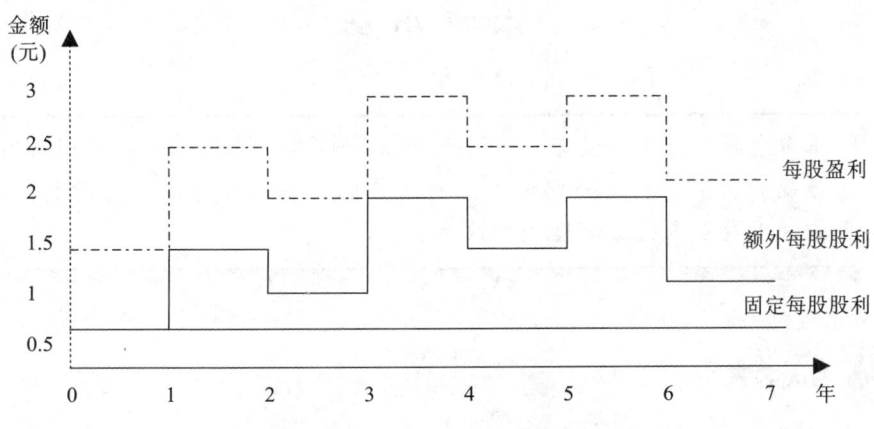

图10-6 低正常股利加额外股利政策

①低正常股利加额外股利政策最突出的优点:稳定性与灵活性较好地结合,具有较大的弹性。每年给股东发放较低的固定股利,可吸引依赖股利的股东,避免股价下跌;当企业盈余有较大增长时,通过发放额外股利把利益交给股东,可以增强股东对企业的信心,从而利于稳定或提高股价。

②低正常股利加额外股利政策的缺点:额外股利并不固定,可能会时有时无;如果企业较长时期发放额外股利,容易被股东视为正常股利,一旦取消,会产生负面影响。

以上是股利分配政策的四种基本类型。公司可根据自己未来发展战略,结合自身发展的不同阶段,综合考虑各种因素,选择不同的股利分配政策。

一般来说,在企业的初创时期,公司收益低且不稳定,风险高,融资渠道不畅,资金成本高,留存收益对某些公司来说有时可能是唯一的资金来源,而留存收益的多少直接取决于公司的股利政策。因此,公司宜采用不支付股利或低正常股利加额外股利的股利分配政策。

进入高速扩张成长阶段的公司发展前景良好,投资机会增多,收益率水平有所提高,但现金流量不稳定,财务风险较高,为了增强公司的筹资能力,

习惯性思维的负面效应小故事

公司不宜采用大量支付现金股利的政策。总的原则应当是,公司一定要保护对有利于公司扩张成长的投资机会的资金支持,并据此制定公司最佳的投资预算。在该投资预算的基础上,建立公司最佳资本结构(即负债与权益资金的比例)目标,以此推出公司所需的权益资金规模并尽可能地使用留存收益来融通投资方案中所需的权益资金,以降低公司的财务风险及资本成本。在满足了公司投资所需的权益资金以后如有剩余,公司才将其作为股利支付给股东,这个阶段采用剩余型股利政策比较合适。

对于成熟期的公司而言,其筹资能力较强,能随时筹集到经营所需的资金,其资金积累规模较大,具备了较强的股利支付能力,因此,应当采取固定或稳定增长型的股利分配政策。

本 章 小 结

> 本章主要介绍了企业营运资金的含义、特点、管理原则、管理策略;资金分配的含义,利润分配原则,利润分配的基本程序,影响股利分配的因素,以及股利的分配理论和政策。

 名人名言

一定的分配关系只是历史规定的生产关系的表现。

——马克思

一动不动地放在钱柜里的资本是死的,而流通中的资本却会不断增值。

——恩格斯

对那些与事先设计的模式不相吻合的事实,要予以特殊的注意。

——科学史家伯纳德·科恩

练 习 题

1. 选择题

(1) 关于营运资金表达式不正确的是(　　)。

A. 流动资产 – 流动负债

B. (所有者权益 + 长期负债) – 非流动资产

C. (总资产 – 非流动资产) – (总资产 – 所有者权益 – 长期负债)

D. 资产 – 流动负债

(2) 不属于营运资金筹集策略的是(　　)。

A. 配合型筹资策略　　　　　　B. 激进型筹资策略
C. 稳健型筹资策略　　　　　　D. 固定股利支付率政策

（3）不属于股利支付政策的是（　　）。

A. 稳定增长股利政策　　　　　B. 剩余股利政策
C. 稳健型筹资策略　　　　　　D. 固定股利支付率政策

2. 判断题

（1）临时性流动资产包括季节性存货、销售和经营旺季（如零售业的销售旺季和春节期间等）的应付账款。（　　）

（2）永久性流动资产是即使企业处于低谷也仍然需要保留的、用于满足企业长期稳定需要的流动资产，如保证节日的应收账款。（　　）

（3）临时性流动负债指为了满足临时性流动资金需要所发生的负债，如商业零售企业春节前为满足节日销售需要，超量购入货物而举借的债务。
（　　）

（4）自发性负债指直接产生于企业持续经营中的负债，如商业信用和日常运营中产生的其他应付款及应付职工薪酬、应付利息、应付税费、应付股利等。（　　）

3. 问答题

（1）简述营运资金三种筹集策略的内容。
（2）股利无关论的假设有什么？主要观点是什么？
（3）股利相关论的代表性理论有哪些？简述其主要观点。
（4）简述股利分配四种政策的内容及优缺点。

附录

表1 一元复利现值系数 (P/F, i, n) 表

n	1%	2%	3%	4%	5%	6%	8%	10%	12%	14%	15%	16%	18%	20%	25%	30%	35%	40%	50%
1	0.99	0.98	0.97	0.961	0.952	0.943	0.925	0.909	0.892	0.877	0.869	0.862	0.847	0.833	0.8	0.769	0.74	0.714	0.666
2	0.98	0.961	0.942	0.924	0.907	0.889	0.857	0.826	0.797	0.769	0.756	0.743	0.718	0.694	0.64	0.591	0.548	0.51	0.444
3	0.97	0.942	0.915	0.888	0.863	0.839	0.793	0.751	0.711	0.674	0.657	0.64	0.608	0.578	0.512	0.455	0.406	0.364	0.296
4	0.96	0.923	0.888	0.854	0.822	0.792	0.735	0.683	0.635	0.592	0.571	0.552	0.515	0.482	0.409	0.35	0.301	0.26	0.197
5	0.951	0.905	0.862	0.821	0.783	0.747	0.68	0.62	0.567	0.519	0.497	0.476	0.437	0.401	0.327	0.269	0.223	0.185	0.131
6	0.942	0.887	0.837	0.79	0.746	0.704	0.63	0.564	0.506	0.455	0.432	0.41	0.37	0.334	0.262	0.207	0.165	0.132	0.087
7	0.932	0.87	0.813	0.759	0.71	0.665	0.583	0.513	0.452	0.399	0.375	0.353	0.313	0.279	0.209	0.159	0.122	0.094	0.058
8	0.923	0.853	0.789	0.73	0.676	0.627	0.54	0.466	0.403	0.35	0.326	0.305	0.266	0.232	0.167	0.122	0.09	0.067	0.039
9	0.914	0.836	0.766	0.702	0.644	0.591	0.5	0.424	0.36	0.307	0.284	0.262	0.225	0.193	0.134	0.094	0.067	0.048	0.026
10	0.905	0.82	0.744	0.675	0.613	0.558	0.463	0.385	0.321	0.269	0.247	0.226	0.191	0.161	0.107	0.072	0.049	0.034	0.017
11	0.896	0.804	0.722	0.649	0.584	0.526	0.428	0.35	0.287	0.236	0.214	0.195	0.161	0.134	0.085	0.055	0.036	0.024	0.011
12	0.887	0.788	0.701	0.624	0.556	0.496	0.397	0.318	0.256	0.207	0.186	0.168	0.137	0.112	0.068	0.042	0.027	0.017	0.007
13	0.878	0.773	0.68	0.6	0.53	0.468	0.367	0.289	0.229	0.182	0.162	0.145	0.116	0.093	0.054	0.033	0.02	0.012	0.005
14	0.869	0.757	0.661	0.577	0.505	0.442	0.34	0.263	0.204	0.159	0.141	0.125	0.098	0.077	0.043	0.025	0.014	0.008	0.003
15	0.861	0.743	0.641	0.555	0.481	0.417	0.315	0.239	0.182	0.14	0.122	0.107	0.083	0.064	0.035	0.019	0.011	0.006	0.002
16	0.852	0.728	0.623	0.533	0.458	0.393	0.291	0.217	0.163	0.122	0.106	0.093	0.07	0.054	0.028	0.015	0.008	0.004	0.001
17	0.844	0.714	0.605	0.513	0.436	0.371	0.27	0.197	0.145	0.107	0.092	0.08	0.059	0.045	0.022	0.011	0.006	0.003	0.001
18	0.836	0.7	0.587	0.493	0.415	0.35	0.25	0.179	0.13	0.094	0.08	0.069	0.05	0.037	0.018	0.008	0.004	0.002	0.001
19	0.827	0.686	0.57	0.474	0.395	0.33	0.231	0.163	0.116	0.082	0.07	0.059	0.043	0.031	0.014	0.006	0.003	0.001	0
20	0.819	0.672	0.553	0.456	0.376	0.311	0.214	0.148	0.103	0.072	0.061	0.051	0.036	0.026	0.011	0.005	0.002	0.001	0
21	0.811	0.659	0.537	0.438	0.358	0.294	0.198	0.135	0.092	0.063	0.053	0.044	0.03	0.021	0.009	0.004	0.001	0	0

续表

n	1%	2%	3%	4%	5%	6%	8%	10%	12%	14%	15%	16%	18%	20%	25%	30%	35%	40%	50%
22	0.803	0.646	0.521	0.421	0.341	0.277	0.183	0.122	0.082	0.055	0.046	0.038	0.026	0.018	0.007	0.003	0.001	0	0
23	0.795	0.634	0.506	0.405	0.325	0.261	0.17	0.111	0.073	0.049	0.04	0.032	0.022	0.015	0.005	0.002	0.001	0	0
24	0.787	0.621	0.491	0.39	0.31	0.246	0.157	0.101	0.065	0.043	0.034	0.028	0.018	0.012	0.004	0.001	0	0	0
25	0.779	0.609	0.477	0.375	0.295	0.232	0.146	0.092	0.058	0.037	0.03	0.024	0.015	0.01	0.003	0.001	0	0	0
26	0.772	0.597	0.463	0.36	0.281	0.219	0.135	0.083	0.052	0.033	0.026	0.021	0.013	0.008	0.003	0.001	0	0	0
27	0.764	0.585	0.45	0.346	0.267	0.207	0.125	0.076	0.046	0.029	0.022	0.018	0.011	0.007	0.002	0	0	0	0
28	0.756	0.574	0.437	0.333	0.255	0.195	0.115	0.069	0.041	0.025	0.019	0.015	0.009	0.006	0.001	0	0	0	0
29	0.749	0.563	0.424	0.32	0.242	0.184	0.107	0.063	0.037	0.022	0.017	0.013	0.008	0.005	0.001	0	0	0	0
30	0.741	0.552	0.411	0.308	0.231	0.174	0.099	0.057	0.033	0.019	0.015	0.011	0.006	0.004	0.001	0	0	0	0
31	0.734	0.541	0.399	0.296	0.22	0.164	0.092	0.052	0.029	0.017	0.013	0.01	0.005	0.003	0	0	0	0	0
32	0.727	0.53	0.388	0.285	0.209	0.154	0.085	0.047	0.026	0.015	0.011	0.008	0.005	0.002	0	0	0	0	0
33	0.72	0.52	0.377	0.274	0.199	0.146	0.078	0.043	0.023	0.013	0.009	0.007	0.004	0.002	0	0	0	0	0
34	0.712	0.51	0.366	0.263	0.19	0.137	0.073	0.039	0.021	0.011	0.008	0.006	0.003	0.002	0	0	0	0	0
35	0.705	0.5	0.355	0.253	0.181	0.13	0.067	0.035	0.018	0.01	0.007	0.005	0.003	0.001	0	0	0	0	0
36	0.698	0.49	0.345	0.243	0.172	0.122	0.062	0.032	0.016	0.008	0.006	0.004	0.002	0.001	0	0	0	0	0
37	0.692	0.48	0.334	0.234	0.164	0.115	0.057	0.029	0.015	0.007	0.005	0.004	0.002	0.001	0	0	0	0	0
38	0.685	0.471	0.325	0.225	0.156	0.109	0.053	0.026	0.013	0.006	0.004	0.003	0.002	0.001	0	0	0	0	0
39	0.678	0.461	0.315	0.216	0.149	0.103	0.049	0.024	0.012	0.006	0.004	0.003	0.001	0.001	0	0	0	0	0
40	0.671	0.452	0.306	0.208	0.142	0.097	0.046	0.022	0.01	0.005	0.003	0.002	0.001	0	0	0	0	0	0
41	0.665	0.444	0.297	0.2	0.135	0.091	0.042	0.02	0.009	0.004	0.003	0.002	0.001	0	0	0	0	0	0
42	0.658	0.435	0.288	0.192	0.128	0.086	0.039	0.018	0.008	0.004	0.002	0.001	0.001	0	0	0	0	0	0
43	0.651	0.426	0.28	0.185	0.122	0.081	0.036	0.016	0.007	0.003	0.002	0.001	0.001	0	0	0	0	0	0
44	0.645	0.418	0.272	0.178	0.116	0.077	0.033	0.015	0.006	0.003	0.002	0.001	0.001	0	0	0	0	0	0
45	0.639	0.41	0.264	0.171	0.111	0.072	0.031	0.013	0.006	0.002	0.002	0.001	0.001	0	0	0	0	0	0
46	0.632	0.402	0.256	0.164	0.105	0.068	0.029	0.012	0.005	0.002	0.001	0.001	0	0	0	0	0	0	0
47	0.626	0.394	0.249	0.158	0.1	0.064	0.026	0.011	0.004	0.002	0.001	0.001	0	0	0	0	0	0	0
48	0.62	0.386	0.241	0.152	0.096	0.06	0.024	0.01	0.004	0.001	0.001	0	0	0	0	0	0	0	0
49	0.614	0.378	0.234	0.146	0.091	0.057	0.023	0.009	0.003	0.001	0.001	0	0	0	0	0	0	0	0
50	0.608	0.371	0.228	0.14	0.087	0.054	0.021	0.008	0.003	0.001	0	0	0	0	0	0	0	0	0

表 2　一元复利终值系数（F/P, i, n）表

n	1%	2%	3%	4%	5%	6%	7%	8%	9%	10%	11%	12%	13%	14%	15%	16%	17%	18%	19%	20%	25%	30%
1	1.010	1.020	1.030	1.040	1.050	1.060	1.070	1.080	1.090	1.100	1.110	1.120	1.130	1.140	1.150	1.160	1.170	1.180	1.190	1.200	1.250	1.300
2	1.020	1.040	1.061	1.082	1.103	1.124	1.145	1.166	1.188	1.210	1.232	1.254	1.277	1.300	1.323	1.346	1.369	1.392	1.416	1.440	1.563	1.690
3	1.030	1.061	1.093	1.125	1.158	1.191	1.225	1.260	1.295	1.331	1.368	1.405	1.443	1.482	1.521	1.561	1.602	1.643	1.685	1.728	1.953	2.197
4	1.041	1.082	1.126	1.170	1.216	1.262	1.311	1.360	1.412	1.464	1.518	1.574	1.630	1.689	1.749	1.811	1.874	1.939	2.005	2.074	2.441	2.856
5	1.051	1.104	1.159	1.217	1.276	1.338	1.403	1.469	1.539	1.611	1.685	1.762	1.842	1.925	2.011	2.100	2.192	2.288	2.386	2.488	3.052	3.713
6	1.062	1.126	1.194	1.265	1.340	1.419	1.501	1.587	1.677	1.772	1.870	1.974	2.082	2.195	2.313	2.436	2.565	2.700	2.840	2.986	3.815	4.827
7	1.072	1.149	1.230	1.316	1.407	1.504	1.606	1.714	1.828	1.949	2.076	2.211	2.353	2.502	2.660	2.826	3.001	3.185	3.379	3.583	4.768	6.275
8	1.083	1.172	1.267	1.369	1.477	1.594	1.718	1.851	1.993	2.144	2.305	2.476	2.658	2.853	3.059	3.278	3.511	3.759	4.021	4.300	5.960	8.157
9	1.094	1.195	1.305	1.423	1.551	1.689	1.838	1.999	2.172	2.358	2.558	2.773	3.004	3.252	3.518	3.803	4.108	4.435	4.785	5.160	7.451	10.604
10	1.105	1.219	1.344	1.480	1.629	1.791	1.967	2.159	2.367	2.594	2.839	3.106	3.395	3.707	4.046	4.411	4.807	5.234	5.695	6.192	9.313	13.786
11	1.116	1.243	1.384	1.539	1.710	1.898	2.105	2.332	2.580	2.853	3.152	3.479	3.836	4.226	4.652	5.117	5.624	6.176	6.777	7.430	11.642	17.922
12	1.127	1.268	1.426	1.601	1.796	2.012	2.252	2.518	2.813	3.138	3.498	3.896	4.335	4.818	5.350	5.936	6.580	7.288	8.064	8.916	14.552	23.298
13	1.138	1.294	1.469	1.665	1.886	2.133	2.410	2.720	3.066	3.452	3.883	4.363	4.898	5.492	6.153	6.886	7.699	8.599	9.596	10.699	18.190	30.288
14	1.149	1.319	1.513	1.732	1.980	2.261	2.579	2.937	3.342	3.797	4.310	4.887	5.535	6.261	7.076	7.988	9.007	10.147	11.420	12.839	22.737	39.374
15	1.161	1.346	1.558	1.801	2.079	2.397	2.759	3.172	3.642	4.177	4.785	5.474	6.254	7.138	8.137	9.266	10.539	11.974	13.590	15.407	28.422	51.186
16	1.173	1.373	1.605	1.873	2.183	2.540	2.952	3.426	3.970	4.595	5.311	6.130	7.067	8.137	9.358	10.748	12.330	14.129	16.172	18.488	35.527	66.542
17	1.184	1.400	1.653	1.948	2.292	2.693	3.159	3.700	4.328	5.054	5.895	6.866	7.986	9.276	10.761	12.468	14.426	16.672	19.244	22.186	44.409	86.504
18	1.196	1.428	1.702	2.026	2.407	2.854	3.380	3.996	4.717	5.560	6.544	7.690	9.024	10.575	12.375	14.463	16.879	19.673	22.901	26.623	55.511	112.455
19	1.208	1.457	1.754	2.107	2.527	3.026	3.617	4.316	5.142	6.116	7.263	8.613	10.197	12.056	14.232	16.777	19.748	23.214	27.252	31.948	69.389	146.192
20	1.220	1.486	1.806	2.191	2.653	3.207	3.870	4.661	5.604	6.727	8.062	9.646	11.523	13.743	16.367	19.461	23.106	27.393	32.429	38.338	86.736	190.050
21	1.232	1.516	1.860	2.279	2.786	3.400	4.141	5.034	6.109	7.400	8.949	10.804	13.021	15.668	18.822	22.574	27.034	32.324	38.591	46.005	108.420	247.065
22	1.245	1.546	1.916	2.370	2.925	3.604	4.430	5.437	6.659	8.140	9.934	12.100	14.714	17.861	21.645	26.186	31.629	38.142	45.923	55.206	135.525	321.184
23	1.257	1.577	1.974	2.465	3.072	3.820	4.741	5.871	7.258	8.954	11.026	13.552	16.627	20.362	24.891	30.376	37.006	45.008	54.649	66.247	169.407	417.539
24	1.270	1.608	2.033	2.563	3.225	4.049	5.072	6.341	7.911	9.850	12.239	15.179	18.788	23.212	28.625	35.236	43.297	53.109	65.032	79.497	211.758	542.801
25	1.282	1.641	2.094	2.666	3.386	4.292	5.427	6.848	8.623	10.835	13.585	17.000	21.231	26.462	32.919	40.874	50.658	62.669	77.388	95.396	264.698	705.641
26	1.295	1.673	2.157	2.772	3.556	4.549	5.807	7.396	9.399	11.918	15.080	19.040	23.991	30.167	37.857	47.414	59.270	73.949	92.092	114.475	330.872	917.333
27	1.308	1.707	2.221	2.883	3.733	4.822	6.214	7.988	10.245	13.110	16.739	21.325	27.109	34.390	43.535	55.000	69.345	87.260	109.589	137.371	413.590	1192.533
28	1.321	1.741	2.288	2.999	3.920	5.112	6.649	8.627	11.167	14.421	18.580	23.884	30.633	39.204	50.066	63.800	81.134	102.967	130.411	164.845	516.988	1550.293
29	1.335	1.776	2.357	3.119	4.116	5.418	7.114	9.317	12.172	15.863	20.624	26.750	34.616	44.693	57.575	74.009	94.927	121.501	155.189	197.814	646.235	2015.381
30	1.348	1.811	2.427	3.243	4.322	5.743	7.612	10.063	13.268	17.449	22.892	29.960	39.116	50.950	66.212	85.850	111.065	143.371	184.675	237.376	807.794	2619.995
40	1.489	2.208	3.262	4.801	7.04	10.286	14.974	21.725	31.409	45.259	65.001	93.051	132.78	188.88	267.86	378.72	533.87	750.38	1051.7	1469.8	7523.2	36119
50	1.654	2.692	4.384	7.107	11.467	18.42	29.457	46.902	74.358	117.39	184.57	289	450.74	700.23	1083.7	1670.7	2566.2	3927.4	5988.9	9100.4	70065	497929

表3 普通年金现值系数（P/A, i, n）表

n	1%	2%	3%	4%	5%	6%	8%	10%	12%	14%	15%	16%	18%	20%	22%	24%	25%	30%	35%	40%	45%	50%
1	0.99	0.98	0.97	0.961	0.952	0.943	0.925	0.909	0.892	0.877	0.869	0.862	0.847	0.833	0.819	0.806	0.799	0.769	0.74	0.714	0.689	0.666
2	1.97	1.941	1.913	1.886	1.859	1.833	1.783	1.735	1.69	1.646	1.625	1.605	1.565	1.527	1.491	1.456	1.44	1.36	1.289	1.224	1.165	1.111
3	2.94	2.883	2.828	2.775	2.723	2.673	2.577	2.486	2.401	2.321	2.283	2.245	2.174	2.106	2.042	1.981	1.952	1.816	1.695	1.588	1.493	1.407
4	3.901	3.807	3.717	3.629	3.545	3.465	3.312	3.169	3.037	2.913	2.854	2.798	2.69	2.588	2.493	2.404	2.361	2.166	1.996	1.849	1.719	1.604
5	4.853	4.713	4.579	4.451	4.329	4.212	3.992	3.79	3.604	3.433	3.352	3.274	3.127	2.99	2.863	2.745	2.689	2.435	2.219	2.035	1.875	1.736
6	5.795	5.601	5.417	5.242	5.075	4.917	4.622	4.355	4.111	3.888	3.784	3.684	3.497	3.325	3.166	3.02	2.951	2.642	2.385	2.167	1.983	1.824
7	6.728	6.471	6.23	6.002	5.786	5.582	5.206	4.868	4.563	4.288	4.16	4.038	3.811	3.604	3.415	3.242	3.161	2.802	2.507	2.262	2.057	1.882
8	7.651	7.325	7.019	6.732	6.463	6.209	5.746	5.334	4.967	4.638	4.487	4.343	4.077	3.837	3.619	3.421	3.328	2.924	2.598	2.33	2.108	1.921
9	8.566	8.162	7.786	7.435	7.107	6.801	6.246	5.759	5.328	4.946	4.771	4.606	4.303	4.03	3.786	3.565	3.463	3.019	2.665	2.378	2.143	1.947
10	9.471	8.982	8.53	8.11	7.721	7.36	6.71	6.144	5.65	5.216	5.018	4.833	4.494	4.192	3.923	3.681	3.57	3.091	2.715	2.413	2.168	1.965
11	10.367	9.786	9.252	8.76	8.306	7.886	7.138	6.495	5.937	5.452	5.233	5.028	4.656	4.327	4.035	3.775	3.656	3.147	2.751	2.438	2.184	1.976
12	11.255	10.575	9.954	9.385	8.863	8.383	7.536	6.813	6.194	5.66	5.42	5.197	4.793	4.439	4.127	3.851	3.725	3.19	2.779	2.455	2.196	1.984
13	12.133	11.348	10.634	9.985	9.393	8.852	7.903	7.103	6.423	5.842	5.583	5.342	4.909	4.532	4.202	3.912	3.78	3.223	2.799	2.468	2.204	1.989
14	13.003	12.106	11.296	10.563	9.898	9.294	8.244	7.366	6.628	6.002	5.724	5.467	5.008	4.61	4.264	3.961	3.824	3.248	2.814	2.477	2.209	1.993
15	13.865	12.849	11.937	11.118	10.379	9.712	8.559	7.606	6.81	6.142	5.847	5.575	5.091	4.675	4.315	4.001	3.859	3.268	2.825	2.483	2.213	1.995
16	14.717	13.577	12.561	11.652	10.837	10.105	8.851	7.823	6.973	6.265	5.954	5.668	5.162	4.729	4.356	4.033	3.887	3.283	2.833	2.488	2.216	1.996
17	15.562	14.291	13.166	12.165	11.274	10.477	9.121	8.021	7.119	6.372	6.047	5.748	5.222	4.774	4.39	4.059	3.909	3.294	2.839	2.491	2.218	1.997
18	16.398	14.992	13.753	12.659	11.689	10.827	9.371	8.201	7.249	6.467	6.127	5.817	5.273	4.812	4.418	4.079	3.927	3.303	2.844	2.494	2.219	1.998
19	17.226	15.678	14.323	13.133	12.085	11.158	9.603	8.364	7.365	6.55	6.198	5.877	5.316	4.843	4.441	4.096	3.942	3.31	2.847	2.495	2.22	1.999
20	18.045	16.351	14.877	13.59	12.462	11.469	9.818	8.513	7.469	6.623	6.259	5.928	5.352	4.869	4.46	4.11	3.953	3.315	2.85	2.497	2.22	1.999
21	18.856	17.011	15.415	14.029	12.821	11.764	10.016	8.648	7.562	6.686	6.312	5.973	5.383	4.891	4.475	4.121	3.963	3.319	2.851	2.498	2.221	1.999
22	19.66	17.658	15.936	14.451	13.163	12.041	10.2	8.771	7.644	6.742	6.358	6.011	5.409	4.909	4.488	4.129	3.97	3.322	2.853	2.498	2.221	1.999
23	20.455	18.292	16.443	14.856	13.488	12.303	10.371	8.883	7.718	6.792	6.398	6.044	5.432	4.924	4.498	4.137	3.976	3.325	2.854	2.499	2.221	1.999
24	21.243	18.913	16.935	15.246	13.798	12.55	10.528	8.984	7.784	6.835	6.433	6.072	5.45	4.937	4.507	4.142	3.981	3.327	2.855	2.499	2.221	1.999
25	22.023	19.523	17.413	15.622	14.093	12.783	10.674	9.077	7.843	6.872	6.464	6.097	5.466	4.947	4.513	4.147	3.984	3.328	2.855	2.499	2.222	1.999
26	22.795	20.121	17.876	15.982	14.375	13.003	10.809	9.16	7.895	6.906	6.49	6.118	5.48	4.956	4.519	4.151	3.987	3.329	2.856	2.499	2.222	1.999
27	23.559	20.706	18.327	16.329	14.643	13.21	10.935	9.237	7.942	6.935	6.513	6.136	5.491	4.963	4.524	4.154	3.99	3.33	2.856	2.499	2.222	1.999
28	24.316	21.281	18.764	16.663	14.898	13.406	11.051	9.306	7.984	6.96	6.533	6.152	5.501	4.969	4.528	4.156	3.992	3.331	2.856	2.499	2.222	1.999
29	25.065	21.844	19.188	16.983	15.141	13.59	11.158	9.369	8.021	6.983	6.55	6.165	5.509	4.974	4.531	4.158	3.993	3.331	2.856	2.499	2.222	1.999
30	25.807	22.396	19.6	17.292	15.372	13.764	11.257	9.426	8.055	7.002	6.565	6.177	5.516	4.978	4.533	4.16	3.995	3.332	2.857	2.499	2.222	1.999
40	32.834	27.355	23.114	19.792	17.159	15.046	11.924	9.779	8.243	7.105	6.641	6.233	5.548	4.996	4.543	4.165	3.999	3.333	2.857	2.499	2.222	1.999
50	39.196	31.423	25.729	21.482	18.255	15.761	12.233	9.914	8.304	7.132	6.66	6.246	5.554	4.999	4.545	4.166	3.999	3.333	2.857	2.499	2.222	1.999

表 4 普通年金终值系数 (F/A, i, n) 表

n	1%	2%	3%	4%	5%	6%	7%	8%	9%	10%	11%	12%	13%	14%	15%	16%	17%	18%	19%	20%	25%	30%
1	1.000	1.000	1.000	1.000	1.000	1.000	1.000	1.000	1.000	1.000	1.000	1.000	1.000	1.000	1.000	1.000	1.000	1.000	1.000	1.000	1.000	1.000
2	2.010	2.020	2.030	2.040	2.050	2.060	2.070	2.080	2.090	2.100	2.110	2.120	2.130	2.140	2.150	2.160	2.170	2.180	2.190	2.200	2.250	2.300
3	3.030	3.060	3.091	3.122	3.153	3.184	3.215	3.246	3.278	3.310	3.342	3.374	3.407	3.440	3.473	3.506	3.539	3.572	3.606	3.640	3.813	3.990
4	4.060	4.122	4.184	4.246	4.310	4.375	4.440	4.506	4.573	4.641	4.710	4.779	4.850	4.921	4.993	5.066	5.141	5.215	5.291	5.368	5.766	6.187
5	5.101	5.204	5.309	5.416	5.526	5.637	5.751	5.867	5.985	6.105	6.228	6.353	6.480	6.610	6.742	6.877	7.014	7.154	7.297	7.442	8.207	9.043
6	6.152	6.308	6.468	6.633	6.802	6.975	7.153	7.336	7.523	7.716	7.913	8.115	8.323	8.536	8.754	8.977	9.207	9.442	9.683	9.930	11.259	12.756
7	7.214	7.434	7.662	7.898	8.142	8.394	8.654	8.923	9.200	9.487	9.783	10.089	10.405	10.730	11.067	11.414	11.772	12.142	12.523	12.916	15.073	17.583
8	8.286	8.583	8.892	9.214	9.549	9.879	10.260	10.637	11.028	11.436	11.859	12.300	12.757	13.233	13.727	14.240	14.773	15.327	15.902	16.499	19.842	23.858
9	9.369	9.755	10.159	10.583	11.027	11.491	11.978	12.488	13.021	13.579	14.164	14.776	15.416	16.085	16.786	17.519	18.285	19.086	19.923	20.799	25.802	32.015
10	10.462	10.950	11.464	12.006	12.578	13.181	13.816	14.487	15.193	15.937	16.722	17.549	18.420	19.337	20.304	21.321	22.393	23.521	24.701	25.959	33.253	42.619
11	11.567	12.169	12.808	13.486	14.207	14.972	15.784	16.645	17.560	18.531	19.561	20.655	21.814	23.045	24.349	25.733	27.200	28.755	30.404	32.150	42.566	56.405
12	12.683	13.412	14.192	15.026	15.917	16.870	17.888	18.977	20.141	21.384	22.713	24.133	25.650	27.271	29.002	30.850	32.824	34.931	37.180	39.581	54.208	74.327
13	13.809	14.680	15.618	16.627	17.713	18.882	20.141	21.495	22.953	24.523	26.212	28.029	29.985	32.089	34.352	36.786	39.404	42.219	45.244	48.497	68.760	97.625
14	14.947	15.974	17.086	18.292	19.599	21.015	22.550	24.215	26.019	27.975	30.095	32.393	34.883	37.581	40.505	43.672	47.103	50.818	54.841	54.196	86.949	127.91
15	16.097	17.293	18.599	20.024	21.579	23.276	25.129	27.152	29.361	31.772	34.405	37.280	40.417	43.842	47.580	51.660	56.110	6.965	66.261	72.035	109.690	167.290
16	17.258	18.639	20.157	21.825	23.657	25.673	27.888	30.324	33.003	35.950	39.190	42.753	46.672	50.980	55.717	60.925	66.649	72.939	79.850	87.442	138.110	218.470
17	18.430	20.012	21.762	23.698	25.840	28.213	30.840	33.750	36.974	40.545	44.501	48.884	53.739	59.118	65.075	71.673	78.979	87.068	96.022	105.930	173.640	285.010
18	19.615	21.412	23.414	25.645	28.132	30.906	33.999	37.450	41.301	45.599	50.396	55.750	61.725	68.394	75.836	84.141	93.406	103.740	115.27	128.120	218.050	371.520
19	20.811	22.841	25.117	27.671	30.539	33.760	37.379	41.446	46.018	51.159	56.939	63.440	70.749	79.969	88.212	98.603	110.290	123.410	138.17	154.740	273.560	483.970
20	22.019	24.297	26.870	29.778	33.066	36.786	40.995	45.762	51.160	57.275	64.203	72.052	80.947	91.025	120.44	115.38	130.030	146.630	165.42	186.690	342.950	630.170
25	28.243	32.030	36.459	41.646	47.727	54.865	63.249	73.106	84.701	98.347	114.41	133.33	155.62	181.87	212.79	249.21	292.110	342.600	402.04	471.980	1054.80	2348.80
30	34.785	40.588	47.575	56.085	66.439	79.058	94.461	113.28	136.31	164.49	199.02	241.33	293.20	356.79	434.75	530.31	647.44	790.95	966.70	1181.9	3227.2	8730
40	48.886	60.402	75.401	95.026	120.80	154.76	199.64	259.06	337.89	442.59	581.83	767.09	1013.7	1342.0	1779.1	2360.8	3134.5	4163.21	5519.8	7343.9	30089.	120393
50	64.463	84.579	112.80	152.67	209.35	290.34	406.53	573.77	815.08	1163.9	1668.8	2400.0	3459.5	4991.5	7217.7	10436	15090	21813	31515	45497	280256	165976

参考文献

[1] 余绪缨. 管理会计 [M]. 北京：中国财政经济出版社，1983.

[2] 中国注册会计师协会. 财务成本管理 [M]. 北京：经济科学出版社，2007.

[3] 中国注册会计师协会. 财务成本管理 [M]. 北京：经济科学出版社，2017.

[4] 谷祺，刘淑莲. 财务管理 [M]. 大连：东北财经大学出版社，2007.

[5] 王化成. 财务管理理论结构 [M]. 北京：中国人民大学出版社，2006.

[6] 孙茂竹，王建英，方心童. 财务管理基础 [M]. 北京：中国人民大学出版社，2016.

[7] 张涛. 财务管理基础 [M]. 北京：中国财政经济出版社，2009.

[8] 熊剑，杨荣彦. 财务学原理 [M]. 北京：高等教育出版社，2011.

[9] 张先治. 财务学概论 [M]. 大连：东北财经大学出版社，2006.

[10] 杨雄胜. 财务管理原理 [M]. 北京：北京师范大学出版社，2007.

[11] 财政部会计资格评价中心. 财务管理 [M]. 北京：中国财政经济出版社，2015.

[12] 荆新，王化成. 财务管理学（第七版）[M]. 厦门：厦门大学出版社，2008.

[13] 傅元略. 财务管理基础 [M]. 北京：中国人民大学出版社，2015.

[14] 张蕊. 公司财务学（第二版）[M]. 北京：高等教育出版社，2012.

[15] [德] 马克思. 资本论. 第2卷 [M]. 北京：人民出版社，1975.

[16] [美] 道格拉斯·R. 爱默瑞，约翰·D. 芬尼特著. 荆新，王化成，李焰等译. 公司财务管理（上下）[M]. 北京：中国人民大学出版社，1999.

[17] [美] 斯蒂芬·A. 罗斯（Stephen A. Ross）等著. 吴世农，沈艺峰，王志强等译. 公司理财（第九版）[M]. 北京：机械工业出版社，2012.

[18] [美] 弗兰克·H. 奈特著. 安佳译. 风险、不确定性和利润 [M]. 北京：商务印书馆，2015.

[19] [美] 兹维·博迪（Zvi Bodie），罗伯特·C. 莫顿（Robert C. Merton）著. 伊志宏译. 金融学 [M]. 北京：中国人民大学出版社，2000.

[20] [美] 坎贝尔（J. Campbell）等著. 朱平芳，刘弘等译. 金融市场计量经济学 [M]. 上海：上海财经大学出版社，2003.

[21] [美] 哈伯德，奥布赖恩著. 张军，罗汉等译. 经济学（微观）[M]. 北京：机械工业出版社，2011.

[22] 张维迎. 博弈与社会 [M]. 北京：北京大学出版社，2013.

[23] 宁向东. 公司治理理论 [M]. 北京：中国发展出版社，2006.

[24] 中国注册会计师协会. 公司战略与风险管理 [M]. 北京：经济科学出版社，2015.

[25] 吴晓求. 证券投资学（第四版）[M]. 北京：中国人民大学出版社，2014.

[26] 李健. 金融学（第二版）[M]. 高等教育出版社，2014.

[27] 企业财务通则（2007），中华人民共和国财政部，2006.

［28］崔刚．公众公司会计治理论［M］．大连：东北财经大学出版社，2012．

［29］［美］布洛克著．刘淑莲注．财务管理基础（英文版·第13版）［M］．北京：机械工业出版社，2009．

［30］［美］R. Charles Moyer, James R. McGuigan, William J. Kretlow, "Contemporary Financial Management"（英文版），Seventh Edition，大连，东北财经大学出版社，2003．

［31］［美］Charles H. Gibson, "Essentials of Financial Statement Analysis", International Edition（12th edition），大连，东北财经大学出版社，2009．

［32］［美］Frederic S. Mishkin and Stanley G. Eakins, "Financial Markets and Institutions"（英文版），北京，清华大学出版社，2001．

［33］杨尚军．会计物语［M］．成都：西南交通大学出版社，2008．

［34］杨尚军．会计混搭［M］．成都：西南交通大学出版社，2014．

［35］杨尚军．初级会计学［M］．北京：北京大学出版社，2016．

［36］杨尚军．成本会计学［M］．北京：北京大学出版社，2012．

［37］杨尚军．会计乐旅［M］．成都：西南交通大学出版社，2018．

［38］杨尚军．对资金成本计算的再认识［J］．洛阳大学学报，1995（01）．

［39］杨尚军．对《浅谈资金成本率的计算》一文之商榷［J］．财税与会计，1994（10）．